계급의 숨은 상처

리처드 세넷, 조너선 코브

김병순 옮김

the hidden INJURIES of CLASS
계급의 숨은 상처

문예출판사

추천의 말

21세기 한국에서 '계급'은 폐어가 되다시피 했다. 이 개념이 학문적·정치적으로 쓰임을 다했기 때문일까? 반대로 《계급의 숨은 상처》는 계급에 관한 무관심, '피해자'와 '저항자' 사이의 안이한 시소 타기야말로 우리 사회가 쇠퇴하는 징후임을 깨닫게 한다. 계급 연구가 물적 조건뿐 아니라 문화적·심리적 측면에 본격적으로 관심을 기울이던 1970년대 초반, 세넷과 코브는 미국 백인 노동자들과 밀도 높은 인터뷰를 수행하고 그들의 뒤틀린 감정을 세심하게 분석했다.

모든 인간은 존엄하다는 믿음과 어떤 인간은 다른 인간보다 존엄을 더 누릴 가치가 있다는 통념이 한 사회에서 공존할 때 노동자들은 어떻게 행동할까? 노동조합 운동가가 바랐던 집합 저항 대신, 그들은 능력의 증명과 가족을 위한 희생에 안간힘을 쏟는다. 스스로 의구심을 갖는 경주를 반복하고, 실패의 책임을 자신에게 되돌리는 과정에서 증폭되는 불안과 좌절, 수치와 배신감은 자신의 내면도, 타인과의 관계도 파괴하고 만다. 계급이 추상적 개념이 아니라 일상적 존재의 문제라고 저자들이 역설하는 이유다.

오늘날 한국 사회에서 고용 불안정은 '정상' 상태가 됐고, 계급 이동성은 현저히 줄어들었다. 그럼에도 '능력의 배지'는 반세기 전 미국의 육체노동자들보다 더 거대하고 다양한 집단을 매혹하고 동시에 짓밟고 있다. 제 희생을 존엄으로 보상하지 않는 타인, 제도, 시스템이 모두 적대의 원천이 된 참상을 미디어와 광장에서 연일 마주하고 있다. 존엄과 자유를 제대로 실감하고 싶다면 능력과의 연결 고리를 끊어내라는 이 책의 제안은 여전히 무거운 숙제로 남아 있다.

조문영(연세대학교 문화인류학과 교수)

산업 사회의 성원들이 기능에 따라 다른 임무를 직업으로 삼게 되는 것은 필연적인 일이며, 그 임무의 위치와 중요성에 따라 보수가 달라질 수도 있다. 하지만 어떤 직무를 맡게 되었다고 해서 자괴감에 시달리게 만드는 사회는 대다수의 평범한 일하는 사람들에게 일생 동안 체계적으로 모욕을 퍼붓는 사악한 사회다. 못 배우고 못 가져서 서러운 사람들은 이제 형편없는 못난 놈이라는 상처까지 평생 안고 살아가야 하니까. 계급은 숫자와 통계 이전에 아픔이고 절망이다. 이 책은 우리 이웃들의 마음속에 숨은 그 고통스러운 상처를 가만히 낮은 목소리로 전해주는 참으로 드물고 귀한 책이다.

홍기빈(글로벌정치경제연구소 소장)

앵거스 캐머런에게

차례

일러두기

본문의 각주는 옮긴이 주, 미주는 원주다.

원서에서 이탤릭으로 강조한 부분은 굵은 글씨로 표기했다.

본문에 인용된 도서 중 한국어 번역본이 있는 경우 원서명을 병기하지 않고 한국어 제목만 표기했다.

2023년판 서문

오늘날 계급의 숨은 상처

1970년대 초반 노동 계급 가족의 삶을 이야기하는 이 책은 이미 사라진 세계, 즉 수십 년 동안 일자리가 풍부했고, 노조의 영향력이 강력했으며, '세계화'가 생산 현장에서 큰 의미가 없던 세상을 회고하는 것처럼 보인다. 그러나 나는 지금 이 책을 다시 읽으면서, 그 시대 최악의 병폐들 가운데 일부가 오늘날 여전히 건재하며, 새로운 자본주의 시대와 발맞추어 더욱 심각한 상황으로 전개되고 있다는 데 충격을 받는다.

이 책의 공저자인 조너선 코브와 나는 매사추세츠 보스턴에 사는, 대다수가 아일랜드와 이탈리아계 이민자 후손인 백인 노동 계급 가족 100가구를 심층 인터뷰하는 프로젝트를 시작했다. 설문지에 체크한 항목들을 통계 처리하여 수치화하는 일반적인 의식 조사와 달리, 우리는 그들이 살아온 삶에 대한 서사와 그들의 내면 깊숙이 뿌리 내린 계급 의식에 관심이 있었다. 오랜 세월을 살아온 경험은 언제나 복잡하고 설명하기 힘든 일로 가득하기 마련이며, 따라서 서로 모순되고 설익은 생각을 낳는다. 그렇게 얽히고설킨 구불구불한 생각들은 인간의 의식을 단순히 물질적 조건의 반영으로 보는 생각보다 인간의 삶을 훨씬 풍성하게 조명하는 데 기여한다. 사람들은 자신들이 처한 상황을 이해하려고 애썼다.

이러한 몸부림은 단지 그들이 살고 있는 복잡한 사회를 이해하려고 애쓰고 있다는 의미만이 아니었다. 우리가 인터뷰한 많은 내용에 일관되게 흐르는 맥락은 사람들이 자신이 사회에서 처해 있는 방식에 대해서 스스로에게 책임이 있다고 확신한다는 점이었다. 다시 말해서, 그들이 '더 낮은 계급적 위치'에 처한 것은 단순히 그들에게 일어난 일로 끝나지 않고, 내면화되어 그들의 존재를 규정했다. 누군가가 자신이 충분히 잘하지 못하고 개인적으로 실패했다는 느낌 속에서 몸부림치는 일이 자기 능력에 맞게 최선을 다해 노력하는 사람은 누구나 성공이 보장되었던 미국에서 발생했다. "너는 너 자신의 창조자다"*라고 르네상스 시대 철학자 피코 델라 미란돌라는 선언했다. 보스턴의 노동자들은 그 말이 실제로는 맞지 않는다는 것을 알았지만, 개인적으로는 맞는 말이라고 생각했다.

인간의 자존감을 해치는 상처는 분노와 억울함을 낳는다. 이 백인 노동자들에게 자신들의 일자리와 지역 사회를 비집고 끼어들어와서 엘리트들의 관심과 동정을 받는 것처럼 보인 흑인들은 백인 노

* 자신에게 일어나는 일의 모든 책임은 본인에게 있다는 의미

동자들이 성공하지 못하고 있는 이유를 설명하는, 그들의 외부에 있는 명백한 상징적 표적이었다. 그러나 실제로 문제는 그보다 훨씬 더 복잡했다. 흑인 노동자와 이웃들은 개별적으로 백인 노동자들의 희생양이 되는 데에서 제외되었고, 결국 사람들은 다른 사람들이 그들의 길을 가로막았다기보다는 자신들이 길을 잘못 들었고 스스로 최선을 다하지 못했다는 두려움으로 되돌아갔다. 안정적인 기업, 강력한 노조 같은 일부 기관들이 강력하다는 사실은 직장에서 그들의 운명이 궁극적으로 그들 자신의 문제라는 정서를 강화했다.

이런 확신은 과거와 현재를 나누는 거대한 분기점을 나타내는 것처럼 보일지도 모른다. 세계화된 노동과 기생충 같은 금융자본주의는 노동자 삶의 틀을 구성하는 기관들을 불안정하게 만들었다. 이러한 해체는 특히 우리가 연구한 종류의 노동자들, 예를 들어 의료보험과 확실한 연금 계약을 맺고 도시에서 일하는 쓰레기 청소부 같은 사람들에게 큰 영향을 끼쳤다. 오늘날 그런 일은 일당 외에는 더 이상 아무것도 지급하지 않는 위탁 업체에 맡겨질 것이다. 또는 약간 더 계층을 상승시켜 가톨릭교회의 기금을 지원받는 병원에서 일하는 간호사들도 그때는 근무 시간과 근무 조건이 안정적으로 확립되어 있었지만, 지금은 그렇지 못하다.

그러나 노동 관련 제도와 기관의 불안정, 최소한의 근무 조건도 명시하지 않는 임시 계약직 같은 것들은 노동자들의 자립을 어렵게 하는 부담을 증가시킬 뿐이었다. 예컨대, 링크드인LinkedIn 같은 인터넷의 다양한 네트워크를 이용해서 일자리를 찾는 온라인 구직자들은 불과 반세기 전 노동자들이 가족이나 이웃의 인맥을 총동원해서 일자리를 찾을 때보다 훨씬 더 어려운 시기를 맞고 있다. 기회가 줄어들고 불평등이 커질수록, 노동자 자신에게 떠넘겨지는 부담은 더욱더 늘어났다. 그 결과, 그러한 의식의 내면화는 더욱 깊어졌다. 조너선 코브와 내가 이 책을 썼을 때 이 문제는 사회적 지위의 문제였지만, 지금은 생존의 문제가 되었다.

이 점에서 '노동 계급'의 의미는 이제 바뀌었다. 오늘날 숙련과 반숙련을 불문하고, 많은 육체노동자가 서비스직이나 사무직 노동자들보다 생존하기 더 좋은 위치에 있다. 사무직 노동은 육체노동보다 사회적 지위가 더 높은 일이지만, 배관공이 콜 센터에서 근무하는 사람이나 다시 계층을 더 높여서 경영학사로 무장한 대학을 갓 졸업한 사무직 신입사원보다 돈을 더 많이 벌고 장기적으로 성공할 가능성이 더 높다. 오늘날 사무직 업계 전반에 걸쳐 이 직종에서 일하는 사람들, 즉 애덤 스미스가 과거 노동 계급을 두고 표현한 "고작 두 손에 불과한" 사람이 되어가고 있는 사무직 노동자의 수가 그들의 일자리 수보다 더 많다.

오늘날 이 책을 읽는 많은 독자가 심리적 충격을 받을지도 모르는 이유는 바로 이러한 전망이 불러일으키는 자아에 대한 불안감 때문이라고 나는 생각한다. 당시 보스턴 육체노동자들에게 일어난 일이 오늘날 나머지 우리에게도 현재 진행형으로 일어나고 있다.

나는 종종 이 문제를 풀기 위해 어떤 '해결책'이 있을지에 대한 질문을 받는다. 나는 모든 사람이 생계를 위해 무슨 일을 하든 상관없이 공적 영역에서 똑같이 중요한, 더 높은 수준의 시민 평등이 해결책이라 생각한다고 대답하곤 했다. 계급 없는 사회를 말하는 한나

아렌트의 표현 방식이었다. 나는 지금도 사회적 지위의 내면화 경향을 약화하기 위해서는 계급 투쟁이 동원되어야 하며 투쟁을 더욱 힘차게 밀고 나가야 한다고 생각한다. 정부와 민간 영역 모두에서 더 많은 파업이 일어나는 것을 보고 싶다. 그래서 사람들이 '너는 너 자신의 창조자다'라는 피코의 격언으로 대변되는 수수께끼 같은 말과 씨름하기보다는 사람들 사이의 연대를 경험하기를 바란다. 내 나이 여든 살, 계급 전사로서 나의 시대는 끝났다. 그러나 앞으로도 노동계급의 진정한 적이 누구인지 정확하게 인식하는 계급 의식이 **더욱** 투철한 사회가 도래하기를, 나는 희망한다.

리처드 세넷

감사의 말

다음에 나오는 사람들은 이 연구를 위해 노동자들을 함께 인터뷰한 동료들이다. 클레어 시걸바움, 페트라 쇼니, 낸시 라이언스, 퀘이커 케이스, 샌드라 워런, 길레멧 알페로비츠, 로버트 맨즈, 데니스 브라운, 스티븐 골딘, 존 맥더모트가 그들이다. 이들은 이 인터뷰 작업이 단순한 설문 조사를 뛰어넘는다고, 그리고 자신들이 인터뷰하는 대상들도 정보 제공자 이상의 의미가 있다고 생각하며 참여했다. 또한 구술한 인터뷰 내용을 글로 옮기는 힘들고 짜증스러운 작업을 끝까지 완수해준 퍼트리샤 라크, 패티 쇼크로, 벳시 코브, 캐럴 세넷에게도 고맙다는 말을 전한다.

벳시 코브, 수재나 코브, 존 리빙스턴, 토머스 엥겔하트, 낸시 라이언스, 존 케이스, 엘리엇 스클라, 클레어 시걸바움, 리처드 로크, S. M. 밀러, 스티븐 썬스톰, 퍼트리샤와 브렌던 색스턴, 허버트 갠스는 이 책의 초고들을 검토해주었다.

1968년, 우리 머릿속에 이 연구에 대한 구상이 떠올랐을 때 우리가 접촉한 대다수 재단은 노동자들을 대체로 월리스 운동*으로 상징되는 하나의 '골치 아픈 문제'로 생각했다. 그 와중에 포드 재단의 토머스 쿠니가 우리의 구상에 더 큰 관심을 보여준 데 감사를 드린다. 이후 우리는 셜리 테이퍼, 배질 와이팅, 미셸 스비리도프와의 협의를 통해 재단이 제공하기로 한 자금, 격려, 우리의 연구 방향에 대한 완벽한 자율권을 모두 부여받았다.

원고는 알프레드 A. 크노프 출판사의 세 편집자 멜빈 로즌솔, 대니얼 오크렌트, 앵거스 캐머런의 철저한 교정 작업을 통해 보다 완벽하게 보강되었다. 특히 앵거스 캐머런은 이 책이 최종적으로 나올 때까지 최선을 다했으며 가장 객관적인 비평가로 남았다.

* 1968년 미국 대선에서 미국독립당 후보로 출마한 앨라배마주지사 출신 조지 월리스가 민주당의 인종 분리 정책 철폐에 따른 백인 노동자들의 불만을 선거에 이용한 것을 말함

들어가며

이 책은 리처드 세넷이 집필했지만, 지난 4년에 걸쳐 리처드 세넷과 조너선 코브가 협업해 완성했다. 이 책에 담긴 많은 구상은 협동작업에서 나왔기 때문에, 이 책을 쓴 사람은 세넷이지만 그가 유일한 저자는 아니다. 또한 종이 위에 글을 쓰는 것은 매우 개인적인 일이라 두 사람이 서로 같은 생각을 하고 있어도 그 생각을 똑같은 방식으로 표현하는 것은 불가능하다는 것도 사실이다. 따라서 이 책에서 강조하는 것과 감정적 표현은 모두 세넷의 것이다. 이런 이유 때문에 이 책의 편집 과정에서 '우리'라는 표현을 사용했다. 조너선 코브는 이 책에서 강조하고자 하는 또 다른 점을 후기에 썼다.

이 책은 포드 재단의 재정 지원으로 나왔으며 전반부는 리처드 세넷이, 후반부는 조너선 코브가 총괄했다.

서문

숨은 상처

대공황이 절정에 이르렀던 혹독한 시기에 결성된 노동조합 조직 운동가로, 한때 공산주의자였다가 지금은 가난한 사회주의자인 두 사람이 방 한구석에 앉아 무엇이 문제였는지 논쟁을 벌이고 있다. 그들은 리처드 세넷의 친구들이다. 둘 다 나이가 세넷보다 서른 살 위다. 그들은 열정적으로 논쟁을 벌이는데, 1961년 당시의 세넷으로서는 그 논쟁을 이해할 수 없다. 그들은 미국 노동자들이 왜 혁명 세력으로 발전하지 못했는가에 대해서 저마다의 주장을 펼친다.

"난 1937년과 38년이 아직도 생생하게 기억나." 아널드가 말한다. "내가 얼마나 큰 희망을 품었다고. 자동차 노조의 파업은 사람들에게 빛을 보게 하는 것 같았어. 내가 한 지역 사회에 들어갔을 때, 계급 투쟁이라는 것이 있다는 걸 설명할 필요도 없었지. 어떤 원칙이나 강령도 없이 사람들은 투쟁의 한가운데에 있었어. 알겠지만, 당시에는 계급 투쟁에 헌신하는 것은 자연스러운 일 같았어. 앞으로 10년이나 15년 후면 여기서도 러시아에서처럼 봉기가 일어날 거라고 생각했기 때문이지."

"하지만 자넨 러시아에서 시도한 일들 때문에 당을 떠났지, 안 그래?" 시드니가 반문한다. "노동자들은 자넬 실망시키지 않았어. 당이 그런 거지. 맞지?"

"시드니, 자네의 문제는 노동자가 자네에겐 처녀와 같다는 점이야. 당이 그랬던 것처럼 잘못된 접근 방식으로 노동자들에게 다가가서 그들을 능욕하면 그들은 미쳐버리고 말지. 하지만 올바른 접근 방식으로 다가가면 그들도 그것을 원하고, 자네도 평생 행복하게 산다고. (…) 들어봐, 시드니. 자넨 이걸 인정해야 했어. 자네 노조는 대부분의 다른 노조보다 더 많은 임금을 받았고 복지 제도 등 모든 게 좋았다고. 그래서 자넨 계급 투쟁을 설명할 새로운 접근 방식을 생각해낼 것이고, 그들은 결국 투표로 자네를 그 자리에서 쫓아낼 거야. 왜냐하면 그들은 패배자가 될 것이기 때문이지."

1971년, 아널드와 시드니는 둘 다 각자 소속되어 있던 노조를 떠났다. 역설적이게도, '현실주의자' 입장에서 노동자들에게 얼마나 많은 것을 기대할 수 있을지에 의심의 눈길을 보낸 아널드는 노동자들의 투표로 노조에서 쫓겨났고, 이상주의자 입장을 취한 시드니는 스스로 노조를 탈퇴하고 사업을 시작했다. 그들은 둘 다 피해자다. 어떤 작가가 언급한 것처럼, 실패한 신에게 희생양으로 바쳐진 급진주의자 세대의 일원이었다. 시드니는 혁명적 공산주의에 배신감을 느낀 반면, 아널드는 자신이 노동자들에게 배신당했다고 생각했다. 1971년, 미국에서는 인종 차별 철폐 운동에 대한 백인의 반발이 거세게 일어났고, 젊은 노동자 사이에서는 조직화된 노조 지도부에 대한 거부 반응이 아주 맹렬하게 휘몰아쳤다. 1968년, 청년 학생들이 혁명에 동참할 것을 간절히 호소했을 때 당시 노동자들이 적극적으로 호응하지 않았던 프랑스에서, 이제는 불법 파업과 공장 점거가 파리 인근의 산업 지대 모든 곳에서 빈번히 일어나고 있다. 이탈리아는 독실한 가톨릭 신자들인 정치 지도자들이 공산주의 정권을 민주적으로 선출하기 직전 상태에 있다. 하지만 급진적 지식인들은 지금도 여전히 아널드와 시드니의 삶을 엉망으로 만든 그 문제들과 씨름하고 있다.

윌리엄 패프의 저서 《자유를 선고받다*Condemned to Freedom*》*는 노동자를 혁명가로 보는 시각에 대한 아널드의 환멸에 공명한다. 그는 "노동자는 일단 기본적으로 경제적 안정을 얻고 합리적 기대를 할 만한 위치에 오르면, 중산층 회사 간부나 전문직 종사자보다 사회적 현안에 보수적 입장을 취할 이유가 훨씬 더 많아진다. (…) 그런 노동자에게 급진적 변화는 모든 것을 위태롭게 만들 수 있다." 이 주장은 말을 돌리지 않고 매우 직설적으로 인정사정없이 인간의 존재를 규정한다. 인간은 돈에 매수되면 인도주의적 관심에서 멀어질 수 있는 존재다. 오늘날 번영을 갈구하는 경제 제도는 노동자를 돈으

* 인간은 누구나 선택의 자유가 있고 그 선택에는 늘 책임이 따른다는 의미에서 인간은 자유를 선고받은 존재라고 주장하는 사르트르의 책 《실존주의는 휴머니즘이다》에서 인용한 제목

로 매수했다.

노동 계급의 투쟁에 대한 시드니의 신념을 지켜온 어떤 이의 견해는 더 복잡하다. 최근에 존 제라시는 프랑스 철학자 장 폴 사르트르를 인터뷰한 내용을 책으로 출간했다. 1968년 프랑스 학생 운동을 비롯해 사회 전반에 걸쳐 일어난 청년층 반발의 여파로, 사르트르는 자신이 '좌파 지식인intellectuel de gauche'에서 '지식인 좌파intellectuel gauchiste'로 옮겨갔다고 자기 존재를 새롭게 규정했다. 그는 이제 심지어 기존의 고리타분하기까지 한 프랑스공산당 내 좌파에 영향을 끼치는 마오주의를 비롯한 모든 혁명 운동을 지지한다. 사르트르는 프랑스공산당이 프랑스 노동자들이 겪고 있는 현실과 무관한 지식인의 언어로 이야기해 노동자를 배신했다고 믿는다. 〈루주*Rouge*〉* 같은 프랑스의 공산주의 계열 신문들은 변증법적 원리들과 성聖마르크스의 복음에 대해서 언쟁을 벌인다. 노동자들이 왜 그런 것들에 신경을 써야 할까?

그렇다면 '지식인 좌파'의 역할은 무엇이냐고 제라시는 사르트르에게 묻는다. 그러자 그 철학자는 특이한 대답을 한다. 사르트르는 지금 쓸 만한 가치가 있는 유일한 글은 정치 팸플릿이라고 말한다. 지식인의 위상이 바뀌었기 때문이다. "지식인은 이제 대중과 **함께**, 그리고 그들을 통해서 글을 써야 합니다. 그럼으로써 대중의 제안에 자신의 전문 지식을 포함시켜야 합니다. 다시 말해서, 그동안 지식인이 누린 특권적 지위는 사라졌습니다. 오늘날 지식인들이 자기 자신

* '붉은색'의 프랑스어로 좌익, 혁명파라는 의미

의 문제에 오랫동안 천착하는 것은 완전히 신뢰를 잃었고 따라서 반혁명적입니다." 사르트르는 이제 지식인이 노동자들을 위해 자기 자신을 희생해야 한다고 믿는다. "지식인은 자기 자신의 문제가 아닌 노동자들의 문제를 풀기 위한 노력에 전념해야 합니다."

그러나 제라시는 사르트르가 소설가 귀스타브 플로베르에 관한 2천 쪽 분량의 책 저술을 막 끝냈음을 지적한다. 왜 그런 책을 썼을까? 사르트르는 자책하며 이렇게 대답한다. "내가 쓴 플로베르에 관한 책은 옹졸한 중산층의 현실 도피의 한 형태일 수 있습니다." 그러고는 다시 반혁명적 태도를 취한다는 혐의로 투옥된 시인 에베르토 파디야에 대한 쿠바 카스트로 정권의 처우를 비판한다. 진정한 혁명 정부라면 창작의 자유를 존중해야 마땅하다고 사르트르는 말한다. 그러자 제라시는 그것이야말로 바로 지식인들에게 특별한 지위를 부여하는 것이 아닌지 묻는다.

잘못 말했다는 당혹감에 사로잡힌 사르트르는 그가 암묵적으로 노동자에 대한 적어도 두 가지 가설을 전임 노조 운동가 아널드 및 작가 윌리엄 패프와 공유하고 있다는 점을 보여준다. 첫째, 시인, 철학자, 이상주의 사회 운동가 같은 교양 있는 지식인은 노동 계급이 살아가는 실제 삶에 동화될 수 없는 세상에서 산다는 사실이다. 사르트르는 플로베르에 대해서 생각한 것을 사과한다. 그는 노동자들의 노동을 존경한다. 아니 그보다 더 나아가 우상화한다. 그는 **자기** 작품으로 노동자들이 소외될까 걱정한다. 그러나 동시에 자기 작품에 타고난 특권이 부여되는 데 우려하면서, 파디야 같은 지식인들은 혁명에 반대할 어떤 권리가 있을지도 모른다고 염려한다. 패프와 아널드는 노동자들이 결코 혁명을 일으키지 못할 것이라고 믿는다. 그들의 사회적 지위가 지식인들이 볼 수 있는 정의와 권리에 대한 통찰력을 얻지 못하게 방해하기 때문이다. 두 경우 모두, 지식인과 대중은 반드시 서로 적대적 관계는 아닐지 몰라도 적어도 공통된 이해관계는 거의 없다.

둘째, 아널드와 패프는 노동자들의 보수화가 논리적 귀결이라고 생각한다. 두 사람은 노동자들이 대공황 시기에 물질적으로 크게 퇴행한 것과 비교할 때, 지난 20~30년 동안 충분히 돈도 벌고 재산도 축적하고 많은 성취를 이루었기 때문에, 그들이 소유한 재산과 그러한 대성공을 가능케 한 제도를 보호하고 싶어 한다고 가정한다.

시드니와 사르트르도 그러한 주장의 논리를 인정하지만, 결론은 수용하지 않는다. 두 사람은 노동자들이 실제로 마땅히 사회적으로 받아야 할 공정한 몫을 받지 못한 것은 맞지만, 그들이 어떻게 이용되었는지 알게 된다면 들고일어나 반란을 일으킬 것이라고 말한다. 부유한 노동자 신화에 반대하는 논쟁에서 많은 사회 비평가가 이와 동일한 입장을 취하는데, 그들이 보기에 이제 노동 계급 정치가 가능한 이유는 사회 체제 안에서 노동자들에 대한 형평성이 부정당하기 때문이다. 하지만 이들이 반란의 기초로 생각하는 것은 여전히 물질적 이익의 계산에 머물러 있다. 사회 체제로 야기되는 물질적 어려움은 사람들의 저항을 불러일으키고, 물질적 보상은 거꾸로 저항을 막는다. 다시 말해서, 그 논쟁의 양측에 있는 사람들 가운데 '인간은 빵만으로 살지 못한다'는 격언이 노동자들에게 적용된다고 정말로 믿는 사람은 아무도 없다.

물론 오래전부터 예술가나 작가 같은 교양 있는 지식인들은 빵보다 더 많은 것을 필요로 한다고 생각해온 사람이 많았다. 19세기 초 낭만주의 운동은 편안한 생존에 대한 희구보다 더 중요한 것을 추구하는 사람으로서의 예술가나 작가에 대한 이미지로부터 불붙었다. 즉, 예술가나 작가는 보통의 일반 사람이 아니었다. 이 논쟁의 양측이 모두 동의하는 물질적 행복의 계산법은 교양 있는 지식인의 세계와 일반 대중적 삶의 현실 사이에는 메울 수 없는 거대한 격차가 있다는 역사적 가정에 전적으로 기댄다.

사르트르나 시드니 같은 사람들이 근본적으로 물질적 착취를 기반으로 하는 노동 계급의 반란의 정치학을 상세히 설명할 때, 그들은 아무리 좋은 의도로 말한다고 할지라도 토크빌이나 니체, 오르테가 이 가세트 같은 사상가들이 지배하는 보수주의라는 적의 영역에 발을 들여놓는다. 이 보수주의자들은 모두 대중 정치란 대중 자신의 물질적 이익을 먼저 계산한다고 선언했고, 그런 이유로 대중을 비난했다. 이들이 생각하는 '인류애'란 그들, 즉 일반 대중과 격리된 일부 교양인들이 이상을 위해 자신을 희생하고, 안보에 대한 우려를 부인하고, 단순히 동업자끼리의 우애와는 결이 다른 문명과 문화를 추구하는 것과 같은 비물질적인 원칙들을 고수하며 살아야 한다는 자신들의 선언에 기반을 두고 있었다. 하지만 아널드와 패프 같은 사람들이 말한 것처럼 현실주의로 돌아가면, 그런 책무는 대다수 사람들에게 너무 많은 것을 요구한다. 교양인이 되려면 당신은 엘리트가 되어야 하기 때문이다.

시작부터 이런 귀에 거슬리는 거친 어조로 발언하는 것에 대해서 우리는 사과하지 않을 수 없다. 장 폴 사르트르나 시드니 같은 노동 운동가들의 진정한 헌신을 의심하는 것은 노동자를 혁명가로 보는 시각에 환멸을 느끼는 아널드와 윌리엄 패프의 진정성을 의심하는 것과 다름없다. 그러나 우리가 이 책을 쓰도록 이끈 그 경험을 이해하고자 한다면, 문화를 사회에서 분리하는 오랜 전통 속에서 살아온 서로 반대편인 것처럼 보이는 이들 사이에 거들먹거리는 숨은 합의가 있다는 사실을 아는 것이 필요하다. 왜냐하면 우리가 이 책을 구상하기 시작했을 때, 처음부터 아널드와 시드니로 대변되는 논쟁의 양 당사자들이 바로 우리라고 생각하면서 앞서 말한 가정들을 우리 두 사람이 암묵적으로 공유했기 때문이다.

리처드 세넷은 중서부 지역에서 자라 군대에 가고 공립학교에 다녔다. 그가 아는 어른의 세계는 1930년대 정치적 소용돌이의 한가운데를 통과했는데, 그 와중에 일부는 상처를 입기도 했고 일부는 탄압을 받기도 했다. 그는 혁명이 필요하지만 미국 노동자들이 물질적 부에 너무 얽매여 있었기 때문에 혁명을 일으킬 수 없다고 믿게 되었다.

조너선 코브는 부유한 뉴잉글랜드 가정에서 자랐다. 그의 정치적 성향은 물려받은 것이 아니라 자기 스스로 형성한 것이다. 코브는 자신의 특권층 지위가 일반 대중과의 분리를 야기한다는 것을 인식할 줄 아는 나이가 되었고, 그즈음 사르트르가 육체노동자들 사이에 존재하는 "끔찍한, 보이지 않는 거부"라고 말한, 자신이 그동안 전혀 알지 못한 사람들의 삶이 공평하지 않다는 것을 확신했다. 그는 자신이 태어난 상류 계급에 단절감을 느끼는 노동 계급의 정치사상을 신뢰하게 되었다.

우리는 지금 아널드와 시드니의 생각을 되풀이하려는 것이 아니다. 왜냐하면, 몇 년 전까지 우리의 관점은 노동자들의 삶에 개인적으로 참여하고 겪은 것에서 나온 결과물이 아니었기 때문이다. 우리가 이야기를 나누면 나눌수록 서로의 입장 차이와 상반된 감정만 더욱 커졌고, 노동자들의 삶을 직접 확인해야 할 것 같다는 생각이 점점 더 굳어졌다. 우리는 둘 다 노동 현장을 잘 알지도 못했고, 처음부터 주제넘은 행동을 하면 안 될 것 같았기에 시드니와 아널드가 시도했던 생면부지의 노동자들을 '조직하는' 따위의 일은 다시 반복할 수 없었다. 그래서 우리가 할 수 있는 일을 찾다가 노동자들과 직접 이야기를 나누는 방법을 생각해냈다. 우리 중 한 사람이 전문적인 인터뷰 훈련을 받기도 했지만, 우리가 언급한 거리감이 도대체 무엇인지 확실히 이해하기 위해서는 노동자들을 대상으로 집중적이고 면밀한 대화를 나누는 것이 최선의 방법이라는 결론에 이른 것은 우리 두 사람의 개인적 기질이 서로 맞아떨어졌기 때문이다. 우리는 오늘날 문화와 사회의 대중 간에 존재하는 고전적 분리와 관련해서 미국의 육체노동자들과 그들의 가족 집단이 어떤 문제에 관심을 보이는지 알고 싶었다.

우리는 이 일을 시작하면서 우리의 목적을 대체로 매우 분명히 밝혔다. 하지만 여전히 막연한 측면이 있기에, 이 책이 왜 일련의 대화록 이상의 보고서가 되었는지를 먼저 설명할 필요가 있다. 노동자들과 직접 대화를 나누면서 우리는 노동자, 저항, 문화에 대해 논쟁을 벌이는 양측이 사실은 노동자들이 스스로에 대해서 생각하는 것보다 노동자들을 너무 지나치게 단순화해서 생각한다는 사실을 알았다. 노동 계급 의식의 복잡성은 그 복잡성을 듣는 사람에게 잘 설명할 수 있는 새로운 이론, 즉 이 책에서 노동자들과 나누는 대화 그 자체의 한계를 훨씬 넘어서는 추측과 일반화를 수반하는 이론을 요구한다.

본격적인 시작에 앞서, 고립된 노동 계급이라는 개념이 미국에서 어떤 특이한 의미를 함축하고 있는지 이해하는 것이 필요하다. 앞서 말한 것처럼, 패프와 사르트르는 상류 문화층 사람들의 삶을 지배하는 문제들과 노동자들이 분리되어 있다는 점을 기정사실로 받아들인다. 그러나 미국에서 백인 도시 노동자 대다수는 겉으론 다른 것 같지만 실제로는 서로 관련이 있는 원인에 뿌리를 둔 역사적 고립에 직면해 있다.

19세기 서유럽 공업 도시의 교외에 살던 아이들은 프롤레타리아가 되었다. 실제로 도시의 수많은 공장에서 도시의 생활 방식에 적합하게 길러져 도시의 군중 속에서 편안함을 느끼는 노동자들을 발견할 수 있었지만 그들이 공장을 지배하지는 못했다. 여러 세대에 걸쳐 도심 지역이 새로운 산업 질서의 근거지였던 잉글랜드에서도 맨체스터나 버밍엄의 노동 계급은 대개 10년마다 그 숫자가 크게 증가했는데, 대부분이 도시와는 다른 생활 방식을 가진 시골 지역에서 이주해온 사람들이었다. 비록 생시몽이나 마르크스는 '산업 시대'를 당연한 사실로 간주하고 이야기할 수 있었지만, 약 100년 전 대다수 사람들은 여전히 인간의 노동이 계절의 변화에 구속된 삶을 살았고 다양한 인간사는 촌락 단위로 한정되어 평가되었다.

4~5세대 전, 시골 인구의 도시 유입은 단순한 문제가 아니었다. 인구 이동은 복잡한 방식으로 진행되었는데, 대개 작은 농장의 소농들이 인근 읍면 소재지 마을로 이동한 뒤 그곳에서 다시 점점 규모가 큰 대도시로 연쇄적으로 옮겨갔다. 19세기가 끝나갈 무렵 수십 년 동안 지속된 유럽의 농촌 위기는 대규모 인구 이동을 피할 수 없게 만들었다. 대지주들은 자신의 농지를 소작농에게 빌려주는 것이 이제 더는 이득이 되지 않는다는 사실을 알았다. 소농들도 국가 간 농산물 거래가 활발해지면서 국제 무역에 장악된 농산물 시장에서는 더 이상 살아남을 수 없었다. 지방의 기능공들도 도시의 공장에서 생산하는 값싼 공산품과의 경쟁을 이겨낼 수 없었다. 농촌의 규칙적인 생활 리듬은 사람들을 강력하게 잡아당기는 도시의 매력에 붕괴되었다. 도시의 지배자들은 농촌 청년들의 불만을 이용해 도시에 필요한 노동력 공급을 유인했다. 게다가 리투아니아의 유대인들처럼, 시골 마을의 소수 민족에 대한 박해는 도시로의 인구 이동에 더욱 박차를 가했다.

미국 중서부와 동부 해안 지역의 도시 노동자들은 대개가 이러한 이력이 있는 남성들이다. 그 지역 도시들의 백인 육체노동자 3천 500만 명 대다수는 지난 4세대에 걸쳐 아일랜드와 남유럽, 동유럽에서 미국으로 건너온 사람들이다. 이들 미국인 세대들이 살았던 옛 국가의 혼돈 상황은 아직도 그들에게 '소수 민족 집단'이라는 꼬리표를 달고 다니게 하는 그림자를 드리웠다. 옛 국가에서 쓰던 언어로 말하고 옛 관습을 여전히 유지하는 동네, 즉 미국 도시 내의 자그마한 소수 민족 거주지에 이탈리아인, 폴란드인, 그리스인 이민자들이 정착하는 것은 그들이 고국에서 알고 있던 것을 보존할 수 있는 방법이라고 일반적으로 생각되었다. 그러나 그보다는 유럽의 혼돈 속에서 많은 고초를 겪고 미국으로 옮겨온 이민자들이 고국에서 해체 중이던 사회 일반의 관습과 문화에 대한 정서에 다시 불을 붙일 방법을 새로운 정착지에서 발견했다고 말하는 편이 더 정확할지도 모른다. 1920년대 한 러시아계 유대인이 말한 것처럼 말이다. "사막같이 삭막한 미국에서는 우랄산맥의 제철소에서 일할 때보다 옛날 방식대로 사는 러시아인으로 잔존하기가 더 쉽지요."

그러나 고국의 국가적 위기만으로 소수 민족 집단의 역사적 고립을 설명하는 것은 충분치 않다. 왜냐하면 고립은 또한 이민자들이 성장하고 있는 미국 도시들의 경제생활에 끼친 영향에서 기인한 것이기도 하기 때문이다.

이민자들이 대규모로 미국에 도착하기 전, 산업 생산에 동원할 노동력이 모자랐던 미국의 도시들은 노동력 부족을 대체할 수단으로 기계를 사용했다. 기계는 가능하기만 하면 어디서든 **비숙련** 노동력을 대체하기 위해 조립할 수 있었기 때문에 더 많은 기술과 판단, 복잡성이 요구되는 일을 수행할 인력 부족의 걱정에서 해방될 수 있게 해주었다. 로웰*이나 월섬** 공장의 젊은 여성 노동자들에게 일어난 일처럼, 인간 노동력이 기계로 대체되는 경우는 노동자들이 비

* 19세기 초 선진적으로 여성 노동자를 고용한 보스턴 소재 섬유 공장

** 19세기 중엽 보스턴 소재 회중시계 공장

숙련 작업을 수행하던 곳에서 발생했다. 비숙련 인간 노동력을 고용하는 비용이 기계를 돌리는 비용보다 더 컸기 때문이다.[1]

19세기 말 극빈한 유럽인들이 미국으로 대량 유입되면서 경제적 관계가 바뀌었다. 예컨대 일의 종류나 보수를 따지지 않고 필사적으로 일자리를 찾고 있던 폴란드 이민자들이 펜실베이니아 서부 지역의 철강 공장이 있는 소도시들에 도착했는데, 그들은 지역의 기업가들에게 당시에 돌리던 기계보다 더 싸게 이용할 수 있는 노동력의 안정적 기반을 제공했다. 그러자 기업가들은 곧바로 비숙련, 미조직 노동력이 풍부해진 상황에서 이제는 **숙련** 노동력을 대체하기 위해 기계를 사용하기 시작했다.[2] 다시 말해서, 이민자들의 미국 유입은 비록 간접적이기는 하지만 기존 숙련 노동자들의 일자리를 심각하게 위협하는 상황을 초래했다. 제강 분야뿐 아니라, 객차 제작, 인쇄, 직물 분야에도 영향을 미쳤다. 따라서 미국으로 새로 이주해오는 이민자들에 대한 기존 미국인들의 적대감이 점점 깊어지는 것은 당연한 일이었다.

새로운 이민자의 '사회의식'은 그가 고향에 남겨두고 온 문제들에 고정되어 있었다. 그가 임금 노동자로서 새로운 세계를 경험하기로 결심한 것은 단지 자신의 생존을 넘어서 고국에 있는 일가친척에게 돈을 보내 그들이 신세계에 합류할 수 있게 하거나 유럽 농촌의 경제적 파탄 상황에서 살아남을 수 있게 하기 위해서였다.[3] 대부분의 이민자들은 공식적인 노동 단체의 필요성에 대해 생각할 여력이 없었다. 노조의 필요성을 생각하기 시작했을 때도 미숙련 노동력의 공급이 계속해서 늘어나면서 안정된 기업 노조를 조직하는 것은 거의 꿈도 꾸지 못하는 상황이었다. 게다가 숙련된 기술이 있는 노동자들이 미숙련 외국인 노동자들과 하나로 합치는 데 관심이 없는 것은 물론이었다. 실제로 고용주들은 숙련 노동자들의 불안을 이용해서 길들이기 위해 이민자 수준으로 그들을 끌어내리겠다고 위협했다. 고용주들은 만일 숙련 노동자들이 말을 잘 듣고 노조를 만들지 않는다면, 그들의 기존 일자리를 기계로 대체할 때 적어도 반숙련 노동의 일자리는 남겨둘 수 있다고 제안했다.

20세기 들어 숙련 노동력은 다시 그 권위를 회복했지만, 지난 세기 말의 대단히 충격적인 고등 기술로의 이동은 4세대 전 도시 이민자에게 자생적인 고립의 원천으로 자리매김했다. 그는 자신의 존재가 기존 노동자들에게 파괴적인 영향을 끼치는 신기술의 성장을 가능케 한 순간에 미국 공장에 왔다. 이런 조건 아래서 불붙은 적대감에 직면한 그는 자신과 같은 나라에서 온 동포들의 도움에 기댈 수밖에 없었다.

이민자를 고립시키는 두 번째 힘이 동시에 작용한 것은 아마도 우연이 아니었을 것이다. 19세기에서 20세기로 바뀔 무렵, 오늘날 우리가 인종 차별이라고 부르는 것과 가장 가까운 형태의, 외국에서 온 이민자들에 대한 미국 사회의 태도가 확고해졌다. 이러한 태도는 민족과 문화 차이를 나타내는 일종의 도덕적 계층 서열을 낳았는데, 아일랜드를 제외하고 가장 상위에 있는 서유럽 이민자들은 근면하고 열심히 일하는, 대다수가 숙련된 노동자들이었다. 그 밑으로는 슬라브인, 보헤미아인, 유대인, 남유럽 이민자들이 있었는데, 그들은 지저분하고 음흉하고 게으르다고 비난받았다. 독일이나 영국 출신이 아닌 이민자들을 잠재적 범죄자로 보고, 심지어 그들이 폭탄 투척의 우려와 무정부주의 성향이 있는 데다 어떤 경우든 인정사정없는 잔혹한 인물이라는 이미지가 미국 민중 사이에 근거 없는 신화로 표면화되는 것이 바로 이즈음이었다. 19세기 말에서 20세기 중반에 걸쳐, 이민자들은 자신들이 오래전부터 믿어온 서로 다른 다양한 신앙과 미국 공장의 기존 노동자들에게서 받는 경제적 적대감 그리고 저마다의 민족적 고정 관념 때문에, 타향에서 편안함과 온기를 느끼기 위해서는 외지인에게 적대적인 리틀 이탈리아, 리틀 폴란드 같은 '어반 빌리지urban village'에서 자신과 처지가 같은 동포들과 서로 기대며 함께 모여 살 수밖에 없었다.[4]

우리가 보스턴에서 인터뷰한 사람들 대부분이 태어난 곳은 바로 이렇게 이민자들끼리 서로 모여 살던 도시 세계였다. 그 경계 안에서 사람들은 외부에서 거의 알지 못하는 구성원 간의 극도로 친밀한 관계를 유지했다. 사교성의 초점은 거리였다. 우리가 인터뷰한 중년의 성인 대다수는 그들의 어린 시절을 떠올릴 때 기억나는 장면이 거리의 광경이자 가족의 모습이었다고 했다. 왜냐하면 그들의 부모가 거리에서 물건을 사고, 이웃들과 이야기를 나누고, 저녁 식사를 끝낸 뒤에는 현관 입구 계단에 앉아 있었기 때문이다. 1930년대와 1940년대에 보스턴에서 어린 시절을 보낸 사람들은 소수 민족의 삶을 매우 생생하게 겪으며 자랐고, 그들에게는 그 흔적 또한 아주 강하게 남아 있었다. 금요일과 토요일이면 이탈리아 이민자들이 모여 사는 지역에서는 노천 시장이 여전히 거리를 뒤덮는다. 시장에서 노인들은 서로 열심히 흥정하는데, 영어는 거의 쓰지 않는다. 사우스 보스턴 주민들은 아직도 아일랜드 국경일을 열정적으로 경축하고, 아일랜드에 한 번도 가본 적 없는 그곳 노인들은 아일랜드 억양으로 이야기한다.

여러 역사가와 사회학자가 왜 어반 빌리지가 그렇게 오랫동안 미국에서 유지되었는지에 대해서 반복적으로 의문을 제기했다. 수년 전, 네이선 글레이저와 대니엘 P. 모이니핸은 소수 민족이 고립된 상황은 모국의 경제적 긴장 및 혼란과 별개로, 집단적 의지와 선택의 문제와 관련이 있다고 주장했다.[5] 그들의 말에 따르면, 민족성은 미국인이라는 거대한 대중의 무리 속에서 자신들만의 특별한 정체성을 보존하는, 즉 실제로 한 이민자가 '평균적인' 미국인으로 '녹아들어가' 동화된 뒤에도 자기 민족 고유의 전통과 의식을 유지하기 위한 수단이다. 하지만 이후로 많은 논자가 이들의 고립이 사실상 이민자 집단의 통제 범위 밖에 있다고 주장하면서, 두 사람의 논지에 이의를 제기했다. 그들은 미국 사회의 도시 소수 민족 집단의 전체 역사를 보면 그들의 고립이 옛날에 살던 나라와 새로 이민 온 나라에서의 경제적 박탈로 배태된 것이라는 점이 드러나는데, 왜 지금 선택에 대해서 말하느냐고 글레이저와 모이니핸에게 물었다. 예를 들어, 앤드루 그릴리 신부는 비록 극적인 경제적 변화를 이룬 소수 민족 출신이라고 하더라도 그중 다수의 삶에 가장 강력하게 남아 있는 민족 유산은 과거 적대적인 토착 미국인 문화에 맞서 가난 속에서 지켜온 집단적 전통에 대한 기억이라고 말한다.

이 논쟁은 또 다른 논쟁으로 이어졌다. 토착 미국인의 편견, 토착 숙련 노동자들의 적대감, 그리고 대공황의 경제적 충격을 이겨낸 어반 빌리지는 최근 몇 년 사이에 새로운 영향력의 지배를 받기 시작하면서, 과거의 제도나 기관들이 감당하지 못하는 문제들로 주민들을 밀어 넣었다. 주요 도시의 '재개발'은 최근에 미국 도시로 이주해 온 다양한 민족 출신의 이민자들의 고립과 관련해서 가장 충격적인 무단 침입 사건이었다. 어반 빌리지는 대개 주택이 오래되어 낡고, 도심의 상업 지구와 가까운 구역에 있어서 교외의 주택가와 도심 사무실 건물을 연결하는 도로나 대도시 경제 질서를 새롭게 개편하는 상징으로 고층 빌딩 거리 건설을 꿈꾸는 도시 계획 설계자들에게 주요 표적이 되었다.

또한 이들 지역 사회는 거부하기에는 너무 강력한 국가적 문제에 직면해서 어쩔 수 없이 더 큰 사회로 강제 통합되었다. "그래요, 저를 '이탈리아계 미국인'이라고 부를 수는 있어요"라고 한 여성이 우리에게 말했다. "하지만 우리 아이들이 마약을 하는 상황을 마주하는 건 제게 전혀 도움이 되지 않아요." 도심 재개발에 따른 집세와 물가 상승은 범죄 증가에 대한 두려움과 함께 대개 그 지역 주민들이 자신이 살던 옛 동네를 떠나 멀리 다른 곳으로 이사 갈 수밖에 없게 한다.

도시 재개발로 야기된 어반 빌리지의 주민 이동은 집을 잃고 뿌리가 뽑힌 것 같은 사람들에게 대개 그들의 가족 구성원이 죽었을 때 느끼는 것과 비슷한 '비통한' 슬픔을 남긴다. 그 비통함은 그들이 개인적으로, 또는 그들을 대변하는 사람들이 싸움에서 크게 패배하여 더는 '앞으로 나아갈' 수 없다는 사실 때문에 더욱 강렬하게 와닿는다.[6] 마약과 범죄에 대한 공포는 개인이나 민족 문화의 전통적 제도와 기구들, 즉 가족, 교회, 지방 정치인이 그런 위협에 대적할 힘이 거의 없다는 느낌과 결합된다.

이러한 강제 통합을 해석하는 한 가지 방법은 그것이 미국의 백인 노동자 대중을 고전적 의미의 '노동자'가 되도록 이끌고 있다는 것이다. 이런 견해에 따르면, 소수 민족 공동체의 문화 보호막이 붕괴되면서, 소수 민족 노동자들은 이제 미국 자본주의 체제 안에서 자신들의 진정한 위치가 무엇인가 하는 문제에 직면하고 있다. 그들은 도시를 통제하는 경제적, 정치적 세력의 지배 아래서 무력하다. 최근 몇 년 동안 노동 계급 시위의 급증은 아일랜드인이나 폴란드인이 아닌 노동자로서 정치적 목소리를 찾기 위한 암중모색으로 보일 테지만, 그런 모색은 흑인이나 급진적 학생들처럼 끓어오르는 분노 때문에 그들이 처음에 표적을 잘못 선택한 것과 같은 오류를 범한다.

소수 민족 도시 노동자들이 경험한 역사적 이동에 대한 이러한 해석은 결국 물질적 행복 계산 논리에 의존한다. 이 논리는 미국의 백인 노동자들이 소수 민족이 모여 사는 어반 빌리지라는 특수한 공간과 상관없이, 단순히 노동자라는 이유로 수탈당할 수밖에 없는 상황으로 내몰리면서 그 충격 때문에 생겨나는 새로운 반항적 계급 의식을 예언한다.

반면에, 아널드나 패프의 논리를 따르는 비평가들은 그들의 비관주의에 대한 근거를 어반 빌리지의 해체에서 찾는다. 예컨대, 허버트 갠스는 소수 민족 거주지들이 적어도 부분적으로 그곳 주민들의 자발적 의사에 따라 해체되었다고 주장한다. 그들은 가족들이 경제적 이득을 얻고 직장을 구하면서 중산층 대열에 합류하기 위해 교외 지역으로 주거지를 옮긴다. 이 견해에 따르면, 지난 수년 동안 백인 노동자들이 내뱉은 불만의 대부분은 정확하게 체제에 도전하는 사람들에게로 향해 있다. 미국의 소수 민족 육체노동자들의 삶에 일어난 역사적 변화는 이런 이유 때문에 역시 물질적 자기 이익의 계산 논리에 의존한다.

인터뷰를 진행하면서, 우리는 도시 노동자들 스스로가 앞서 말한 비평가들 못지않게 옛날에 자신들이 모여 살던 동네의 쇠퇴가 그들의 삶에 초래한 중대한 변화를 인식하고 있다는 것을 처음부터 알 수 있었다. 보스턴의 이 노동자들은 미국 전체에서 그들이 현재 과연 어떤 위치를 차지하고 있는지 알아내려고 애쓰고 있다. 그러나 그들은 자신들이 사는 공간에 대한 이미지를 만들어내기 위해 그들을 해석하는 사람들이 사용하는 물질적 행복에 대한 계산보다 더 복잡하고 난해한 언어를 쓴다. 우리가 인터뷰한 사람들에게 미국인 삶으로의 통합은 인간적 존중과 예의를 나타내는 상징들이 서로 다른 세계, 즉 인간의 능력이 소수 민족 거주지에서 자랄 때 널리 통용되었던 것과는 완전히 다른 용어로 측정되는 세계로 통합되는 것을 의미했다. 그들 삶에 일어나는 변화는 중산층이 **소유한 것들**을 얻기 위한 기회나 실패를 뛰어넘는 그 이상을 의미한다. 역사는 그들과 그 자식들에게 새로운 미국의 용어로 존중받기를 원한다면, 지식인들이 말하는 의미로 '교양 있는' 사람이 될 것을 요구하고 있다. 그들은 이 요구에 매우 양면적인 감정을 느낀다. 아마 우리의 첫 번째 인터뷰에서 일어난 일을 설명하는 것이 바로 이 양면성을 보여주는 가장 좋은 방법일 것이다.

프랭크 리사로[7]는 이탈리아계 미국인 3세로 우리가 그를 인터뷰했을 때 마흔네 살이었다. 그는 아홉 살 때 구두닦이로 일하기 시작해 지금은 은행에서 대출 신청자 등급을 나누는 일을 하는 출세 가도를 달렸다. 연봉이 1만 달러이고, 교외에 주택을 소유하고 있으며, 매년 8월이면 시골의 작은 별장을 빌려 휴가를 보낸다. 겉으로 보기에 그는 만족스러운 삶을 사는 사람처럼 보인다. "저는 인생을 잘 살았다고 생각해요." 하지만 그는 보이지 않는 곳에서 다른 사람들이 자신을 비난하지 않을까 우려하면서 자기 명예가 더럽혀지지 않도록 늘 방어적 입장을 취한다. 그리고 자식들이 "내가 원하는 방식대로 자라고" 있는데도 그들에게 위협을 느껴, 집에서 군림하는 태도를 보인다.

리사로는 1925년에 보스턴의 이탈리아 이민자들이 모여 사는 지역에서 둘째 외아들로 태어났다. 그의 아버지는 교육받지 못했고 날품팔이 노동자로 열심히 일했지만, 폭음을 많이 해서 취하면 아내와 자식들을 자주 때렸다. 리사로는 어린 시절 학교에 별로 관심이 없었다. 그의 삶은 늘 아버지의 폭력에 대한 공포 아래 있었다. 가족들은 그를 머리도 나쁘고 상식 밖의 행동을 하는 버르장머리 없는 아이로 간주했다. 누이들과 사촌들은 리사로보다 학교생활에 충실해서 모두 고등학교를 졸업했다. 그러나 리사로는 어릴 적부터 밤과 주말에도 밖에 나가 일해서 가족 부양에 도움을 주었다. 열여섯 살 때는 해오던 일도 할 수 없고 학교가 자기에게 맞는 것 같지 않다는 생각에 학업을 포기했다. 그러고는 군대에 가서 2년을 복무한 뒤 거의 20년 동안 정육점에서 일했다.

리사로는 예전이나 지금이나 야망이 있는 사람이다. 2차 세계대전이 끝나고 이후 수십 년 동안 미국 경제가 전체적으로 번창하던 시기에 그는 그 기회를 놓칠 수 없었다. 그는 자기 소유의 정육점을 차리거나 아니면 다른 일을 하거나 둘 중 하나를 원했다. 하지만 수중에 작은 정육점 하나 차릴 돈이 없던 그에게 한 친구가 리사로네 동네에 사무실을 신규 개설한 은행의 지점장을 소개해주었다. 리사로는 중심가 주변에 사는 사람들을 대상으로 한 소액 대출을 처리하는 일자리를 얻었다. 그가 하는 일은 사람들이 대출 신청서 쓰는 것을 돕는 일이었다. 하지만 지금 그는 직급이 매우 낮아서 아직은 대출 신청을 승인하거나 거절할 권한은 없다.

대공황의 혼돈 속에서, 20년 동안 소고기의 옆구리 살을 썰며 지낸 리사로는 이제 양복을 입고 사무실에 출근하고, 훌륭한 주변 환경에서 안정된 생활을 할 수 있는 집도 있다. 그렇다. 성공 스토리가 틀림없다. 다만, **본인**이 이 이야기를 성공이라고 이해하지 않는다는 것만 빼고는 말이다.

우리는 이런 좋은 일들이 그에게 왜 일어났는지를 살펴보면서, 그가 거의 자연스럽게 자신을 자기 인생의 수동적 행위자로 보는 것에 자족한다는 사실을 발견했다. 그는 자신에게 일어난 사건들이 무엇 때문에 일어났는지에 대해 그 원인을 따지기보다는 그냥 결과가 좋든 나쁘든 받아들이며 살아온 사람이었다. "적절한 때에 적절한 곳에 있었던 것뿐이죠." 그는 거듭 반복해서 말한다. 리사로는 자신이 자라면서 가정에서 아버지에게 당한 폭력을 어떻게 감정적으로 이겨냈는지를 설명하면서 "운이 좋았지요"라고 말한다.

겸손을 나타내는 말일까? 그의 경우는 아니다. 그는 자신의 성공을 수동적으로 받아들인다. 깔끔하게 정리된 교외의 잔디 마당, 평화로운 가족, 행복한 우정이 있는 중산층 세계로 자신이 진입한다는 사실이 부조리하고 뻔뻔스러운 불청객처럼 느껴지기 때문이다. 그는 중산층 자격을 얻었다는 사실에도 불구하고, 자신이 정말로 그런 존중을 받을 만한 가치가 있다고 믿지 않는다. 예를 들어, 리사로는 자신이 "중산층 아일랜드인"에 해당하는 이탈리아 혈통의 자기보다 다소 교육 수준이 높은 여성과 결혼한 것을 이야기하면서, 그리고 자신의 문법에 맞지 않는 말투와 자식들에 대한 집착, 무의식적으로 하는 버릇과 몸짓 따위를 떠올리면서 우리에게 다음과 같이 믿기 어려운 심정을 토로했다. "아내는 내가 내세울 만한 배경이 전혀 없다는 것을 몰랐어요. 만일 알았다면 나랑 절대 결혼하지 않았을 거예요." 리사로는 그녀가 그냥 그를 좋아해서 결혼했고, 그의 출신 성분을 전혀 문제 삼지 않았을 가능성을 도저히 받아들이지 못한다.

사회학자들에게는 신분 상승이 초래하는 불만을 깔끔하게 설명하는 공식이 하나 있다. 그들은 리사로가 느끼는 불안감을 '신분 부조화status incongruity'의 산물이라고 부른다. 프랭크 리사로는 아직 자신이 처해 있는 새로운 지위의 규칙이 무엇인지 모르기 때문에 두 세계 사이를 우왕좌왕하며 뭔가 잘못되었다고 느낀다. 이 공식은 노동 계급의 투쟁과 교양 있는 '고급' 문화 사이의 대립이라는 논리에 기댄다.

그런데 여기서 문제는 프랭크 자신이 두 세계 사이에 갇혀 있다고 느끼지 **않는다**는 것이다. 그는 이제 중산층 생활의 규칙이 무엇인지 알고 있으며, 지난 몇 년 동안 그 규칙을 잘 지켜왔다. 더 나아가, 자신이 과거에 노동 계급이었다는 사실을 전혀 부끄러워하지 않는다. 오히려 그 사실을 자랑스럽게 생각하는데, 그는 직장에서도 이 태도를 보고 사람들이 자신을 정직한 사람으로 받아들인다고 생각한다.

"이미 말한 것처럼, 나는 대학을 나온 고학력자 동료들과 같은 사무실에서 일하고 있어요. 아마도 우리 사무실에서 교육받았다고 말하기 곤란한 사람은 내가 유일할 거예요. 하지만 난 이 일을 좋아해요. 여기서 실력자가 될 거예요. 9시에 출근해서 5시에 퇴근하죠. **다른 동료들은 교육을 많이 받은 사람이기 때문에 슬그머니 일찍 퇴근하고 늦게 출근해요.** 지점장은 내가 믿을 만한 직원이라는 걸 알아요. 난 공장 생활을 했기 때문에, 그게 무엇인지 알아요. 내 말은, 남자는 마땅히 그래야 한다는 뜻이에요. 최소한 해야 할 일은 시간을 투자해서 해야 해요. 난 좋은 직원이죠. 교육을 많이 받은 다른 직원들을 볼 때 내가 그런 사람이라는 거죠."

실제로, 프랭크 리사로에게는 성공을 상징적으로 함축하는 대학 나온 사무직 노동 그 자체를 근본적으로 경멸하는 마음이 있다. "이런 일들은 무언가 중요한 것을 만들어내는 진짜 노동이 아니에요. 그냥 서류들이나 만지작거리는 단순 업무일 뿐이죠."

그렇다면 왜 그는 신분 상승을 위해 그렇게 열심히 노력했을까? 금방 나올 수 있는 한 가지 답변은 그가 집과 양복, 시골 별장을 원했기 때문이라는 것이다. 리사로 자신도 처음에는 그렇게 답한다. 그러나 몇 시간 동안 대화를 나눈 뒤, 그는 더 복잡하고 이해하기 어려운 감정의 속마음을 토로한다.

그는 어린 시절의 가난을 수치스러운 과거라고 이야기한다. 가진 게 없어서가 아니라, 가진 게 없는 사람들이 동물처럼 행동했기 때문에 부끄러운 것이었다. 그는 자기 아버지에 대해서 특히 그런 기억을 가지고 있다. 가난한 삶을 극복하지 못한 채, 늘 술에 취해 프랭크와 어머니에게 가한 아버지의 만행은 그의 기억 속에 뒤엉켜 있다. 백인과 흑인을 불문하고 가난한 사람들에 대한 그와의 대화 속에 어른거리는 또 다른 이미지들은 가난한 사람들의 물질적 박탈을 그들의 혼란스럽고 제멋대로이고 예측할 수 없는 행동과 연결한다. 다시 말해서, 그는 가난을 사람들에게서 합리적으로 행동하고 자기를 통제할 수 있는 능력을 빼앗아가는 것으로 본다. 따라서 가난한 사람이 인생을 품위 있게 살기 위해서는 신분 상승을 **원해야** 한다. 그리고 품위는 특히 어떤 통제된, 감정적으로 자제된 방식으로 세상일을 대처하는 위치로 이동하는 것을 의미한다. 반면 교육받은 교양인들은 이미 그런 능력을 가지고 있다고 인정받는다. 그들은 물리력이나 열정 없이 세상을 길들일 줄 아는 능력을 계발했다고 여겨진다.

프랭크는 자신이 원하는 삶을 쟁취하기 위해 귀감으로 삼아야 할 사람이 바로 그런 사람들이라고 생각한다. 하지만 역설적으로 그들이 보유한 힘의 내용물을 존경하지는 않는다. 지적 능력이 세상의 존경을 안겨준다고 하지만, 교육받은 교양인들은 존경할 만한 가치가 있는 일을 전혀 하지 않는다. 그들의 신분은 그들이 사람들을 속일 수 있다는 것을 의미한다. 그러고 나서 리사로는 그 역설을 자신에 대한 혹독한 비난으로 전환하는 뒤틀린 행태를 보인다. “생각해보면 처음에 그 일을 할 땐 늘 다른 사람의 도움을 받으면서 일을 배우려고 애썼던 것 같아요. 하지만 일이 손에 익었을 때, 모든 일을 혼자 할 수 있었죠.”

프랭크에게 미국이라는 더 큰 차원에서 다른 사람의 존중을 받는다는 것은 교육을 많이 받은 사람의 자리에 오르는 것을 의미한다. 하지만 그런 존중을 받는 것은 그가 더는 자신을 존중하지 않는다는 의미다. 이러한 모순은 사람들이 자기 인생에서 어쩔 수 없이 해야 한다고 느낀 것이 무엇이었든, 자기 아들들을 위해 추구한 것이 무엇이었든 우리가 나눈 모든 대화에서 무수한 이미지로 표현되었다. 만일 그 소년들이 교육받을 수 있다면, 미국에서는 누구든 그들을 존중할 것이다. 그러나 앞으로 우리가 보게 될 것처럼, 그들의 아버지들은 교육이 젊은이들을 그들 자신이 한 것 같은 ‘진짜’ 노동이 아닌 일로 이끌 것이라고 생각했다.

오르테가 이 가세트나 윌리엄 패프의 주장처럼, 프랭크는 고급문화가 부여하는 특권을 더 높은 형태의 자기 통제를 통해 물질적 욕구를 초월할 수 있는 삶을 가능케 하는 것이라고 본다. 하지만 그는 또 다른 한편에서 사르트르처럼 지식인의 특권 주장에 냉소적 시선을 유지한다. 이런 연유로, 외부에서 고립된 가난한 소수 민족 공동체를 떠나는 데서 그 노동자가 느끼는 감정은 급진적 지식인이 그 노동자와 관련해서 자신의 위치를 규정하려고 할 때 경험하는 것과 똑같은 양면성을 띤다.

그런데 왜 프랭크 리사로는 자신의 정당성을 걱정해야 할까? 그리고 그는 왜 자신이 경멸하는 종류의 노동 활동을 자신의 '선망하는 모델'로 선택했을까?

물론 이 역설을 단순히 프랭크 리사로 같은 사람들의 개인적 인성들 사이에 일어나는 갈등으로 해석할 수도 있다. 하지만 그 갈등을 어반 빌리지 밖의 미국이 그들의 삶에 끼워 넣은 문제로 보는 것이 더 정확하다. 이 노동자들이 말해야 하는 이야기는 단순히 그들이 누구인가 뿐 아니라, 그들 세대의 미국에서 인간 존중에 대한 상호 모순된 해석 방식이 무엇인가 하는 것이다.

프랭크 리사로가 자신을 인터뷰한 사람에게 어떻게 말했는지는 이와 관련해서 약간의 실마리를 제공한다.

*

프랭크 리사로는 인터뷰하는 동안 솔직한 자기 고백을 거의 하지 않았다. 인터뷰는 리사로가 자라면서 겪은 보스턴에 대한 기억을 떠올리는 것 같은 중립적인 질문으로 시작되었다. 그는 한 번도 만난 적이 없는 이방인에게 자신의 내밀한 감정과 경험에 대해서 세 시간 넘게 거의 쉬지 않고 이야기하면서 대답을 이어갔다. 리사로는 인터뷰를 진행하는 동안 내내 독특한 방식으로 말했다. 그는 자신을 인터뷰하는 사람을 자기와 다른 생활 방식의 세계에서 온 밀사로, 그 사람 앞에서 자신이 살아온 삶 전체의 정당성을 공표하는 자신보다 더 교육을 많이 받은 높은 계급의 대변자로 대했다. 리사로는 자신이 무력하다고 느끼고 인터뷰하는 사람도 공감하는 상황들을 설명하는 중간중간에, 갑자기 상대를 자신을 심판하기 위해 파견된 밀사가 아닌 그냥 한 인간으로 대하곤 했다. 하지만 그 뒤에 다시 자신의 삶 이야기로 돌아왔을 때, 그는 자신이 앞서 설명하던 방식을 다시 이어 나가는 듯 보였다. 그러면 다시 인터뷰 진행자는 원하는 것을 마음대로 할 수 있고 그를 부족하다고 느끼게 하는 계급의 대변자로 순식간에 바뀌었다. 인터뷰 내내 리사로의 주된 관심사는 그가 처한 상황 속에서 교육을 많이 받은 사람들과 동일한 방식으로 자신의 삶을 이끌 수 없었던 이유가 무엇인지 보여주는 것이었다.

하지만 이 남성은 자신이 대공황 속에서도 어릴 적 경험한 가난과 혼란의 삶과 대조되는 안정된 가정을 꾸리고 가족이 안전의 여유를 누릴 수 있게 하는 임무를 훌륭히 완수했다고 생각하는 사람이다. 그런데 왜 그는 그토록 방어적일까?

리사로 같은, 우리가 인터뷰한 남녀 노동자들이 사용하는 "교육을 많이 받은"이라는 단어는 이른바 심리학자들이 '위장 용어cover term'[8]라고 부르는 것이다. "교육을 많이 받은"은 실제로 정규 학교 교육과는 거의 무관할지 모를 모든 종류의 경험과 감정을 의미한다. 가장 추상적인 차원에서, 교육은 한 인간의 내적 능력 계발을 다룬다. 가장 구체적인 차원에서, 교육은 우리가 인터뷰한 사람들에게 사회적 이동과 직업 선택을 위한 자격증 획득을 의미했다. 그리고 그들은 미국 사회가 그 자격증을 매우 불평등하고 불공정하게 분배하기 때문에 중산층 사람들은 자신들보다 더 많이 교육받을 기회가 있다고 느꼈다. 그러나 만일 교육의 추상적 의미가 교육의 구체적 의미와 연관성이 있다면, 이는 중산층 사람들이 노동자들보다 환경의 지배를 받는 존재가 되는 것을 탈피할 기회가 더 많으며 '교육'이 제공하는 방어 수단, 즉 인성 및 이성을 통제하는 도구들을 계발할 기회가 더 많다는 것을 의미한다. 왜 똑같은 인간인데 어떤 계급에 속한 인간은 다른 계급에 속한 인간보다 자아를 방어할 무기를 계발할 기회를 더 많이 가져야 할까? 그러한 계급 차이가 **기정사실**이라면, 교육받지 못한 사람은 이 우월한 힘을 방어하기 위해 자기 안에 무엇을 가지고 있을까?

리사로는 자기보다 더 높은 계급의 사람들이 내적으로 더 발전한 인간처럼 보이기 때문에 그들이 자신을 판단할 능력이 있다고 믿는다. 그리고 그들이 지적으로 더 잘 무장되어 있기 때문에 자신을 존중하지 않을 것을 우려한다. 따라서 그는 자신의 지위를 정당화하지 않으면 안 된다는 압박감을 느낀다. 그는 인생을 살면서 타인의 존중을 받기 위해 그들 수준으로 자신을 끌어올려야 한다는 강박 관념에 시달렸다. 하지만 결과적으로 이 모든 것은 그가 그냥 자기 자신만 생각하고 자기보다 더 높은 계급 사람들의 이미지와 **자신의 이미지를 비교하지 않을 때** 은행에서 함께 일하는 고학력 동료 직원들이 일하는 데 느끼는 혐오감, 그리고 육체노동이 더 존엄하다고 느끼는 것과는 정반대의 모습이다.

리사로는 자기 삶에 나타나는 이러한 모순을 어떻게 생각할까? 그는 자신이 다른 사람 행세를 하고 있다는 것, 더군다나 자신이 속을 태우고 있다는 바로 그 사실이 자신이 정말로 그 위치에 어울리지 않는 사람이라는 게 틀림없음을 증명한다고 생각한다. 마침내 그는 상류 계급의 규칙을 따르는 위치에 도달했고, 물질적으로 존경받을 수 있는 외형적 간판을 달았다. 그런데 그 뒤에도 여전히 무기력하다고 느낀다면, 그에게 뭔가 일이 제대로 돌아가지 않고 있는 게 틀림없다. 그에게 자신이 만족을 못 느끼고 불안해하는 것은 자신이 다른 사람들이 존경할 수 있는 그런 종류의 사람이 될 수 없다는 배지인 것처럼 보인다.

이렇게 꼬인 감정들은 가난한, 특히 외부와 고립된 노동자 가정에서 삶을 시작해 미국의 중산층에 '녹아들어간' 것으로 여겨지는 물질적 부를 이루는 데 성공한 사람들과 대화를 나눌 때 반복해서 나타났다.

외형상 성공한 지위에 오른 상황에서도 스스로 부족하고 무기력하다고 느끼는 리사로 같은 부모의 자식들은 정규 교육을 받았다고 하더라도 부모가 느낀 감정에서 벗어나지 못한다. 미 전역에서 백인 육체노동자 가정의 자녀 가운데 절반 정도가 그들의 부모가 원하는 종류의 학교 교육을 받는다. 다시 말해서 그들의 절반 정도가 고등학교 이상의 교육을 받는다. 그런데 여기서 여자아이와 남자아이 사이에는 큰 차이가 있다. 어떤 통계 수치를 사용하느냐에 따라 다르겠지만, 육체노동자 가정의 아들 가운데 10~24퍼센트가 고등학교에 진학해서 교육받는 반면에, 딸들은 40~50퍼센트가 진학한다. 그중에서 훨씬 더 낮은 비율(3~5퍼센트)의 남자아이들이 4년제 대학이나 직업 교육을 위한 전문 대학에 들어가고, 여자아이들은 여전히 적은 수지만 남자아이들보다는 높은 비율로 대학에 들어간다.

우리는 지금 사무직으로 변신한 육체노동자들처럼, 소수자이지만 주변에서 많은 기대를 걸고 있는 소수자들을 대면하고 있다. 미국의 철학자 존 맥더모트처럼 대학 현장을 지켜본 관찰자들은 이 소수 민족 대학생들이 교외 중산층 출신의 불만에 찬 청년들보다 훨씬 더 불행한 학생 집단일지 모른다고 주장했다.[9] 맥더모트와 또 다른 맥락에서 미국의 사회학자 데이비드 리스먼은 노동 계급의 자녀들이 교수들과 자기들보다 더 특권층인 동료 학생들에 의해 대학에 관행화된 '기성 문화'에 자신들이 어울리지 않는다고 느끼게 된다고 생각한다. 승자에게 존경을 표하는 시합에서 규칙에 익숙하지 않은 사람들이 그 규칙에 대한 압박감 때문에 '신분 부조화'에서와 같은 방식으로 자신이 거기에 적합하지 않다고 느끼게 되는 과정이다.

이와 관련해서, 육체노동자 가정의 자녀들이 들어갈 수 있는 한 지방 대학의 3학년생 청년 제임스의 예를 들어보자. 제임스의 아버지는 낮에는 시청 서기로 일하고, 밤과 주말에는 바닥에 까는 깔개를 수선하는 일을 한다. 제임스는 대학에서 어떻게 해야 성공하는지 알기 때문에 좋은 성적을 받아 1학년에서 제적되지 않고 살아남았다. 그러나 제임스는 프랭크가 은행에서 하는 사무직 업무를 멸시하는 것과 같은 방식으로 학교를 경멸한다. '고학력자'는 기능공보다 지위가 높지만 그들이 하는 일에 내재된 만족은 낮아 보인다. 그러나 제임스는 무엇보다 아버지를 위해 대학 생활을 유지해야 한다고 생각한다.

"아버지에게 아메리칸드림은 자신이 결코 받아보지 못한 대학 교육을 자식들이 받는 걸 보는 거예요. 자식들은 대학 교육 때문에 죽더라도, 그걸 받을 거예요. 아버지가 우리에게 정말로 그렇게 하라고 결코 강요하진 않았지만, 우리는 대학에 들어가서 학위를 받는 것이 아버지를 기쁘게 할 거라는 걸 알았죠."

또한 제임스는 학교를 그만두는 것이 물질적으로 무엇을 의미하는지 알고 있다. 그것은 장밋빛 미래 보장, 사회적 지위가 보장되는 직업, 돈과 같은 물질적 안정을 포기하는 것과 마찬가지다. 그는 스스로 이런 물질적인 고려를 경멸하는데도 그것을 생각하지 않으면 안 된다고 느끼기 때문에 학교를 계속 다닐 것이다.

그렇다면 그는 성공적으로 학교를 마치는 것이 그의 삶에 일으키는 갈등을 어떻게 해소할까? 그는 프랭크 리사로처럼 자신이 양면적인 감정을 느끼는 것을 자책한다. 한편으로는 이렇게 말한다. "전 아직 세상 밖으로 나갈 용기가 없어요." 즉, 학교를 중도에 그만둘 용기가 없다는 말이다. 또 다른 한편으로는 "정말로 성공을 위해 필요한 조건을 내가 갖추고 있다면, 이 학교생활을 가치 있는 것으로 만들 수 있을 거예요"라고 말한다. 그는 자신의 사회적 지위는 자기 책임이라고 생각한다. 그 결과, 성공하기 위해 어떤 방식을 시도하는지와 상관없이 스스로 거기에 어울리지 않는 존재라고 느끼게 된다.

제임스는 자신이 극심한 혼란을 겪었다는 데서 확실히 불만을 느낀다. 그러나 고등학교를 졸업하고 학교생활을 조금 더 한 뒤 영업직이나 관리직 수습사원으로 들어간, 제임스보다 약간 아래 단계의 교육을 받은 사람들은 제임스가 가지고 있는 문제를 더 조용한 방식으로 공유한다. 그들은 육체노동자인 부모들보다 더 많은 기회가 자신들에게 열려 있었다고 생각한다. 동시에 그들은 부모의 노동이 자기들이 하는 일보다 본질적으로 더 흥미진진하고 가치 있는 일이라고 본다. 따라서 그들은 자신들에게 주어진 기회를 활용하지 못했다는 생각에 힘들어한다. 그 모든 규율을 견뎌내고 학교생활을 마치더라도 그들이 얻는 직업과 관련해서 자기 뜻대로 되는 것이 거의 없다는 것을 아는 순간, 그들은 더는 자신감을 느끼지 못하고 스스로 더 발전하지 못한 것을 자책한다. 공장 노동자의 아들로 구두를 파는 한 청년은 "제게 성공에 필요한 조건이 갖춰져 있었다면 상황이 달라졌겠죠"라고 말한다.

자존감에 대한 이러한 혼란스러운 비유들을 이해하는 한 가지 방법은 이들을 **자유**와 **존엄성**에 대한 문제로 재구성하는 것이다. 계급은 자유를 제한하는 체계다. 계급은 타인을 대하는 권력자의 자유를 제한한다. 강자는 자신의 힘을 유지하는 행동반경 안에서 움직여야 하는 제약을 받기 때문이다. 또한 계급은 명령에 복종해야 하는 약자의 자유를 더욱 제약한다. 사람들의 자유가 계급으로 억제될 때, 그들이 자기 자신과 상대방에게서 보는 존엄성에는 무슨 일이 일어날까?

오늘날 영국이나 프랑스에서는 이런 일반적인 질문에 미국에서와는 다른 답변을 내놓아야 할 것이다. 노동 계급의 전통이나 노동 계급의 연대 의식이 여전히 강력한 문화권에서는 노동자들이 그들에게 명령하는 사람들에게서 받을 수 없는 존경을 같은 노동자들끼리 주고받을 수 있다. 리처드 호가트의 《교양의 효용》은 우리가 자유롭지 않지만 서로가 있기에 억압 속에서도 존엄하다는, 노동자들 사이에 널리 퍼져 있는 감정을 아름답게 환기하는 책이다. 파리 인근 변두리 지역에 사는 노동자들은 대체로 그들의 계급적 지위에 진정으로 자부심을 가지고 있다.

이처럼 남보다 물질적으로 덜 자유롭고, 직업 선택권이 없고, 교육받을 기회가 적은 것을 알면서도 자신의 존엄성을 잃지 않을 수 있다면, 미국에서 프랭크 리사로 같은 사람들이 자신의 존엄성이 위태롭다고 느끼는 것은 무슨 이유일까? 그들은 왜 자신의 계급적 지위를 개인적으로 받아들일까? 그리고 특히 제임스처럼 자기 계발에 충실한, 즉 리사로 같은 사람이 스스로 부족하다고 느끼는 교육받는 일에 적극적인 노동 계급 출신이 리사로와 비슷한 취약함을 느끼는 이유는 무엇일까?

이 책에서 답을 찾으려고 하는 것이 바로 이런 종류의 질문들이다. 앞서 간략하게 묘사한 미국 도시 노동자들이 처한 상황은 그 대답 가운데 일부를 들려준다. 도시에 있던 소수 민족 거주지들이 파괴되면서, 소수 민족 사람들이 기댈 수 있는 안식처들이 해체되고 있다. 위의 두 사람은 모두 영국과 달리 사회적 계급의 이동이라는 신화를 칭송하고, 그러한 사회적 이동이 사회적 지위에 대한 열망을 낳는 미국 사회에서 마침내 계급 상승을 이루었다. 하지만 이런 환경적 요인만으로 그 이유를 설명하는 것은 너무 단순하다. 물질적 영향력과 선택의 자유가 커지면 자존감의 위기가 따를 수밖에 없다는 논리는 더 면밀하게 연구할 가치가 있다.

여기서 미국 심리학자 B. F. 스키너가 《자유와 존엄을 넘어서》에서 자신의 행동심리학 이론을 실제 인간의 삶에 상투적으로 적용하면서 주창한 계급적 지위에 대한 둔감함을 언급할 필요가 있다. 스키너는 자율적 인간으로서 개인의 자유와 존엄성은 비과학적 신화라고 말한다. 그러나 여기에 개인적 선택의 자유가 극도로 제한된 계급에서 자란 두 사람, 리사로와 제임스가 있다. 그들은 자신의 존엄성(하지만 스스로 정의하기 힘든 존엄성)을 얻기 위해 더 많은 자유를 확립하려고 분투하는 사람들이다. 그들의 투쟁은 겉으로 보기에는 성공한 듯 보이지만 정작 본인들은 자신감을 점점 잃어가고 있다. 자유와 존엄성을 추구하는 그들의 행위를 신화라고 부름으로써 우리가 얻는 통찰은 무엇일까? 우리는 그 문화에 대해서 무엇을 아는가? 그들이 더 많은 것을 가질수록 점점 더 취약함을 느끼는 문화가 구조화되는 것은 왜일까? 두 사람이 양쪽 계급의 경계에서 그 어느 쪽도 거의 음미하지 못할 정도로 사회가 엄격하게 서열화되어 있는 마당에 개인적 삶의 자유와 존엄성에 대한 개념을 '넘어서' 생각하자고 이야기하는 이유는 무엇인가? 이 책에서 주장하는 내용은 스키너와 마찬가지로 개인주의를 공격하는 데 초점을 맞추겠지만, 인간의 상상력을 지배하는 사회악의 힘을 단순히 '불충분한 지식'이나 '과학 이전의 믿음'의 문제로 일축하면 그 힘을 이해할 수 없다는 것은 분명한 사실이다.

실제로 미국에서 자유와 존엄성을 얻기 위한 투쟁이 어떻게 파괴되어왔는지를 이해하는 데 가장 중요한 것으로 알려진 정보 가운데 하나는 프랭크 리사로와 제임스 같은 사람들이 지식에 두는 가치다. 그들은 정규 교육을 통해 얻는 지식을 한 인간이 자유를 얻는 데 필요한 도구라고 본다. 그 지식은 그에게 상황을 통제할 수 있게 하고, 인생에서 더 큰 역할들을 감당하며 살 기회를 제공한다. 그러나 현재로서는 정규 교육으로 얻은 지식이 두 사람 누구에게도 존엄성을 의미하지 않는다. 실제로는 그 반대이며 엉터리다. 우리가 정말 알아야 할 것은 미국의 계급 구조가 어떻게 구성되어 있기에 **자유를 얻기 위한 도구가 굴욕을 낳는 원천이 되는가** 하는 점이다.

지금까지 설명한 인생사들이 사회적 이동성의 문제를 다루고 있기 때문에 사람들이 스스로를 다그치며 밀어붙이려고 하지 않는다면 인생이 더 행복하다는 것을 교훈으로 생각할 수도 있다. 아마도 미국에서 계급의 변화는 매우 파괴적인 과정이기 때문에, 그 변화가 심리적으로 어떻게 작용하든 상관없이 중산층으로 '녹아드는 것'이 해체 중인 어반 빌리지 사람들의 삶에서 반드시 일어나는 현상은 아니다. 이 생각의 문제점은 여전히 육체노동자로 남아 있는 사람들의 삶에서도 존엄성 및 자존감과 관련된 문제들이 동일하게 나타난다는 점이다. 이 문제들은 노동 계급의 생존과 관련된 일상적인 경험뿐 아니라, 성공과 같은 예외적인 사안과도 관련이 있다.

우리는 자료를 검토하는 중 미국의 역사가이자 작가인 스터즈 터클이 저서 《불경기*Hard Times*》에서 수집한 기록들과 예일대학교 사회학, 경제학 교수 E. 와이트 베크의 학술 논문에서 사람들이 대공황을 어떻게 기억하고 있는지에 관한 자료를 우연히 발견했다. 이제는 매우 안정된 일자리를 가지고 있는 노동자들은 대공황을 많은 사람의 삶을 무너뜨린 사회적 재난으로 기억한다. 그러나 또한 대공황은 너무나 엄청난 대격변의 상황으로 개인의 통제력을 벗어난 사태였기에, 한 사람이 기껏 할 수 있는 일은 살아남기 위해 최선을 다한 분투밖에 없었던 경험으로도 머릿속에 남아 있다. 그의 삶이 완전히 초토화되거나 재산이 줄었다고 한들, 그것이 어떻게 다 자기

탓일 수 있겠는가?

최근 몇 년 동안 노동자들이 대공황 때보다 훨씬 덜 격변한다고 느낀 경제적 압박 상황에서, 그들이 경제적 재난에 대해 나누는 많은 대화에서 일종의 방어적 태도, 즉 노동자들이 겪는 경제적 고통이 다 자신들 잘못이라고 외부에서 보지 않을까 하는 두려움이 넘쳐나는 것을 본다. 예를 들어, 이런 태도는 다음에 나오는 자동차 압류에 대한 부부간의 대화에서 나타난다.

남편 그래, 우리가 할 수 있는 게 아무것도 없어. 내 말은 그게 우리 현실이라고.

아내 그러게. 한 달에 필수로 들어가고 남는 돈이 10~15달러밖에 없었어. 은행은 해고당해서 할부금 상환을 못 한 우리를 마치 범죄자처럼 취급했고. 그들이 우리를 그런 식으로 취급할 권리는 없잖아. 안 그래?

남편 당신도 알다시피, 내가 분통 터지는 게 바로 그거야, 그런 대우 말이야. 난 차 없이도 직장에 갈 수 있어. 하지만 미국에서 누구도 이런 종류의 대우를 받아서는 안 된다고.

이 대화에 등장하는 상처받은 자존감은 남편이 대공황 시기에 가족의 집을 은행에 넘길 수밖에 없던 때를 떠올리며 "세상에, 우리는 그냥 집에서 걸어 나와 거리에 나앉으며 '이건 현실이 아닐 거야'라고 생각했지"라고 이야기하는 것이나 터클이 수집한 다음과 같은 기록에 나타난 감정과는 완전히 다르다.

저는 그 공휴일 내내 가슴이 철렁 내려앉은 기분이었다고 기억해요. 그날 신문을 사러 길모퉁이 아래로 걸어 내려가 신문팔이 소년에게 50센트짜리 동전을 하나 건넸죠. 그 아이는 손가락으로 동전을 공중에 톡 튀겨 올리면서 "이건 이제 소용없어요"라고 말하고는 거리 한가운데로 집어 던졌어요. (웃음) 어떤 이는 그 공휴일을 큰 농담으로 받아들였고, 또 어떤 이는 신문팔이 소년처럼 극도로 흥분한 반응을 보였어요. 이제 돈도 없고 아무것도 없어요. 대부분의 사람들은 그 상황을 차분하게 받아들였죠. 상황이 이보다 더 나빠질 수는 없을 테니까요.[10]

우리가 이야기를 나눈 거의 모든 중년의 노동자들은 대공황 때뿐 아니라 그 전후로도 자신이 부모 때보다 훨씬 더 잘살고 있다고 믿는다. 그들은 "우리 아버지는 일주일에 6일씩 마치 노예처럼 일했어요. 자식들을 위해 녹초가 되도록 애썼죠. 다행히도 난 이제 더는 그렇게 살지 않아도 돼요"라거나 "노동자에게 '옛날 호시절'은 그다지 강렬하지 않았어요. 우리가 다시 그런 시절을 맞을 필요가 없다는 게 정말 다행이죠"라고 말한다. 하지만 그런 말을 한 사람들이 나중에는 또 이렇게 말한다. "지금은 상황이 좋지 않은 것 같아요. 세금이 많을 뿐 아니라, 당신도 내가 무슨 말을 하는지 알겠지만, 보통 사람에게는 기회가 별로 없거든요." "지금까지 참을 만큼 참았어요. 할 수 있는 건 한계가 있어요. 할 수 있는 건 다 했어요. 하지만 삶은 여전히 팍팍해요."

이런 불평의 깊은 내면에는 다음과 같은 두려움이 도사리고 있다.

"자, 보세요. 난 지금 자식이 셋이에요. 그래요, 아이들 학비 마련을 포함해서 저축도 해야 해요. 내 말은, 아이들을 실망시키고 싶지 않기 때문에 내가 일을 안 하면 책임을 다하지 못하는 거라는 말이에요."

"우리 아이들을 대학에 보내기 위해 저축해놓은 돈이 없다면 아이들이 날 어떻게 생각할까요?"

이들을 직장에 잡아두는 힘은 대공황 때 그들 아버지 세대의 고용 상황이 그랬던 것처럼 그들의 통제권 밖에 있다. 1930년대 육체 노동자의 고용 기간이 대체로 경제 변동에 가장 민감하게 반응했던 것처럼, 지금도 사정은 별반 다르지 않다. 그러나 1970년대에 그 시대를 기억하는 방식은 이렇다. 대공황 때 아버지 세대가 일자리를 잃는 것에 대해서는 아무도 당사자를 탓할 수 없었다. 그러나 지금 이들과 대화를 더 많이 나눌수록, 그들이 저마다 **자신**이 일자리를 잃으면 다른 사람들을 실망시키며 비난받을 것을 두려워하고 있다는 느낌을 받는다.[11]

어떤 숨겨진 심판대 앞에 소환되어 부적합하다고 판정받을지도 모른다는 두려움은 하루하루 완벽하게 잘 대응하며 지내려고 애쓰는 사람들의 삶에 깊은 영향을 끼친다. 그 두려움은 그들이 살아온 경험의 **본질** 안에 가려 있는 삶의 무게와 숨겨진 불안의 문제이며, 물질적 계산으로 노동자가 보유한 통제력의 적정성을 판단하는 지점에서 그들이 통제력이 충분치 못하다고 느끼는 것의 문제다.

칼 도리언은 전기 기사 견습생 청년이다. 그는 과묵한 사람으로 최근에 결혼했다. 그가 생각하기에 자기 삶은 전혀 극적이지 않다.

그는 직업 학교에 다니면서 기술을 익히기에 충분할 만큼 열심히 공부했지만 아주 뛰어난 성적은 아니었다. 학교 밖에서는 지금도 서로 연락하고 만나는 친구들을 사귀었는데, 모두가 여전히 어려서부터 함께 자란 보스턴의 찰스타운에서 살고 있다.

"아시다시피, 난 아무 문제가 없어요. 하지만 지금 삶에 정말 만족한다고 말할 순 없어요. 직장에서도 사장이 시키는 대로 일하기 때문에 아무 문제가 없고요. (…) 그는 폭군 같은 사람이 아니에요. 그는 내가 일을 잘하길 원해요. 좋아요. 그에 대해서는 아무 불만도 없죠. (…) 정말 잘 모르겠지만, 약간 조바심이 나는 것 같아요. (…) 아니요, 전 전기 일을 하는 걸 좋아해요. 여기저기 돌아다니며 다양한 건물과 문제들도 보고요. 생계를 유지하는 좋은 방법이죠."

"그건 내가 지금 누군가 다른 사람을 **위해서** 일하고 있는가와 같은 질문이라고 생각해요. (…) 실제로 아무 문제가 없을 때도 기분이 더러운 것 같은 느낌이 들어요."

인터뷰를 진행하는 사람이 그에게 그런 느낌이 어떻게 표출되는지 묻는다.

"글쎄요, 임금 문제로 사장과 다투죠. (…) 지금은 최저 임금을 받고 일하고 있거든요. 소규모 업체잖아요. (…) 아니, 내 말은 그게 아니고요, 아는 사람들 가운데 큰 업체에서 똑같은 일을 하는 사람들이 있어요. (…) 보세요, 상황을 통제하지 못하고 발목이 잡혀서 앞으로 나아가지 못하고 있는 것 같은 느낌이 든다니까요. (…) 당신은 그걸 뭐라고 부를지 모르지만 일종의 무력감이랄까. 하지만 뭔가 문제가 있어서 잘못되었다는 느낌은 아니에요."

프랑스나 이탈리아와 마찬가지로 여기 미국에서 나온 조사 보고서들은 오늘날 어느 정도 안정되고 일부 부유하게 자란 노동자 가정의 자녀들이 기성세대에 반기를 드는 모습을 이야기한다. 그들이 작업장과 노조의 연장자들이 바라는 것에 맞서 무모하게 파업을 벌이려고 한다거나, 즉각적인 임금 인상과 휴일 확대를 끈질기게 요구한다거나, 질병 수당이나 노조의 정치 활동, 새로운 공장 구성 같은 전통적인 사안을 경시하는 태도 같은 것들 말이다. 그러나 지금 칼이 느끼는 감정은 그런 분노로 축소될 수 없다. 그는 "상황을 지배"하고 스스로 통제하고 싶어 하지만 "무엇이 문제인지" 정확히 집어내지는 못한다.

바로 그런 분노를 이야기하는 중에 무언가가 그를 괴롭히고 있는 것처럼 보인다. "아시다시피, 앞서 말한 그 모든 게 진심이 아닐지도 몰라요. (…) 일을 그만두지는 않을 거예요. 인생은 괜찮아요. (…) 때때로 내가 어떻게 할지 모를 상황에서 이런 느낌이 들 때 있잖아요. (…) 그건 정말 나를 과민하고 약간 불안하게 하죠." 우리 눈에 뚜렷이 보이는 경제적 억압이라는 친숙한 어휘로는 그가 겪고 있는 것을 전혀 표현하지 못한다. 그는 자기 일을 좋아하고, 그 일을 잘한다. 그리고 그가 일하는 업체의 사장은 괜찮은 사람이다.

칼은 상황을 통제할 수 있는 힘을 갖는 방법을 찾고 있다. 어떤 상황에서도 **자신**이 잘 대처해나간다고 느끼고 싶기 때문이다. 그는 고용주에게 임금을 더 올려서 받아내는 것을 그런 투쟁에서 하나의 무기로 활용한다. 하지만 노조에 가입한 노동자에게 그러한 무기는 양면의 칼날이 된다. 중년의 교사 옆집에 사는 보스턴의 한 배관공은 이웃집 사람이 받는 봉급의 두 배를 번다. 하지만 그들이 서로 마주치면 배관공은 옆집 교사에게 "선생님"이라고 부르는데, 교사는 그냥 배관공의 이름을 부른다. 교사는 속으로 학교에서 승진을 통해 자기가 하는 일에서 개인적으로 받을 대가를 생각한다. 반면에 배관공이 앞으로 받을 것처럼 보이는 보상은 **집단적인**, 다시 말해서 그와 동일한 기능을 가진 모든 사람이 받을 보상이다. 예컨대 그 보상은 더 많은 돈, 그가 "선생님"이라고 부르는 교사가 언제나 기대할 수 있는 것보다 더 많은 돈이다. "제기랄, 전 제가 할 수 있는 모든 것을 위해 직장에서 싫어하는 사람들도 받아들일 거예요. 하지만 아널드 선생님은 그러지 않아도 되잖아요. 그렇지 않나요?"

대부분의 육체노동자에게 금권이 지닌 가장 중요한 특징은 그 힘이 그들 개개인이 아니라 노조 활동을 통해 집단적으로 나온다는 사실이다. 새로운 단체 협약을 체결하기 위해 협상 자리에 앉은 노조 대표자는 경영층에게 작년에 존스나 스미스라는 개인이 특별히 일을 잘해서 임금을 올려줘야 한다고 말하지 않는다. 그는 X 직군에 속하는 노동이 올해 훨씬 더 많은 임금을 받을 가치가 있다고 말하거나, X년 차 노동자들의 장기근속 수당을 당연히 올려야 한다거나, X 집단 노동자들의 생계비 상승 조항을 명시해야 한다고 주장한다. 노조 대표자는 보상받을 노동자가 누구인지 뽑기 위해서가 아니라, 보상받아야 할 일이 무엇인지 노동의 범주를 정하기 위해 싸우고 있다.

하지만 이 모든 이가 공통적으로 생각하는 사회적으로 존경받을 만한 인물이란 '자수성가한' 사람이다. 다시 말해서, 개인이 성취한 물질적 이익은 개인이 노력해서 얻어낸 것이라는 점을 인정받을 때

비로소 정당화될 수 있다는 의미다. 단체 협상을 통해 받는 보상은 기껏해야 그들이 어떤 범주에 속해 있는 덕분에 가능한 보상이다. 앞서 말한 칼과 배관공의 임금은 지난 5년간 지속적으로 상승했고, 기타 부가적인 복지 혜택도 함께 늘어났다. 하지만 두 사람은 모두 스스로 상황을 통제할 수 없다는 현실에 힘이 빠지는 무력감을 느낀다. 배관공이 자신과 아널드 선생님이 서로 다른 차원의 사람이라고 구별하는 것은 바로 이런 이유 때문이다. 배관공이 돈을 더 많이 벌지 모르지만, 자신의 권력 의지에 따라 계급적 지위를 결정할 수 있는 듯 보이는 사람은 아널드 선생님이다.

이런 사람들이 그들의 역사적 고립에서 벗어나면서 이해하는 미국 사회의 인간 존중 규칙은 사람은 자기 자신의 사회적 지위에 책임의식이 있어야 한다는 것이다. 계급 사회에서는 사람들이 다들 일반적으로 자기 삶을 통제할 자유를 박탈당한다고 믿고 있지만 말이다.

이 책에 앞으로 등장할 사람들은 모두 계급과 자아가 연결된 계급 의식을 가지고 있다. 사무직 근무나 고등 교육을 통해 계급 상승을 하는 사람들은 자신의 성공에 극도로 상반된 느낌을 갖는다. 그리고 그들은 그러한 상반된 감정을 자기 안에 있는 취약성의 신호로 대한다. 노동자로서 자기 자신과 가족을 위해 편안한 삶을 꾸려나가고, 육체노동의 영역을 떠나지 않고도 잘 살아나가는 사람들도 자기 안에 깊이 박혀 있는 무력감을 느낀다. 이 감정은 그들이 살아가는 일상적 삶의 질에 그대로 반영된다. 그들은 자신이 느끼는 불안감에 대한 책임을 스스로에게 전가한다. 사람들이 사회적으로 정의하는 자신의 '자유'에 대한 확대나 제한에 스스로 책임을 지려고 할 때,

그들은 자기 존엄성에 대한 확신을 잃는다. 어떤 보이지 않는 뒤틀린 것이 우리 사회에서 작동하기 때문이다.

그 문제를 이렇게 규정하는 데에는 강력한 반대가 있다. 인터뷰를 진행하는 **우리**가 그들에게 이런 감정을 유발하지 않았을까? 노동자에게 질문을 던지는 우리는 중상층 지식인이다. 따라서 우리가 자연스럽게 그들을 긴장하게 만들었을 수도 있다. 우리가 그렇게 하지 않으려고 아무리 최선을 다했다고 하더라도, 그들이 스스로 뭔가 부족하다고 느끼게 하지는 않았을까?

대화가 이루어진 방식

우리가 인터뷰를 시작했을 때, 이런 비난은 우울할 정도로 논리적으로 보였다. 하지만 더 많은 인터뷰를 계속해서 진행해가면서, 인터뷰를 진행하는 우리와 그 대상인 노동자 사이의 계급 차이 문제는 우리가 처음에 생각한 의미에서의 개인적 문제가 아니라는 점을 알게 되었다. 인터뷰를 진행하는 동안 처음에는 사람들이 우리를 서먹서먹하게 대했다. 하지만 우리의 관심이 진심이라는 것을 아는 순간 개인적으로 꽤 우호적인 모습으로 태도가 바뀌었다. 인터뷰가 끝난 뒤에는 우리를 친구처럼 자기들 집으로 초대하기도 할 정도까지 상호 간에 어느 정도 신뢰가 쌓였다. 그러나 우리가 받은 가장 커다란 신뢰의 표시는 사람들이 "우리 같은 사람들"에게 오랫동안 마음속에 품고 있던 문제를 마침내 우리와 함께 터놓고 이야기할 수 있다고 느꼈을 때였다. 사람들이 우리가 속한 계급과 그들이 속한 계급 사이에서 느낀 장벽에 대해서 우리에게 분노를 표출할 수 있다고 느꼈을 때, 비로소 우리에 대한 그들의 신뢰가 확고해졌다. 한 배관공이 리처드 세넷에게 말했다. "그러니까, 딕. 당신은 그냥 빈둥거리며 생각만 하는데 어떻게 부유하게 잘사는 거요? 도대체 무슨 권리로? 무슨 개인적 감정이 있어서 그러는 건 아니니 기분 나빠하지는 말아요. 내 말은 당신이 여러모로 확실히 똑똑하다는 거예요. 그러니까 내 말은, 누군가 다른 사람을 위해서 뼈 빠지게 일할 필요가 없는 인생이 진짜 삶이란 말이요."

교육을 많이 받은 교양인들의 삶에 분노를 표출할 정도로 사람들의 신뢰가 높아지기 전까지, 우리는 사실상 노동자들을 불안하게 만드는 계급의 일원으로 취급당했다. 리사로가 초기에 자신을 정당화하기 위해 한 변호의 말들은 그들이 자기 자신에 대해서 남들에게 이야기하기 시작할 때 그 불안이 그들에게 어떻게 표출되는지를 보여주는 한 예에 불과하다.

모든 자전적 이야기에는 자기 정당화를 위한 시도들이 들어 있기 마련이다. 어른들뿐 아니라 열두 살 어린아이들과의 대화에서도 그런 것을 본다. 그러나 우리의 인터뷰에서 자기 정당화는 독특한 형태를 취했다. 사람들은 교육을 많이 받은 중상층 사람이 자신들을 판단하는 위치에 있으며, 그 판단은 노동 계급 사람들을 동등하게 존중하지 않을 거라고 생각했다. 사람들은 이러한 우려에 두 가지 방식으로 반응했다. 하나는 현재 그들의 사회적 지위가 개인적으로 자기 잘못 때문이 아니라는 점을 보여주려는 것이고, 다른 하나는 사회적 지위를 기반으로 다른 사람을 판단하는 것이 일반적으로 잘못이라는 점을 알리려 애쓰는 것이었다. 우리 시대에 계급 의식에 가장 민감한 정치인의 말을 빌리자면, 그러한 계급 차이가 끼치는 정서적 충격은 '무례한 속물근성'의 문제, 수치심과 비하의 문제인 것처럼 보일 수 있다. 그러나 노동자들이 실제로 정서적 충격을 인식할 때는 문제가 약간 더 복잡해진다. 교양 있는 사람들은 자신들의 안목으로 다른 사람을 판단하는 심판관처럼 행동할 권리를 얻는데, 사회가 그들을 그럴 만한 내적 역량을 계발할 능력이 있는 사람이라고 인정했기 때문이다. 하지만 다른 한편으로, 사회가 그런 식으로 돌아가는 것은 매우 부당하다. 왜냐하면 모든 사람은 서로를 동등하게 대우해야 하기 때문이다. 우리가 인터뷰를 진행하면서, 그들이 우리를 지식 계급의 일원으로 취급한 것은 이런 태도의 첫 번째 부분을 반영한 것이고, 개인적 신뢰의 유대감을 형성한 것은 두 번째 부분을 보여준 것이었다. 우리는 이런 식으로 노동자들의 계급 의식을 찾아내면서, 이 인터뷰 과정에서 우리 자신의 존재 자체가 하나의 적극적인 구성 요소로 면밀히 탐색해야 할 대상이라는 점을 발견했다.

인터뷰를 진행하는 우리와 그 대상인 노동자들이 함께 살고 있는 보스턴은 이와 같은 관계 속에 얽혀 있다. 이 도시는 앞서 언급했듯이 전통적으로 소수 민족 다수가 집단적으로 모여 사는 어반 빌리지들을 품고 있었다. 그러나 최근 10년 사이에 이 마을들은 여러 군데로 쪼개졌다. 허버트 갠스가 연구한 이탈리아인 공동체는 도시 재개발로 완전히 파괴되었다. 보스턴에는 상대적으로 흑인이 적은데 (13퍼센트), 이 노동자들을 둘러싸고 있는 백인 세계는 퍼트리샤와 브렌던 색스턴이 '신계급the New Class'이라고 부르는 사람들(인터뷰를 진행하는 우리 같은 사람들)이 대부분을 차지하고 있다.[12] 그들은 케임브리지, 보스턴, 월섬 같은 도시에 있는 대학을 졸업한, 고등 교육을 받은 전문가들이었다. 옛날 보스턴 지역에 번창했던 직물과 신발 산업이 쇠퇴하면서 신계급 출신의 기술 전문가들이 창출한 새로운 산업들은 새로운 형태의 육체노동을 요구했는데, 특히 전자 부품과 컴퓨터 산업이 그 중심에 있었다. 신계급 사람들에게서 볼 수 있는 개인의 능력은 당시의 경제 현실과 결합된다. 기술 분야에서 이러한 능력 발휘는 그 지역의 공장에 새로운 활력을 제공했다.

어쩌다 보스턴에 들른 사람은 미국의 다른 도시들과 비교해서 노후화되고 활기가 떨어지는 퇴보한 모습, 동부 해안 도시로는 이례적인 다양한 인종 구성에 깊은 인상을 받는다. 그가 도심을 빠져나가 그곳을 둘러싸고 있는 128번 도로를 따라 차를 운전해서 간다면, 대부분의 도시가 이상적인 산업으로 꿈꾸는 청정 기술 공장 같은 시설들을 볼 것이다. 신계급이 미국 경제 성장의 원천으로 발전하고 있다(다니엘 벨과 알랭 투렌이 탈산업 사회 이론에서 상술한 견해)는 섹스턴 부부의 주장이 정말 맞다면, 육체노동자와 신계급 구성원 사이의 관계는 미래를 위해 중요하다. 따라서 인터뷰 과정에서 우리의 존재가 야기한, 그리고 보스턴이라는 지역의 독특한 특성에 따라 생겨난 그들의 '편견'은 우리의 연구 방향을 정하는 데 한계이자 귀중한 나침반이었다.

이 책은 특별히 두 가지 자료 출처에서 비롯되었다. 하나는 리처드 세넷이 지역 사회와 학교, 지역 클럽과 술집에서 참여 관찰자로 역할을 수행한 '도시인류학적' 자료이고, 다른 하나는 1969년 7월부터 1970년 7월까지 몇몇 보조 전문가의 도움으로 두 저자가 수행한 150회에 걸친 심층 인터뷰 기록이다. 우리는 노동자, 여성, 그들의 장성한 자녀들과 개별 인터뷰와 집단 토론을 하면서 약 400시간 분량의 대화 기록을 남겼다. 공식적으로 인터뷰한 사람들의 3분의 2는 삼십 대 후반에서 사십 대 초반이었고, 극히 일부가 육십 대의 조부모들이었다. 나머지는 십 대이거나 이십 대 초반의 청년 세대에 속했다. 미국에서 가정을 이루고 사는 중년층은 대부분이 3세대였고, 그 아래 자식들이 4세대였다. 중년층 이상의 모든 남성은 그들의 성인 시절 대부분을 육체노동을 하며 생계를 유지했지만, 우리가 그들을 인터뷰했을 당시에는 낮은 직급의 사무직으로 이동한 사람들도 더러 있었다.

공식적으로 대화를 나눌 때, 우리는 가급적이면 그들의 집보다는 우리 사무실에서 인터뷰하려고 했다. 사무실에는 장시간에 걸쳐 대화를 나눌 때 정신을 산만하게 하는 장애 요소가 적었기 때문인데, 사람들이 중립적인 장소에서 이야기하는 것을 더 좋아한다는 사실을 나중에 알게 되었다. 우리가 대화를 끌어낸 방식은 먼저 합동 간담회를 통해 한 무리의 사람들을 모은 뒤에 이어서 개별 인터뷰를 진행하는 것이었다. 우리는 사람들에게 도시 노동자들에 대한 책을 내려고 준비하고 있다고 말하고, 그들이 도와줄 수 있을지를 물었다. 우리는 인터뷰할 시간을 내주는 대가로 돈을 지불하지 않았고, 그들도 우리에게 대가를 요구한 적이 없었다. 우리는 녹음기를 사용했다.

때때로 사람들은 인터뷰를 시작하고 처음 십 분 정도는 녹음기에 신경을 쓰는 모습이었지만, 이내 녹음기가 있다는 사실을 잊었다. 사람들은 집단 인터뷰가 끝난 뒤에도 종종 남아서 녹음된 내용을 듣고 추가로 더 대화 내용을 보충했다.

우리는 인터뷰에 미리 정해진 설문지를 전혀 사용하지 않았다. 우리가 탐색하고자 하는 관심사를 정리해서 가지고 있다가 실제로 인터뷰가 시작되면 각각의 특별한 상황에 맞게 질문을 던지는 경우가 더 많았다. 개별 인터뷰를 할 때는 대개 사람들이 자기 부모들과 어떻게 다르게 살고 있다고 보는지 묻는 것으로 인터뷰를 시작했다. 그러면 그들은 자기가 살아온 삶에서 중요한 사건이나 경험을 시간의 흐름에 따라 순서대로 설명하는 것으로 인터뷰에 응했다. 인터뷰 내용 가운데 무기력이나 적정한 능력과 관련된 사안이 너무 많았기 때문에, 우리가 부딪힌 문제는 그 이야기들의 맥락을 찾는 것이 아니라 왜 그런 주제들이 계속해서 반복적으로 불거져 나오는지 이해하는 것이었다.

인터뷰 프로젝트를 보조하는 사람들은 우리와 비슷한 배경을 가진 전문가들로 구성되었다. 처음에 인터뷰에 응한 몇몇 사람들에게 돌아가며 차례로 인터뷰 진행자로 일하고 싶은지를 물었지만, 그들은 대부분 자신들이 심판대에 앉아 있는 듯한 느낌이 들기 때문에 불편할 것 같다고 말했다. 그러면 **우리**도 심판대에 앉아 있는 사람들처럼 보이냐고 물으면, 그 순간 분기점이 될 만한 독특한 현상이 발생하고는 했다. 그들은 개인적으로 그렇게 받아들이지 말라면서 우리에게 호감을 표했다.

우리는 비록 남성들만큼 많은 여성을 인터뷰했지만, 이 책은 주로 남성들의 경험을 반영한다. 여성을 인터뷰한 내용이 나오는 사례들은 그 내용이 남성과 여성 둘 다에 해당하는 것을 설명할 때, 가정생활에 대한 이야기나 인터뷰한 남성에 관한 또 다른 관점을 제공할 때다. 우리가 이런 식으로 작업한 이유는 두 가지다. 첫째는 이 책이 단지 문화적 가치 평가가 전통적으로 남성의 노동을 대상으로 하므로 여성과 다른 방식으로 남성에게 영향을 끼치는 사회 질서를 탐색하기 때문이었고, 둘째로는 우리와 함께 일하는 여성 동료 클레어 시걸바움이 노동 계급 여성들의 경험을 직접적으로 보여주는 인터뷰 모음집을 이 책과 별개로 따로 편집했기 때문이다.

우리는 사람들이 실제로 말한 것부터 활자화되어 나온 내용에 이르기까지 우리가 의도적으로 내용의 일부를 변경한 사실을 밝혀야만 한다. 여기서 사용한 이름은 모두 가명이며, 인터뷰 대상자의 직업이나 결혼에 대한 세부 내용 같은 민감한 개인 정보 또한 실제와 다르게 바꿨다. 더 나아가, 우리는 익명성 보호 수준을 넘어서 어느 정도 임의로 인터뷰 내용을 변경하는 방식을 취했다. 예컨대 사람들이 한 말을 압축, 요약했다. 두 사람이 동일 사안을 두고 매우 비슷한 말을 했을 때, 한 사람이 한 것으로 나타냈다. 우리가 느끼기에 어떤 사람이 무언가 표현할 말을 찾으려고 애썼지만 결국 찾을 수 없었을 때, 그 사람이 말한 것처럼 우리가 대신 기술한 경우가 몇몇 있다. 그리고 여러 명의 인생사에서 나온 요소를 하나로 묶어서 기술한 경우도 두 번 있다. 인터뷰에 응한 사람들이 그들의 삶을 너무 허구의 경계에 가깝게 몰고 가서 보여준 우리를 용서해주기를 바란다. 우리가 그렇게 한 것은 그들의 사생활을 더욱 잘 보호하기를 바라서였지만, 문장을 명확히 하고 글을 보다 세련되게 쓰기 위해서이기도 했다.

그러면 독자들은 이 책에서 읽은 내용을 어떻게 믿을 수 있단 말인가 하고 의문을 제기할 수 있다. 인터뷰 내용을 세련되게 고쳐 쓰는 것은 사실을 있는 그대로 나열하고 설명하는 것과는 또 다른 진실을 창조한다. 따라서 우리가 사실 관계를 어느 정도 고쳐 쓰는 것이 왜 필요했는지, 즉 다시 말해서 우리가 왜 사람들이 계급과 인간의 존엄성에 갖는 감정에 대해서 과학적인 연구를 엄밀하게 진행할 수 없었는지를 독자들에게 설명할 필요가 있다.

과학적 정밀성을 표방하는 여론 조사나 의식 조사는 모두 현장 조사에 들어가기 전에 네 가지 조건을 충족해야 한다. 무엇보다 조사자는 자신이 인터뷰할 대상이 다른 사람들이 느끼는 감정을 '대표하는 사람'이라고 인정할 수 있는 어떤 기준을 정해야 한다. 그런 다음, 더 큰 집단을 대표하는 한 개인에게 어떤 종류의 질문을 던져야 의미 있을지를 결정해야 한다. 세 번째로는 인터뷰한 내용을 요약, 압축할 수 있는 방법을 찾아야 한다. 그래야 서로 다른 집단에 속한 사람들이 응답한 내용을 비교할 수 있기 때문이다. 끝으로 조사자는 무작위로 선정된 대상 집단이든 아니든, 실제로 그들을 대표하는 개인들에게 접근할 수 있는 수단을 발견해야 한다.

따라서 여론 조사는 조사원이 인터뷰 대상자에게 실제로 말을 걸기 전에 자기가 무엇을 하고 있는지, 무엇을 원하는지를 대부분 잘 알고 있어야 한다. 이 방법의 매우 중요한 점은 조사원이 이런 방식으로 사람들에게 널리 알려진 내용들과 관련된 핵심 쟁점을 잘 선정하고, 그 용어를 적용할 조사 대상이 되는 사람이 누구인지 앎으로써, 얻고자 하는 정보를 뒷받침할 자료를 만들어낼 수 있다는 사실에 있다. 조사원이 한 백인 노동자 집단을 대상으로 "당신은 대통령이 베트남 전쟁을 처리하는 방식에 동의합니까, 반대합니까?"라고 묻는다면, 그는 구체적인 답변을 얻을 것이다. 하지만 선택 가능한 답변 항목을 제공하지 않고 그냥 "베트남 전쟁에 대해서 대통령이 무슨 일을 해야 한다고 생각하나요?"라고 묻는다면, 조사원은 원하는 답변을 얻지 못할 위험을 감수해야 한다. 그는 복잡한 개인의 감정에 대해서 더 많은 것을 알게 될 테지만, 거기서 나온 답변을 서너 가지 특징적 반응으로 압축, 요약하지는 못할 것이다. 더 나아가 "전쟁이 일어났을 때 대통령은 어떤 역할을 해야 합니까?"라고 훨씬 더 일반적인 질문을 던진다면 응답자에게서 매우 다채로운 감정의 반응을 얻을 수 있을지 모르지만, 다른 사람들에게 계속 이런 질문을 이어가면 갈수록 그 복잡한 감정들을 뒷받침할 수 있는 분명한 자료를 체계적으로 정리하기가 점점 더 어려워질 것이다.

그렇다고 여론 조사원이 심층적인 질문을 하면 안 된다는 의미는 아니다. 다만, 조사원들이 동일 인물에게서 나온 답변에 담긴 모호하고, 미묘하고, 모순된 표현을 다룰 때 어려운 문제들을 만나기 마련이라는 의미다. 그러나 우리가 인터뷰를 통해 찾고자 한 것은 바로 이러한 미묘함이었다.

더군다나 자신들이 겪은 삶을 다른 사람에게 이야기하기 위해서는 단순히 전화번호부에서 이름을 무작위로 추출해서 그들에게 전화를 거는 것으로는 기대할 수 없는 어느 정도의 일대일 신뢰 관계가 필요하다. 무작위로 동네 아무 집이나 초인종을 눌러서 그 집에 사는 사람에게 세 시간 동안 진지하게 자신의 살아온 이야기를 해줄 수 있는지 묻는 것은 매우 어려운 일이다. 따라서 우리는 인터뷰를 위해서 보스턴에 있는 노동 계급 공동체에서 발굴한 연줄을 통해 일대일로, 개별적으로 인터뷰 대상자들을 만났다. 처음에는 우리가 방문한 어린이집과 학부모회, 사제들을 통해서 사람들을 만났다. 그 뒤로는 우리가 인터뷰한 사람들이 이 일에 관심이 있을 만하다고 생각하는 다른 사람들을 계속해서 우리에게 소개해주었다.

물론 이러한 접근 방식은 방향을 잃고 산만해질 위험이 있다. 그래서 우리는 위험을 피하기 위해 보스턴 지역에 거주하는 백인 육체노동자들의 직업과 민족적 배경에 따른 비율을 대략 맞추어 인터뷰 대상자들을 선정하려고 노력했다. 프랭크 리사로가 자기 삶에서 자유와 존엄성에 대해 문제의식을 느끼는 것처럼, 다양한 다른 사람들 사이에서도 그런 모습이 나타나는지를 알아내기 위해서였다. 그리고 우리는 실제로 그렇다는 것을 발견했다. 하지만 이 책에서 우리는 여론 조사원이 알아내고자 할 그런 종류의 주장, 즉 아일랜드계 노동자가 이탈리아계 노동자보다 더 불안해한다거나, 서비스 업종의 노동자가 공장 노동자보다 불공정한 대우를 받는다는 주장은 할 수 없다.

우리는 되도록 최대한 응답하고 있는 노동자들의 눈을 통해서 보려고 애썼다. 하지만 때때로 우리는 또한 그들이 직접 겪은 일이지만 완벽하게 이해하지 못했다고 생각되는 경험을 우리 나름대로 설명하려고 노력했다. 사람들이 정직하지 않거나 부당한 발언을 하고 있는지를 판단할 때도 있었고, 그들이 한 말이 무슨 의미인지 이해시키기 위해 대화에서 결코 나오지 않은 문제들을 우리가 먼저 꺼내기도 했다.

그들의 이야기에 대한 우리의 불가피한 개입은 일반적으로 노동자를 '대표'한다는 것, 즉 여론 조사원이 인구통계학적 측면에서 사용하는 표본에 대해 말하는 것을 그만큼 더 힘들게 한다. (실제로 여론 조사원이 150명의 표본 집단이 3천 500만 명에서 4천만 명을 '대표'할 수 있다는 사실에 회의적인 것은 당연하다.) 우리가 일반화할 수 있는 유일한 방법은 사고 전환을 통해 우리가 인터뷰한 사람들에게 영향을 끼친 미국 사회의 대표성이나 특징이 무엇인지 묻는 것이다. 그들의 삶이 더 큰 범주에서 일반적인 것으로 입증되어야 한다는 것은 그와 유사하게 복제된 다른 노동자들의 삶이 광범위하게 분포되어 있다는 것이라기보다는, 기존의 사회 질서에 내재된 거부 및 좌절과 관련된 보다 일반적인 문제들에 대해서 어떤 중요한 점을 보여주는 인간 경험의 집약된 요소가 많아야 한다는 의미다.

끝으로 이 책의 주석과 참고 자료에 대해서 한마디 하지 않을 수 없다. 우리는 전문가보다는 일반 독자를 대상으로 집필하고 있기 때문에, 일반 독자가 본문에서 곧바로 관련된 자료를 계속해서 읽고 싶어 할 수 있기 때문에 해당 위치에 주석을 달았다. 더 포괄적인 참고 자료 목록은 책 끝부분의 참고 문헌에 나열했다.

전체 개요

미국의 노동자가 직면하는 인간적인 문제들에 대한 전체적인 윤곽을 잡도록 우리를 안내해줄 인물로 리카 카르티데스를 선택한 것은 무엇보다 잘한 일이다. 그는 매우 특별난 사람이다. 그는 그리스에서 보스턴으로 이주해온 1세대 이민자다. 지금 보스턴에는 그를 보호해줄 그리스계 이민자 집단 거주지가 더는 존재하지 않는다. 그러나 그보다도 더 특이한 것은 그가 미국으로 건너오면서 육체노동을 할 수밖에 없었지만, 본디 중산층 고학력자 출신이라는 사실이다. 그는 우리와 같은 계층의 사람이고 미국에서 노동자가 된다는 것이 무엇을 의미하는지 이해하려고 애쓰는 예민한 감성의 소유자이기에, 우리가 목표로 하는 방향으로 길을 잘 인도해줄 좋은 안내자다. 우리는 그가 보여주는 반응이 만일 우리가 갑자기 노동자가 된다면 우리 자신이 어떻게 될 수 있을지를 보여준다고 자주 생각했다.

리카 카르티데스는 12년 전 그리스의 소도시에서 미국으로 이주해 왔는데, 그 도시에 사는 사람 모두가 서로를 알고 지내는 아주 작은 도시였다. 그의 기억에 따르면 그곳 사람들은 비록 권위적이기는 했지만 친절했고, 삶은 느긋하고 전통적인 모습이었다. 그 지역에 사는 대부분의 사람들보다 교육도 많이 받고 풍족한 생활을 누렸던 카르티데스는 교사 자격증을 보유하고 있었다. 그러나 그의 장인, 장모와 그 지역 사회에서 보수가 많은 직장을 지배하는 몇몇 주요 인사들은 그를 좋아하지 않았다. 날마다 교사직을 잃을까 두려워하고 아내까지 부양해야 하는 부담에 시달리던 그는 스물네 살의 나이에 그리스를 떠나기로 결심했다. 그보다 먼저 이민을 간 많은 사람처럼, 그는 신세계 미국의 상황에 대해서 아는 것이 거의 없었다. 그가 여기로 오기로 마음먹었다고 표현하기보다는 고국에서의 견딜 수 없는 상황을 벗어나기로 결심했다고 보는 것이 맞을 것이다.

카르티데스는 영어도 할 줄 모르고 먹고살 수 있는 기술도 없이 호주머니에 단돈 12달러만 넣고 미국에 도착했다. 그는 공장으로 가서 일했다. 영어를 배우는 동안 잠시 하는 일이라고 생각했다. 그러나 그는 자신이 비숙련 노동만 하고 있다는 것을 알아챘다. 자기 자신과 가족을 부양하려 장시간 일하는 그에게는 미국에서 사무직으로 취직할 때 필요한 자격증 취득을 위해 다시 공부할 시간과 돈이 없었고 여력도 남아 있지 않았다.

"기술이 없는 미숙련 노동자가 청소 일 말고 다른 어떤 일을 할 수 있을까요? 청소하는 데는 학위가 필요 없지요." 본디 사교적인 성격인 카르티데스는 옛날에는 동등한 수준에 있던 사람들이 이제는 자신을 차갑게 대하는 것을 보면서 처음으로 자신이 몰락했다는 사실을 이해하기 시작했다. 그는 고국과 달리 미국인의 문화에 계급 간 경계를 넘어 상호 존중하는 의식이 없다고 느낀다. "보세요, 그리스에서는 밤에 수위를 만나면 잠시 멈춰 서서 잡담을 나누곤 했어요. 그런데 여기 아파트에 사는 한 주민은 수위인 내게 호의를 베풀기는 하지만, 나를 존중해서가 아니라 예의상 그러는 거예요." 그는 미국에는 사람들이 계급의 경계선을 뛰어넘을 수 있는 의례 같은 게 존재하지 않는다고 생각한다.

리카는 현재의 자신을 지인은 많지만 가까운 친구는 하나도 없는 사람이라고 설명한다. "(친구가 없는 게) 전혀 신경 쓰이지 않아요. 내 진짜 친구들은 바로 우리 가족이기 때문이죠. 난 내가 원하지 않는다고 느끼면 전혀 관여하지 않는 그런 사람이에요. 어떤 이들은 (…) 계속해서 어떻게든 **해보려고** 하죠. 하지만 나로 말할 것 같으면, 나 자신의 삶이 있고 나 자신의 문제가 있어요. (…) 그런데 이제 와서 내가 또 남의 일에 휘말릴 이유가 뭐가 있겠어요?"

카르티데스가 처음 아파트 수위로 일하기 시작했을 때, 그는 뒷문으로만 출입이 가능하고 그의 아이들이 절대로 건물 주변의 공터에서 놀지 못하도록 엄격하게 규제하는 아파트에 살았다. 그는 이러한 비인격적인 환경에도 불구하고 초인적인 노력으로 모든 시간과 노동, 개인적 희생을 통해 자기 소유의 집을 마련할 수 있었다. 그가 바라는 것은 다른 사람들의 간섭에서 자유로워져서 자신감을 갖고 사는 것이었다. 그가 개인 단독 주택을 마련하기 위해 그렇게 열심히 일한 것은 단순히 집을 소유하기 위한, 즉 경제적 이익을 위한 것이 아니었다. 안식처, 자기 직계 가족만이 거주하는 생활 공간을 얻기 위해서였다. 그곳은 아주 사소한 문제에도 그를 질책하는 사회에서 자기가 있어야 할 자리를 찾지 않아도 되는 공간이었다. 따라서 집은 그에게 자유의 중심이다. "내게 자유란 우리 자식들이 이래라저래라 누구의 간섭도 받지 않고 놀 수 있는 것을 의미해요."

그러나 안식처를 찾는 노력은 카르티데스를 힘든 상황에 놓이게 했다. 그는 자유로운 생활 공간을 마련하기 위해 보스턴 인근 교외에 부동산을 샀지만, '자유'를 얻기 위한 대가로 부업까지 하며 하루에 열네 시간씩 일해야 했다. 따라서 그 자신은 집에서 여유를 즐길 시간이 거의 없었다. 그는 자기 자신과 가족을 위해 독립적인 생활 공간을 마련하고자 집과 땅을 샀지만, 바로 그 과정에서 자신은 그런 특권을 얻는 대가로 사회생활을 희생하고 있다는 것을 알게 된다. 그는 아담한 집을 조금 규모가 있는 집으로 만들기 위해 수리하지만, 주택 개조에도 세금이 부과되기 때문에 그가 일해야 하는 시간은 훨씬 더 늘어난다. 미국의 도시 안이나 인근 지역의 많은 주택처럼 그의 집도 대중교통 접근성이 떨어지기 때문에, 그는 승용차를 한 대 구입해야 한다. 그 또한 추가로 돈이 들어간다. 주택 청소나 페인트칠을 하거나 신발 파는 일을 하는 사람이 더 많은 돈을 벌기 위해서는 노동 시간과 집을 떠나 있는 시간을 더 늘리는 수밖에 없다.

그는 자신이 쳇바퀴를 돌고 있다는 사실을 이해한다. 자신이 지금까지 실행에 옮긴 행동들이 기대한 보상을 가져다주지 못하고 있다는 점을 잘 안다. 그러나 손 놓고 앉아서 뒷문으로만 출입하고 자기 자식들이 아파트 잔디밭에 들어가지 못하게 소리나 지르는 '수위리카'로 그냥 남아 있는 것은 도저히 참을 수 없는 일이다. "돈을 너무 많이 벌고 싶어서가 아니고요, 그냥 좋아하는 것들을 사고 어느 정도 남부럽지 않게 살고 싶기 때문이었죠."

조사원이 자기 의견을 말한다. "그리스를 떠나온 것을 정말 후회하는 것 같네요. (…) 한 가지 물어볼게요. 정말 돌아가려면 부자가 되어야 한다고 생각하나요? 다른 소도시로 돌아갈 수는 없나요?"

"음, 알잖아요. (…) 지금 제 처지는 이래요. 부양할 가족이 있는 가장이자 아버지. (…) 난 그들에 대한 의무가 있다고 생각해요. (…) 아이들이 태어난 여기 미국에서 성공해야 할 의무 말이죠. (…) 그래야 그들이 나를 존경할 수 있어요. 아시다시피 (…) 현재 난 청소부죠. (…) 그건 아무 문제가 안 돼요. 내 운명이니까요. (…) 그래서 내가 지금 해야 하는 것은 성공이에요."

그러나 사람들은 리카가 자기 삶을 포기했다고 생각한다. 그는 자기 인생이 거의 끝났다고 느낀다(그는 현재 서른여섯 살이다). 그는 현재 멈춰 선 역이 자신의 종착역이 될 것이라고 믿는다. 그렇기는 해도, 아직 단념하지 않았다. 자신의 희망을 이룰 하나의 길이 남아 있는 듯 보이기 때문이다. 바로 자식들이다. 그들이 더 높은 상층 계급으로 이동해 자유를 증진한다면 누구도 그들을 존중하지 않을 수 없을 것이기 때문이다.

카르티데스는 옛날 방식으로 자식들에게 예절을 가르치고, 그들이 부모를 존중하고 다른 사람들을 정중하게 대하도록 기른 것을 자랑스러워하지만 다소 방어적인 모습을 보인다. 그는 자신이 부모에게 받은 훈육보다 더 느슨하게 아이들을 키웠다고 말하지만, 자신이 자식의 응석을 받아주는 '관대한' 부모가 되지 않은 데 자부심을 가지고 있다. "모든 아이는 아버지에게 와요. 내가 바로 집에 먹을 것을 가져오는 사람이기 때문이죠. 따라서 아이들은 내게 어느 정도 존경심을 **가져야 해요**. 나는 거꾸로 그들을 존중하고요. 내 자식이니까요. 그러나 나는 그들의 아버지고, 그래서 아이들은 (…) **내가** 집에서 정해놓은 규칙을 따라야 해요. 집에서 내가 나 자신, 즉 나와 아내를 존중하는 모습을 보인다면 우리 아이들에게 좋은 모범이 되겠죠. 그리고 아이들은 **내가** 처신하는 방식을 따라서 자기들도 처신하는 법을 배울 테고요."

카르티데스의 굴욕감은 그가 매사에 엄격한 태도를 보이는 것의 한 부분이지만, 또한 계급 간 깊은 격차에 대한 혐오감이기도 하다. 그의 자식들은 모든 사람을 존중하는 마음으로 대할 것이다. "이 나라가 극심한 무한 경쟁의 세상이라면 그냥 놔둬야지 어쩌겠어요. 그러나 적어도 **내** 아이들은 **내가** 원하는 방식으로 살아갈 거예요." 하지만 그 무한 경쟁에 참여하기를 거부하는 사람들은 살면서 패배감을 맛보지 않을까? 적극적으로 경쟁에 참여한 사람들에게 심한 사회적 수모를 당하지 않을까? 그에게도 이런 생각이 들었다. 그래서 리카는 자신이 아이들을 인간적인 사람으로 키우려다가 자칫 그들을 자신과 같은 사회적 지위에 잔류시키고 있다고 비난받을 수도 있다는 생각에 내심 두려워한다.

리카 카르티데스는 살면서 어느 정도 물질적 안정을 이루었지만, 그의 양적인 성공이 물질적 생활 향상을 통해 그가 원하는 정서적 자립과 자신감으로 전환된다고 생각하지는 않는다. 그는 자신이 결국에는 사회적으로 자기보다 상층에 있는 사람들에게 업신여김을 당하고 있다고 본다. 그가 1년에 1만 달러를 벌고, 자기 집을 소유하고, 자동차를 몰고, 아이들 교육비로 은행에 약간의 돈을 저축하고 있다고 해도, 결국 그의 사회적 지위는 '수위 리카'이며 집수리를 하는 사람이다. 그는 자신이 취약하고 스스로를 지키기에 부족한 부분이 많다고 느낀다. 하지만 그가 무얼 잘못한 걸까?

이러한 것들이 바로 미국 노동 계급의 삶이 그들을 바깥에서 바라보는 사람들에게 불러일으키는 감정이다.

1부 상처의 근원

1장 능력의 배지

사람들은 자신의 부족함이나 자기 패배적인 감정에 대해서 이야기할 때, 대개 자기 자신에게 몰입하는 것처럼 보인다. 르네상스 시대 철학자 피코 델라 미란돌라는 사람들이 다른 이들과 함께 어울려 살지 않는다면 결코 그런 의구심을 품지 않을 것이라고 주장한다. 피코는《인간 존엄성에 관한 연설》에서 오늘날 우리가 말하는 개인적 정당성이나 적절성에 대한 우려는 사회가 모든 인간 안에 있는 근본적인 인간의 존엄성에 대한 이미지를 찾기 시작한 데서 비롯한다고 주장했다. 동물은 그들이 왜 살아야 하는지를 걱정하지 않고 하루하루를 자연스럽게 산다. 하지만 인간은 그들이 함께 취하는 모든 조치, 서로에 대한 사랑과 학대 행위, 단순히 생존이 요구하는 것보다 더 복잡한 방식으로 영위하는 그들의 삶 때문에 그런 걱정을 하며 산다.

피코의 주장은 우리가 인터뷰한 사람들에게 너무도 잘 맞아떨어진다. 지금까지 살아남은, 어려움을 이겨내고 물질적 번영을 이룩한 프랭크 리사로는 자신이 정말 충분히 잘 살고 있는지를 걱정한다. 그도 누군가를 사랑하고 누군가에게서 사랑받고 싶기에, 그동안 살면서 수없이 불공평한 일을 당했기에, 그렇지만 자신도 늘 존중받으면서 살고 싶기에 그렇다. 돈을 많이 버는 것과는 다른 일이다.

인간의 존엄성 추구는 긍정적인 행동처럼 보인다. 그러나 역사는 사회에 비치는 인간의 존엄성 이미지가 엄청나게 파괴적이고 부정적인 모습일 수 있다는 점을 보여준다.

일부 인류학자들은 특정 부족들에게서 일어나는 '유사 종 분화pseudo-speciation'에 대해 이야기한다. 특정 부족의 내적 결속과 응집력이 너무 강한 나머지, 부족민들은 그들의 고유한 관습이 모든 사람이 따라야 할 기준이 될 거라고 믿는다. 그 부족은 자신들과 다른 관습을 가진 다른 집단들과 우연히 마주칠 때 왜 그들을 관대하게 용인해야 하는지, 심지어 같은 부족민끼리는 결코 행할 거라고 생각하지 않을 잔혹함으로 그 이방인들을 대하더라도 왜 자기들이 이를 신경 써야 하는지 이해하지 못한다. 특정 사회에 소속되어 있다는 사실이 모든 인간의 존엄성을 정의하는 극단적 조건이 될 때, 자기와 다른 사람들을 향한 경멸과 적개심은 거꾸로 인간 존엄성을 찬양하는 것이 된다.

신분 계층이 나뉘는 계급 사회도 인간의 존엄성을 억압하는 이미지들을 만들어낸다. 브라만, 공작, 칼리프라는 용어는 군주제를 지지하는 토머스 영이 1615년 그 용어를 사용한 의미에서 '가치'가 있다. 인간의 가치는 가장 높은 계급의 완벽성을 의미하는 꼭대기에서만 알아볼 수 있다. 따라서 공작이나 칼리프는 자기 아래 계급에 있는 사람들보다 강력한 권력을 가지고 있을 뿐 아니라 도덕적으로도 더 우월하기 때문에, 그들을 자기 아래 복종시키는 것은 정당하다.

그렇다면 지금 우리는 어떠한가? 오늘날 많은 국가가 때때로 독선적인 부족처럼 행동하며 다른 종족에 대한 경멸에 가득 차서 인종 대청소를 서슴없이 감행한다. 강대국은 지금도 여전히 약소국을 억누른다. 단순히 그들이 그렇게 할 능력이 있어서가 아니라 자기들이 그렇게 할 권리가 있다고 생각하기 때문이다. 이런 행동에 맞서서 지난 200년 동안 적어도 그런 행동이 잘못된 것이라는 점을 사람들에게 각성시키고자 하는 인간의 존엄성에 대한 일련의 생각들이 새롭게 나왔다.

18세기 인문주의자들은 모든 인간에게 동등하게 적용되는 가치, 즉 개인의 사회적 지위나 권력에 상관없이 타고난 인간의 존엄성에 대한 사상을 설파했다. 인간의 보편적 존엄성에 대한 이러한 계몽주의 사상은 오늘날 너무도 상투적인 생각이 되었고, 이제는 그런 생각이 얼마나 급진적인지 잊혔다. 그 생각들은 피코의 의견을 무시하는 것처럼 보인다. 왜냐하면 당신이 다정하든 냉정하든 호기심이 많든 자족적이든, 당신은 사회적 동물이 되기 전에 다른 모든 이에게서 예우와 온당한 대접을 받을 자격을 타고났기 때문이다. 인간성에 대한 특수화되고 고통스러운 이미지들에서의 해방이 바로 계몽주의의 약속이다. 그리고 좀 더 구체적으로 말하자면, 이는 국가 권력의 무자비한 행사로부터의 해방을 의미했다.

미국에서 인간성에 대한 계몽주의적 이미지는 특별한 성격을 띠었다. 우리가 꿈꾸는 이상들은 전통적으로 단순히 정부의 요구뿐 아니라, 사회적 속박 자체가 요구하는 것으로부터의 해방을 수반했다. 우리 역사의 많은 부분을 통틀어 다른 사람들의 존경을 받고 스스로를 존중할 줄 아는 사람은 대개 고독하고 자립적인 삶을 살며 기성 체제를 거부하는 개인으로 비치는 경우가 많다. 예컨대, 리카 카르티데스에게 '미국인화'란 한때 긴밀한 유대 관계 속 공동체의 일원으로 존중받기를 추구한 한 사람이 자신을 스스로 책임질 줄 알기에, 다시 말해서 다른 사람들 없이도 잘 지낼 줄 알기에 그들에게서 존중받기를 추구하는 사람으로 변화하는 것을 의미한다. 대학 생활에 실망한 시청 서기의 아들 제임스는 학교를 중도에 그만두고 자신을 돌아보며 "더욱 시간을 잘 보낼 방법"을 찾은 뒤, 아마도 다시 학교 공동체로 돌아갈 꿈을 꿀 것이다.

당신이 사회의 일원이 아니라면, 사회는 당신에게 상처를 줄 수 없다. 미국의 사회학자 필립 슬레이터는 이를 '고독의 추구'라고 부르는데, 현대 미국에서 고독의 추구가 존재해야 한다는 것은 당혹스러운 일이다. 오늘날 누구도 그것의 존재를 인정하지 않을 사회가 그런 고독의 추구를 가장 높이 찬양했다. 초월주의와 같은 운동에서 고독한 사람의 존엄성에 대한 찬미는 그리스에서 교사를 하다 미국으로 건너와 아파트 수위가 된 카르티데스, 정육점에서 일하다 은행 사무직으로 성공한 리사로, 그리고 시청 서기의 돌아온 탕아 아들 제임스 같은 사람들과는 공유할 것이 없는 일련의 가정들을 바탕으로 했다.

애덤 스미스 같은 유럽의 개인주의 옹호자들은 사람들이 저마다 사회에서 원하는 대로 자유롭게 살아야 한다고 주장했지만, 랠프 월도 에머슨은 더 나아가 모든 개인이 다른 사람들과 도움을 주고받거나 동료애를 나누기에 앞서 하나의 독자적인 세계로 살 수 있는 자족적인 삶을 영위하여 사회를 대체해야 한다고 설교했다. 이러한 고독에 대한 찬가는 사회가 그것을 허용할 거라고 가정했다. 에머슨, 헨리 데이비드 소로 그리고 월트 휘트먼은 사회 자체가 취약하다고 믿었기 때문에 자족하는 개인의 초월성을 말할 수 있었다. 그들이 보기에 사회적 속박은 인간의 영혼에 깊은 울림을 줄 수 없었다. 실제로 인간 내면에 있는 사악함은 함께 살면서 서로 타협하고 의지하는 것과 관련된 나약함에서 나왔다. 이 초월주의 관점은 피코의 견해를 완전히 부정한다. 하지만 그렇다고 카르티데스나 리사로, 제임스의 생각을 반영하는 것은 아니다. 그들이 원하는 것은 다른 사람들과 어울려 사는 공동체지만, 그들은 자기들이 전적으로 스스로의 운명에 책임을 진다는 것을 남들에게 보여줌으로써 공동체에서 존중받을 권리를 획득해야 한다고 생각한다.

초월주의가 꽃핀 사회는 그들의 사상을 아주 그럴듯하게 만들었다. 토크빌이 조사했을 당시* 미국은 자기가 태어난 공동체에 만족하지 못하는 사람들이 쉽게 그곳을 떠나서 새로운 인생을 시작할 수 있는 사회였다. 남북 전쟁 발발 직전, 대부분의 미국인이 여전히 독립적인 농부나 소상공인이었다. 국외뿐 아니라 국내에서도 서로의

* 토크빌이 《미국의 민주주의》 1, 2권을 출간한 1835년, 1840년을 말함

일에 얽히기를 거부하는 것은 실제로 일상사를 풍요롭고 평화롭게 영위하는 방법이었다.

기업, 대도시, 기술 중심의 미국은 토크빌이 조사한 미국과 완전히 반대되는 사회다. 소농과 소상공인은 거대한 조직들 앞에서 힘을 잃는다. 1871년 미국에서 자영업에 종사한 인구는 전체의 약 70퍼센트에 이르렀는데, 오늘날은 5퍼센트에 불과하다.[1] 이 통계는 여전히 미국이 이동이 쉬운 유동적인 사회라는 의미지만, 오늘날 미국의 사회적 지형은 이동한다는 것이 더는 남보다 앞서가는 것이 아니라는 의미이기도 하다. 오늘날 미국의 상황이 이러한데, 이 땅에서 홀로 자립해서 사는 것이 어떻게 가능할까?

오늘날 상황이 옛날과 너무도 다르다는 사실은 20년 전 새로운 도덕적 질서를 예고*한 데이비드 리스먼에게서 보이기 시작했다. 새로운 질서에서는 자립적인 고독과 '내부 지향성'이 타인에 대한 민감성으로 대체되어야 한다. 공장의 조립 라인에서 자기 마음대로 행동하는 노동자는 다른 동료들을 위험에 빠뜨리고 작업을 지연시킨다. 모든 일을 혼자 하는 연구자는 하는 일이 거의 없다. 최근 몇 년 동안 미국 사회에 나타난 무질서들은 에머슨과 휘트먼이 매우 소중히 여긴 생각에 담긴 도덕적 타당성의 마지막 흔적조차 말끔히 씻어버리는 것 같다. 초월주의자들은 사회적 인간의 사소한 일상에 대해서 말할 수 있었지만, 지난 몇 년 동안 인종과 도시, 세대 간의 갈등이 사회 안의 개인들에게 끼친 심대한 영향을 부정할 수 있는 사람이

* 1950년에 출간된 《고독한 군중》을 말함

누가 있겠는가? 이러한 갈등을 우리의 의식에서 지우거나 차단하는 것은 미덕을 일깨우는 서막이 아니라, 인간의 불의와 불규칙하게 반복되는 고통을 수동적으로 받아들이는 것처럼 보일 것이다.

이러한 현실을 감안할 때, 프랭크 리사로 같은 사람들에게 독립이 그렇게 중요한 이유는 무엇일까? 그가 사무직 노동자의 세계에 진입한 것에 대해서 생각할 때, 그에게 성공의 '대가'는 독자적으로 행동할 수 있는 것이 더 많아지고 스스로를 통제할 수 있는 힘이 더 강해지는 것이다. 카르티데스도 존엄성은 육체노동의 범위 내에서 혼자 있는 사회적 공간을 만들어내는 것이라고 생각한다. 집단적이고 상호 의존적인 사회에 살고 있는 사람들에게 자유로워지는 것은 혼자의 힘으로 성공하는 것이다. 왜 자유로움이 그들에게 존엄성을 줄까? 우리가 집단적 사회 안에 숨겨진 개인주의의 영역들에 대한 이러한 질문에 대답할 수 있다면 오늘날 노동 계급이 짊어지고 있는 무거운 짐을 내려놓게, 다시 말해서 아무리 노력해도 전혀 진전을 보지 못한다는 느낌, 그들보다 사회적 수준이 높은 사람들에게 느끼는 취약함, 그런 감정 때문에 자신을 책망하는 가슴 깊이 묻혀 있던 열등감 따위들을 털어내게 해줄 수 있을지도 모른다.

개인의 가치를 나타내는 배지로써 능력

앞 장에서, 미국의 자유와 존엄성의 모순은 지적, 이성적 통제를 통한 자기 계발의 개념과 어렴풋하나마 연관되어 있었다. 더 나아가

리사로, 제임스 그리고 카르티데스는 개인의 사회적 지위가 높아질수록 개인의 내적 능력을 계발할 기회가 더 많아진다고 믿었다. 자기계발이 무엇을 의미하는지, 그리고 이런 심리적 과정이 사회 계급에 끼치는 영향이 무엇인지에 대해서 더 많이 알기 위해서 우리는 이제 **능력**에 대한 특정한 심리학적 견해들이 어떻게 **자아**의 개념을 **개인**의 개념으로 변환시키는지 설명하고자 한다. 즉, 우리는 능력에 대한 현대적 개념들이 오늘날 미국 사회가 직면하고 있는 자유와 존엄성의 딜레마에 어떻게 얽히게 되었는지 정확하게 밝히기를 원한다. 그 딜레마의 한가운데에서 개인은 집단적 사회에서 시대에 뒤쳐진 인물이 되었는데도, 여전히 오늘날 사람들의 마음속에서 계속해서 자유로운 인간의 이상형으로 자리 잡고 있다.

선구적인 심리학자 E. L. 손다이크는《동물 지능*Animal Intelligence*》(1911)을 비롯한 여러 저서에서 인간의 능력을 수량과 수치로 표현할 수 있는지에 의문을 나타냈다. 그는 사람들이 구체적인 행동과 결정 과정에서 그들의 지능을 발휘해서 문제를 처리하는데, 그것을 설명할 때 지능적이거나 지능적이지 않은 방식이라고 말하는 것을 발견했다. 만일 우리가 지능의 물리적 효과를 관찰할 수 있다면, 당연히 그 현상 자체를 물리적으로 측정할 수 있을 것이다. 그러면 우리는 어떤 주어진 상황을 처리하는 데 '얼마나 많은' 지능이 필요한지 또는 인간이 '얼마나 많은' 지능을 보유하고 있는지를 알 수 있을 것이다.

스탠퍼드-비네 지능 지수 검사 같은 지능 검사들을 통해 이런 생각을 실제로 활용 중이던 비네와 사이먼 등의 학자들은 사회에 대한 중요한 사실 한 가지를 찾아냈다. 그런 검사를 받은 사람들의 아이큐 점수 분포는 대다수가 중간에 몰려 있고, 가장 낮거나 높은 점수가 있는 양극단으로 갈수록 숫자가 점점 더 줄어드는 종 모양의 곡선 형태를 보였다. 돌이켜 보면, 종 모양의 곡선 그래프에서 처음에 나온 결론은 매우 기이해 보인다. 그들은 이러한 분포도가 영원히 변치 않는 '타고난' 인간의 능력이 사람들 사이에 어떻게 나뉘어 있는지 보여주는 증거라고 주장했다. 한 개인으로서 눈에 띄는 사람들은 매우 어리석거나 매우 현명한 사람들이기 때문에 '태생적으로' 중앙에 밀집되어 있는 대중과 다르다고 했다. 이 해석은 엄청나게 중요한 사회적 논쟁을 불러일으켰다.

만일 지능이 이런 식으로 사회에 분포되어 있다면 '만인은 평등하게 창조되었다'는 말은 무엇을 의미할까? 유전적으로 불평등한 재능을 타고난 생명체들을 평등하게 존중하는 것은 확실히 어려운 일이다. 특히 어떤 민족과 인종 집단은 전체적으로 대다수 백인만큼 이런 검사에서 좋은 점수를 받지 못하기 때문에, 그런 문제로 논의가 확대되면 질문의 의도는 더욱 사악해진다. 예컨대, 미 육군에서 실시한 지능 검사의 그러한 점수 차이는 수십 년 동안 그 유효성을 인정받았다.

실험적 학파의 오랜 전통을 이어온 몇몇 연구자들은 이러한 지능 검사가 흑인과 백인 사이의 실제 유전적 차이를 보여준다고 주장했다. 사회 경제적 배경이 다른 부모들이 입양한 쌍둥이들을 연구하는 아서 젠슨은 여러 실험을 수행한 결과, 그 검사들이 태생이 양육이나 문화적 성향보다 더 중요하다는 것을 보여준다고 주장한다. 잉글랜드의 한스 아이젠크는 또 다른 다양한 실험으로 동일한 결론을 도출한다.

이들의 연구는 과학적 근거가 너무 빈약한 나머지 그들의 주장을 비판하는 사람들이 관련 논쟁에서 쟁점을 놓치는 경향이 있다. 인간의 지능은 과연 양적인 것, 태어날 때부터 정해진 것인가 하는 문제다. 지능 검사에서 표준적인 중산층 백인이 높은 점수를 받는다고 해서 백인에게 타고난 유전적 특질이 있다고 말할 수 있을까? 지능 검사를 거듭할수록 개인의 지능 지수 점수 편차가 광범위하게 나타나고, 머리가 나쁜 것으로 '매도당한' 집단에 속한 사람들도 검사 환경이 바뀌면 점수가 높아질 수 있다고 알려져 있다. 만일 지능을 형체가 있는 물건처럼 표현할 수 있다면, 지능은 또 다른 측면에서 돈이나 주식 증서와 같은 것이 분명하다. 따라서 지능은 늘어날 수도 있고 줄어들 수도 있으며, 벌어들일 수도 있고 낭비될 수도 있다.

지능을 물건처럼 생각하는 근본적인 사고 전환을 제기한 사람은 제네바의 장 피아제와 베르벨 인헬더였다. 그들은 인간이 자기 자신의 성장 단계를 이해하는 데 필요한 모든 상징을 제공하기 위해 시간과 공간의 변화에 따라 바뀌는 과정이 지능이라고 말한다. 이러한 견해는 그들의 모국에서 엄청난 저항에 직면했는데, 그 견해가 심리학자만 가질 수 있는 특별한 확실성을 앗아갈 것이기 때문이었다. 심리학자가 한 개인의 지능을 계산해낼 수 있다면, 그는 그 개인이 태어날 때부터 가지고 있는 아주 근본적인 사실에 대해서 알 수 있다. 다시 말해서, 지능 검사로 점수 판정을 받는 사람은 그 점수에 따라 특정한 부류로 분류될 수 있다는 말이다. 그 결과로 나타나는 분류 체계는 아주 높거나 낮은 점수대에 속하는 소수의 사람을 특별한 부류로 두드러지게 부각하는 반면에, 중간 점수대에 있는 대다수 사람을 비교적 서로 비슷비슷한 부류로 나눈다.

심리학자들은 왜 그런 지식을 갖고 싶어 할까? 우리는 이 질문을 더 넓은 영역으로 확장할 수 있는데, 그러한 검사와 비교를 통한 인간의 능력 측정은 이미 학교에서 사무실과 공장으로까지 널리 확산된 상태이기 때문이다. 따라서 그 질문을 이렇게 바꿔서 던질 수 있다. 우리 사회는 왜 이런 정도로 광범위하게 비교하는 방식으로 사람들이 어떤 능력을 가졌는지 궁금해하는 걸까? 어쨌든 그 결과는 수백 년에 불과한 세월 동안 꺼질 듯 말 듯 겨우겨우 지탱해온 인간 평등의 꿈을 파괴하는 쪽으로 왜곡될 수 있다.

역설적이게도 개인의 능력을 측정하려는 충동은 계몽주의의 소산이기도 하다. 18세기 프랑스와 잉글랜드에서 하층 부르주아 가정의 명석한 청년들은 부모의 영향력이나 세습권이 아닌, 개인의 타고난 능력에 따라 정부와 직장에서의 직위를 사람들에게 개방할 것을 요구했다. 1780년대 파리의 하급 변호사들은 직업을 인재에게 개방할 것을 요구하는 청원 운동과 매우 밀접하게 연관되어 있었다. 그러나 그 충동은 모든 인류에게 부여된 이성이라는 천부의 선물을 선포하는 볼테르의 에세이에도 잘 나타난다. 당대 변호사와 철학자의 간절한 요구 뒤에는 해방에 대한 열망, 즉 인간을 문화와 과거 역사의 굴레에서 끊어내고자 하는 열망이 있었다. 논리상 타고난 재능에 대한 칭송은 개인주의로 이어지는데, 타고난 능력은 개인이 문화에 예속된 인간이 아닌 문화를 지배하는 주인이 되어야 한다는 것을 의미한다.

지능 검사의 기초를 세운 알프레드 비네는 한때 지능 측정은 개인을 그 자체로만 다룰 수 있는 방법을 사회에 제공해야 한다고 간단명료하게 언급했다. 심지어 인종 간 유전적 불평등성의 신봉자인 한스 아이젠크도 개인의 재능을 측정하는 일을 어떤 인종이나 집단에 속하든 능력이 있는 개인을 그 집단이 처한 상황에서 끄집어내 그 개인 자체로 대우받게 해주려는 계획이라고 정당화한다. 따라서 당시 파리의 변호사들이 보기에 개인의 능력을 검사하는 일은 한 개인의 타고난 사회적 조건과는 별개로 예로부터의 개인에 대한 찬미가 계속해서 이어지는 것으로서 정당성이 있었다.

그 능력은 개인의 가치를 입증하는 배지다. 개인의 능력 점수를 매기는 것은 소수의 개인이 대중과 구분되는 인재라는 이미지를 창출한다. 능력 있는 개인이 된다는 것은 그 사람의 타고난 사회적 조건들을 뛰어넘을 권리를 갖는다는 것을 의미한다. 이 조건들은 리사로나 카르티데스, 제임스 같은 사람들의 삶에서 무기력과 부족함의 느낌을 낳는 사회의 기본 가정들이다. 그러한 관념이 그 사람들과 정말로 어떻게 연결되어 있는지 알기 위해서는 그들이 능력의 배지를 보여줄 때 그들에게 무슨 일이 일어나는지 이해할 필요가 있다. 부부 갈등에 대한 최근 연구에서 떠오른 두 가지 문제는 이러한 가치들이 개인에게 끼치는 영향을 이해하기 시작하는 실마리가 될 것이다.

나는 누구와 결혼할 것인가? 이 질문은 분명히 **내** 선택에 관한, 즉 앞으로의 인생에서 자신이 확립해야 할 가장 중요한 통제권 가운데 하나에 대한 질문인 것처럼 보인다. 그러나 연구자들은 그 선택을 깊이 파고들수록, 그 안에 더욱 파괴적이고 집요하게 다음과 같이 따져 묻는 숨겨진 질문이 있다는 점을 발견한다. 나는 누군가의 사랑을 받을 만한 가치가 있는 사람인가? 내면에 숨어 있는 이 질문은 실제로 다른 사람의 눈에 비친 자신의 존엄성에 대한 것이다. 그러나 특이한 종류의 자기 회의를 수반하고 있다.

'정상적인' 결혼에 대한 한 연구에서 나온 인터뷰 내용이다.

연구자 에밀, 메리와 처음 데이트하러 나갔을 때 무척 불안했다고요?

에밀 메리가 나를 어떻게 생각하는지 내가 어떻게 알겠어요? (…) 내 말은, 메리가 나를 사랑하려면 메리에게 나 자신을 입증해야 한다는 그런 생각이 들었다는 거죠. 여자들에게 **인기 있는 사람**들이 보여주는 그 모든 것들 말이에요. (…) 메리에게 좋은 인상을 남기려고 한 행동이 어찌 보면 내 생각보다 메리에게 별로 좋은 인상을 남기지 않은 것 같아요.

윌리엄 구드가 저서 《세계 혁명과 가족 형태*World Revolution and Family Patterns*》에서 지적했듯, 이 같은 질문은 중매결혼이 이루어지는 사회에서는 거의 나오지 않는다. 결혼 상대로 선택받는 것은 개인의 손을 떠난 일이다. 그러나 결혼 상대를 고르는 책임이 본인에게 떨어지면, 즉 개인의 선택 문제가 되면 당사자는 심각한 문제에 직면한다. 상대방에게 선택받지 못한다면, 그 사람은 자신이 선택받을 가치가 없는 존재일지도 모른다고 생각할 수 있다. 개인의 자유가 많아질수록, 그 개인이 근본적으로 가치 있는 존재인가 하는 문제가 결혼에서 점점 더 중요한 핵심 요소가 된다.

에밀은 '자신을 입증하는 것'에 관해 이야기할 때, 자존감에 대한 이러한 위협을 극복하려 애썼다. 에밀이 자신을 입증하기 위해 한 행동은 우리 문화에서 흔히 보이는 한심하고도 만연한 현상이다. 그는 메리에게 자신이 한 **개인**으로서 다른 사람들과 구별되는 능력과 자질(음반에 대한 취향, 정치적 견해, 테니스 실력 따위)이 있다고 보여주어 자기 **자아**를 입증하려고 노력했다. 메리는 그 모습을 보고 이렇게 말했다. "나는 에밀이 자신을 입증하기 위해 자기가 얼마나 좋은 사람인지 보여주는 데 너무 몰두한 나머지, 정작 **내게는** 관심을 기울이지 않고 있다고 생각했어요." 그들이 사귀기 시작했을 때, 에밀은 이런 식으로 관계를 거의 망칠 뻔했다. 그가 어떤 것을 잘하든 못하든 상관없이 그녀가 그를 좋아한다는 의사를 전달한 뒤에 비로소 그들의 관계는 깊어지기 시작했고, 에밀이 자신을 입증하기 위해 보여주었던 다양한 행동도 잠잠해졌다.

그들이 교제를 시작할 단계에 에밀이 능력의 배지를 보여준 것은 두 사람의 사랑에 파괴적이었다는 의미다. 아마도 사랑은 배지를 나눌 어떤 자격이 필요한 것도 아니고 배지를 통해 얻어질 수도 없는 것이기 때문일 것이다. 입증된 자아란 사람이 아니라 대상일 뿐이다. 그러나 능력의 배지를 보여주는 것이 적어도 언뜻 보기에는 상대방에게 더 좋을 수 있는 행동이 되는 또 다른 종류의 가족 상황이 있다.

가족 구성원 개개인의 취향, 의견, 이해관계가 서로 달라 점점 사이가 멀어지면서 가족 내 압박감이 증가할 때, 각자가 자신의 다른 점을 표현하기에 충분히 '정당한지'를 고민하는 개인들 내에서 내적 갈등이 흔히 관찰된다. 이러한 정당성을 찾는 모습은 세대 간 갈등에서 가장 명백하게 나타난다. 위험을 감수하고 마약을 복용하든, 다른 형태의 정치를 채택하든, 부모 세대는 너무 늙어서 습득할 수 없는 기타 연주 기법을 익히든, 청년들은 부모들이 할 수 없는 것을 할 수 있을 때 스스로 독립할 자격이 있다고 느낀다. 여기서 능력은 시험을 보는 문제를 넘어서는 그 이상의 의미가 있다. 아이들은 확실히 새로운 활동에 당연히 흥미 있어 한다. 그러나 미국의 임상심리학자 토머스 코틀이 지적했듯, 세대 간 갈등을 겪는 많은 가정에서 부모들이 행할 수 없는 행동은 그들의 자식을 권리를 가진 사람으로서 정당화하는 데 기여한다. 달리 말해서, 능력의 배지는 한 개인으로서 우뚝 설 권리를 부여한다.

그런데 바로 이러한 주장과 정반대되는 지점에서 심각한 문제가 발생한다. 만일 당신이 자유로워지기 위해 스스로 다르다는 것을 보여줘야 한다면, 부모와 대조할 것이 아무것도 없는 아이에게는 무슨 일이 일어날까? 그 아이는 자신의 자유로워지고 싶은 바람을 어떻게 정당화할까? 수많은 청소년이 지독한 불안감에 휩싸여 진정한 애착과 기쁨도 느끼지 못하지만 자신을 드러나 보이게 할 행동 스타일을 추구하는 것은 바로 이런 딜레마 때문이다. 청소년들이 서로를 깎아내리며 던지는 '바보 취급하는 말'은 이와 똑같은 동기에서 나온다. 한 아이가 다른 아이에게 익살맞은 농담을 해서 상대방이 바보같이 느끼거나 갈팡질팡하는 모습을 보이게 할 수 있다면, 그 아이는 상대방을 깎아내리면서 주변의 눈에 띄어 시선을 끈다.

어른들도 누가 더 좋은 것을 가졌는지 경쟁하는 것에서부터 누가 더 급진적인지 경쟁하는 것에 이르기까지 여러 가지 이유로 그와 똑같은 놀이를 한다. 사람들은 대개 개인으로서 남의 시선을 끌기 위해 다른 사람들에게 상처 입히기를 좋아해서가 아니라, 자기 자신을 드러내 보이고 존경받을 만한 능력의 소유자로서 정당성을 보여주기 위해서 상대방이 자기보다 못하다고 적극적으로 깎아내리는 행동에 몰두한다.

대학생의 진로 선택에 관한 연구들은 자기 인생에서 하고 싶어 하는 것에 대한 결정이 이런 식으로 자신이 잘하는 것에 대한 결정과 서로 뒤엉켜 있다는 점을 보여준다. 이 사실을 특징적으로 보여주는 한 인터뷰 내용은 다음과 같다. "난 물리학을 공부하고 싶어요. 그런데 경영학 점수가 훨씬 잘 나왔죠. 강의가 따분했지만, 난 경영학을 전공했어요." 물론 사람들은 누구나 자기가 하고 싶어 하는 것을 잘하면 즐거워하기 마련이다. 그러나 자기가 무능하다거나 무익하다는 말, 다시 말해서 남보다 특별난 것이 없고 더 나은 것이 전혀 없다는 말을 들을까 무서워 자기가 좋아한다고 생각하는 일을 하는 것을 두려워한다. 우리 사회에서 불평등의 계층 구조는 사람들이 바라는 것을 결정하는 데 방해가 될 수 있다. 왜냐하면 인간의 가치에 대한 의식은 서로 매우 비슷해 보이는 대중과 구별되는 개인으로서의 자아에 대한 의식이기 때문이다.

이 상황이 우리가 사는 이 시대에만 국한된 것은 아니라고 말할 수 있다. 피코가 글을 쓴 당시에 이탈리아의 여러 도시에서 일하는 예술가와 장인들은 가구를 제작하고, 정교한 망토를 짜고, 그림을 그릴 줄 아는 그들의 능력으로 명예를 얻기 위해 치열한 경쟁을 벌였다. 그러나 라파엘*이 한때 "나는 끊임없이 그림을 그리며 산다"고 말했던 때와는 차이가 있다. 그의 목적은 훌륭한 작품을 창작하거나 뛰어난 그림 솜씨를 선보이는 것이었다. 오늘날 능력의 개념은 기타 연주를 잘하거나 그림을 잘 그리는 것을 **수단**으로 바꾼다. 에밀이 어떤 일을 잘하고 싶어 하는 것은 그 일을 잘하기 위해서가 아니다. 그는 자신의 능력을 메리의 사랑을 얻기 위한 수단으로 쓰고 싶어 했다. 하지만 자신의 뛰어난 능력으로 사랑받고 싶다는 그의 바람은 전혀 사실이 아니었다. 실제로 두 사람은 그의 능력이 아닌 사람 자체로 사랑받을 때 비로소 관계가 깊어졌다. 능력의 배지는 다른 사람들을 잡아끄는 자석으로써만 쓸모가 있다.

오늘날 능력의 배지로 인정받는 어떤 개인에 대해서 이야기하는 것은 한편으로는 건설적인 힘을 이야기하는 것이고 다른 한편으로는 파괴적인 힘을 이야기하는 것이다. 건설적인 힘이란 바로 배지가 유산이나 가족 관계의 연줄을 통해 사회적 지위를 얻는 관행의 해체를 바라는 오랜 욕구를 충족시킬 것이라는 꿈을 말한다. 반면에 자기 파괴적 힘이란 타인에게 존중을 얻기 위한 수단으로써 배지의 자멸적 효과를 말한다. 세대 간 갈등의 시기에 가족 내 능력의 배지는 한편으로 환심 사기에 몰두하느라 정작 중요한 것을 놓치거나 적개심을 불러일으키고, 다른 한편으로는 방향을 상실한 자기 부풀리기

* 15~16세기 르네상스 시대 이탈리아 화가이자 조각가인 라파엘로 산치오

만 초래한다. 또 동료애와 관련해서 능력의 배지는 타인에 대한 공격적인 비교와 깎아내리기 같은 퇴행적 행태를 취한다. 끝으로, 능력의 배지는 당초 타인에게서 존중받고자 한 것과는 반대로, 자신이 하고 싶어 하는 것이 무엇인가에 대한 개인의 의식을 갉아먹는다. 이 모든 것은 아마도 한 가지 진실, 즉 진정한 사랑이란 배지를 나눌 어떤 자격이 필요한 것도 아니고 그런 자격을 통해 얻어질 수 있는 것도 결코 아니라는 사실을 명백하게 드러내 보여주는 징후일 것이다.

그러나 가족 내의 긴장 관계는 두 번째 종류의 파괴성을 보여준다. 사랑에 빠진 남성, 부모에게 반항하는 자식은 자신의 능력이 얼마나 출중한지를 엄청나게 중요하게 생각한다. 일을 잘 해내는 것으로 존중을 얻지 못한다면, 잘못한 사람은 누구일까? 개인으로 홀로서는 것은 역사적으로 자립, 자신감, 자아 확인을 함축하는 의미가 있다. 이러한 가족 상황에 등장하는 개인주의는 필연적으로 목적 달성에 실패하기 마련인데, 자신이 충분히 훌륭한 사람이라는 점을 입증하기 못했기에 자신이 사랑받지 못한다는 느낌과 능력 부족에 따른 열등감에 휩싸여 당사자를 위협하기 때문이다. 따라서 그는 훨씬 더 열심히 노력한다. 에밀과 메리는 운이 좋았다. 메리가 그러한 속박에서 두 사람 모두를 벗어나게 할 정도로 심성이 강했기 때문이다. 그러나 우리 문화에 상존하는 외로움의 상당 부분은 사람들이 스스로 사랑받기에 충분한 자격이 있다고 입증하려 애쓸 때 말려들기 마련인 악순환에서 비롯된다.

끝으로 이러한 가족 상황은 가치 있는 자아를 나타내는 배지로써 능력이 어떻게 관련된 인물들 사이에 불평등한 계층 구조를 낳는지를 보여준다. 초기에 아이큐 검사를 실시한 사람들은 능력이 출중할수록 그 능력을 가진 사람들의 수가 적어지는 종 모양의 능력 곡선을 사실로 믿었다. 이러한 생각을 뒷받침하는 과학적 불확실성은 걱정하지 말라. 능력 곡선이 상징하는 이미지는 가장 사적인 차원에서 누가 그 능력의 배지를 달 수 있는지를 결정하는 방법으로 사람들에게 나타나기 때문에 중요하다. 이러한 가치를 획득하기 위한 투쟁에는 다수와 소수라는 두 부류가 있다. 다수에 속하는 자아는 어중간하게 불확실한 상태에 있고, 능력을 발휘한 소수에 속하는 자아는 존중받는다. 그러나 소수는 다수를 필요로 한다. 개인은 서로 매우 비슷해 보이는 사람들로 구성되는 준거점으로서의 대중이 존재하는 한에서만 존재하기 때문이다.

우리는 지금까지 소수에 속하려고 애쓰는 자아의 선언에 집중했다. 그런데 다수가 뭐 어떻단 말인가? 미국의 심리학자 E. L. 손다이크에 따르면, 평균에 속하는 것은 아무 문제가 없다. 이 말이 주는 의미는 크다. 지능 검사에 종사하는 사람들은 대개 다수가 어리석다거나 재능이 없다거나 무지하다고 말하지 않으며, 인사 감독관도 지극히 유능하지만 그다지 뛰어나지는 않은 직원들에게 그렇게 가혹한 용어를 써서 말하지 않는다. 평균적, 적당한, 평범한 같은 용어는 소수에 속한 사람들에 대한 인격적 인정을 다수에 속한 사람들에 대한 비인격적 용인으로 균형을 맞춰주는 말이다. 이 용어는 잘난 소수에 속하지 않는 다수를 중립적으로 표현한 것일 뿐이다. 실제로 그보다 더 가혹한 용어를 사용한다면, 즉 평균적인 사람들이 잘못된 것이라는 의미가 강하게 느껴지면 그런 말을 듣는 사람들은 바로 그 이유로 눈에 띌 것이다. 능력의 배지를 단 사람들이 드러나기 위해서는 대중이 눈에 보이지 않는 사람이 될 필요가 있다.

일반 대중과 노동 계급. 여기서 우리는 개인의 능력이라는 배지 아래 계급의 어떤 측면이 숨겨져 있는지 알기 위해 한 발짝 더 가까이 다가간다. 아주 사적인 가족이나 친구 관계의 차원에서 존엄성을 찾기 위해서는 사회적 불평등의 이미지가 필요하다. 우리 사회에서 사회적 불평등의 기저에는 육체노동을 하는 노동자 대중이 있다. 우리가 인터뷰한 노동자들이 느끼는 무력감은 남보다 나은 능력 발휘를 통해서 타인의 존중을 찾는 것과 관련이 있을까? 물질적인 삶을 꾸려나가는 가운데 노동자들이 자신의 능력이 부족하다고 느끼는 감정은 이러한 가치 체계가 만들어내는 무능함과 관련이 있을까?

여기서 또 한 발짝 나아가기 위해서는 우리가 처음 개요에서 제시한 개인주의의 구도에 나오는 다수, 노동자, 프롤레타리아, 육체노동자, 그리고 이들과 역사적 연관성이 있는 '노동 계급' 사이의 연결고리를 확장할 필요가 있다.

최근 미국 여론의 역사에서 가장 의미심장한 사건 가운데 하나는 모든 사회 변화를 반대하는 '안전모를 쓴 보수주의자hard hat', 즉 인종 차별적이고 국수주의적 사상에 물든 새로운 노동자의 탄생이었다. 그들은 오로지 자신의 문제에만 주목하기를 원한다. 고정 관념을 떠받치고 있던 구성 요소들은 그 이미지가 형성되자마자 일부 신중하고 세심한 연구에 의해 신뢰를 잃어버렸다. 미국의 육체노동자들은 이제 더는 전쟁을 벌이는 데 다른 국민보다 우호적이지 않았다. 실제로 이 연구는 하나의 집단으로서 그들이 교외에 사는 부유한

기업인들보다 현재 미국이 벌이고 있는 전쟁*에 더 급속하게 환멸감을 느끼게 되었다는 점을 보여주었다.[2]

오늘날 왜 이러한 이미지가 보수주의자나 정의로운 진보주의자 또는 잠시나마 노동자 자신들 사이에서도 그들이 되어야 할 모습으로 그렇게 쉽게 뿌리내렸을까? 그 이미지는 사회적 이상의 형태를 취하고, 따라서 사람들은 그 이미지를 암묵적으로 받아들인다. 그 이미지에 숨겨진 의도는 사회적으로 '올바른 것'이란 목소리 높은 소수가 믿는 것이며, 그 소수는 침묵하는 다수보다 사회적으로 더 상층에 자리하고 있고, 그들은 자신들이 보편적 가치라고 생각하는 평화나 동포애, 자유 등을 믿기 때문에 스스로 다른 사람들보다 '더 나은' 존재라고 생각하는 데 사람들이 무의식적으로 동의하게 만드는 것을 말한다. 이 숨겨진 의도와 관련해서, 그 '올바른' 가치를 옹호하는 교육받은 중상류층 계급의 사람들은 자신들보다 이해력과 감성이 낮다고 여겨지는 대중과 자신들을 구분한다. 안전모를 쓴 보수주의자들, 즉 영화 〈Z〉**에 등장하는 보수적인 노동 계급은 자신들이 권력을 가진 세력에 조종당하고 있다는 사실을 깨달을 두뇌가 없다.

그래서 이러한 구도에서 대중은 뭐 어떻다는 건가? 안전모를 쓴 보수주의자 자신은 어떻게 반응하는가? 그 이미지는 이런 식으로 그에게 수치심을 불러일으키려고 하는 사람들을 비난하는 근거가 되는데, 그는 그들이 자신보다 더 나은 존재인 체 행동하는 데 대해서

* 1960년에서 1975년까지 지속된 베트남 전쟁

** 1969년 제작된 영화로 1963년 그리스에서 발생한 정치 암살 사건을 배경으로 함

그들을 비난한다. 실제로 그들이 정말로 인도주의적이라면, 그들의 신념에 대한 자기 고백이 안전모를 쓴 노동 계급에게 무능함이나 수치심을 불러일으키지 말아야 마땅하다. 이러한 고정 관념 뒤에 숨겨진 의도는 노동 계급에 대한 '깎아내리기' 문제가 발생하는 순간 사람들이 실제로 느끼는 감정에 영향을 끼친다. 사람들이 느끼는 실제 감정의 문제는 사실상 양측 모두에 영향을 끼친다. 전쟁과 인종에 대한 태도와 관련된 연구들이 정확하다면, 노동자든 교외에 사는 전문 직업인이든 모두 구체적인 견해가 서로 꽤 비슷했기 때문이다.[3]

이처럼 숨겨진 의도는 노동 계급을 개인의 차별적 능력의 구도 속 '일반 대중'과 연계한다. 기준에 맞게 살지 못하는 무능함, 이 경우 사회적 정의의 기준을 이해하지 못하는 것은 대중적 현상으로 나타난다. 그 기준은 소수 엘리트의 행동으로 결정되고 확인된다. 육체노동자 사이에 국수주의와 인종 차별주의가 명백하게 횡행한다는 사실은 널리 알려져 있다. 그러나 이런 사실이 다른 미국인과 대조되는 특징적 태도로서 **그들**의 문제라고 이야기될 때, 교육 수준이 높은 소수가 도드라져 보이는 일종의 도덕적 개인주의의 확립에 대한 요구가 강력한 힘을 얻는다. 존엄성과 진짜 감정에 대한 문제들을 둘러싼 선전 포고 없는 전쟁이 발발하는 때가 바로 이 시점이다.

육체노동자들을 노골적으로 무능한 사람들로 낙인찍어 불확실한 공간으로 보내버린 사람은 '노동 계급의 권위주의' 이론을 제시한 S. M. 립셋 같은 사회학자들이었다. 립셋은 육체노동자들이 그들의 제한된 경험, 좁은 틀에 박힌 일상, 그리고 보잘것없는 가용 자원 때문에 정치적 권리와 민주적 행위의 '합리적' 제도를 이해할 줄 아는 능력이 모자란다고 주장한다. 립셋 교수가 주장하는 내용의 요체는 노동 계급은 그들이 겪는 경험의 협소함 때문에 민주적 도덕성이나 다원주의 정치의 복잡성을 이해하기에 너무 단순하고 무식하다는 것이다.

이 주장은 확실히 겉으로 보기에 인간미가 있는 것 같다. 립셋은 노동자들이 태생적으로 어리석다는 것이 아니라, 노동자들을 둘러싼 사회적 환경이 그들을 그렇게 만들었다고 말하고 있기 때문이다. 노동자들은 다원적인 문제나 서로 상충하는 이념을 만났을 때, 법과 질서를 회복시켜줄 권위 있는 지도자를 찾는다.

립셋은 오히려 그 자신이 복잡성 때문에 멍한 상태가 되었다. 그는 저서《정치적 인간*Political Man*》의 한 장에서 공산주의에 대한 노동자들의 친밀감을 설명하면서 이런 견해를 제시하는데, 이어지는 다음 장에서는 파시즘이 왜 주로 중산층 현상인지와 중산층의 지지를 받는지 설명한다. 그렇다면 파시즘은 권위주의적이지 않다는 말인가? 또는 톨스토이가 말한 불행한 가족*처럼 각 계급은 저마다의 방식으로 권위주의적이라는 말인가? 아니면……. 그러나 이 주장을 뒷받침하는 가정들은 그 자체로 취약한 구석이 있다. 그럼에도 면밀히 살펴보고 갈 필요가 있다. 왜냐하면 인간은 환경의 지배를 받는 존재에 불과하며, 따라서 노동 계급의 삶을 둘러싼 환경은 그들이 민주적 갈등의 문제를 처리하는 데 필요한 사회적 지식을 계발하지

* 톨스토이의《안나 카레리나》첫 문장, "행복한 가족은 모두 비슷해 보이지만, 불행한 가족은 저마다의 방식으로 불행하다"는 구절을 활용한 비유

못하도록 막는다고 주장한 한 옛 사회주의자가 여기 있기 때문이다.

안전모를 쓴 보수주의자 또는 보수적 노동 계급의 권위주의에 대한 이미지는 사실 새롭지 않다. 그런 이미지는 미국에서 남북 전쟁 이후 수십 년 동안 이루어진 첫 번째 대규모 산업 발전의 시대로 거슬러 올라가는 사회 계급의 도덕성에 대한 새로운 해석이다.

허레이쇼 앨저*풍의 자수성가 스토리들은 개인적으로 똑똑하고, 명예심과 정정당당한 태도를 존중하고, 게다가 어느 정도의 행운이 따른 덕분에 가난의 공포에서 벗어나 중산층으로 계층 상승한 한 소년을 묘사한다. 사회적 지위의 추락은《허영의 시장》** 출간 당시 유럽에서 유행한 일부 소설에서 불운의 문제로 나타난다. 그러나 미국에서는 리처드 세넷이 저서《도시에 맞선 가족들*Families Against the City*》에서 지적한 것처럼, 계층 추락이 오히려 도덕적 함축성을 많이 지니는 경우가 더 자주 보였다. 사무직이나 회계 담당자가 공장 노동자가 되는 것은 생존 능력이 부족해서 실패한 것이기 때문에, 그의 낮아진 사회적 지위는 재능의 부족을 반영한 결과였다.

미국과 영국의 좌파 진영 평론가들이 새로운 자본주의 질서가 억압적이라고 공격했을 때, 우파 진영 사람들은 기이한 논리로 반박했다. 그들은 다윈의 진화론에 대한 조악한 해석으로 가난이 일시적 현상이라고 절대 주장하지 않았다. 오히려 더 높은 계급으로 탈출하는 계층 상승이 바로 적자생존이라고 목소리를 높였다. 산업 사회는

* 1800년대 미국 아동 문학가로《골든 보이 딕 헌터의 모험》 같은 청소년 취향의 아메리칸드림 소설로 선풍을 일으킴

** 윌리엄 새커리의 대표작으로 19세기 영국의 사회상을 풍자한 장편 소설

자연에서 동물이 살아남기 위해 투쟁하는 것(삶과 죽음의 전투)만큼이나 힘든 세상이다. 앤드루 카네기가 말한 것처럼, 미국 산업 자본주의에서 정의란 **이곳**의 사회가 재능 있는 사람에게 적절한 보상을 하는 데 실패하지 않는다는 것을 의미한다. 가난의 테러에서 벗어날 만한 가치가 있는 사람이라면, 그는 그렇게 할 능력이 있는 사람이다.

그러니 애당초 '성공할' 능력이 없는 사람은 무슨 권리로 누구를 탓할 수 있겠는가?

이런 종류의 개인주의는 에머슨과 소로가 설파한 개인주의 신조와 확실히 다르다. 그들이 강변한 것은 한 계급에서 다른 계급으로의 탈출이 아니라, 사회적 속박 그 자체로부터의 탈출이었다. 새로운 교리는 겉으로 보기에 너무 치열해서 전쟁 반대자들이 강력하게 표명한 보수적 노동 계급에 대한 혐오나 노동 계급의 권위주의를 분석하는 사람들이 보이는 우려와 같은 부류에 속할 수 없는 것처럼 보인다. 결론적으로 에머슨이나 소로 같은 사람들은 앤드루 카네기가 한때 옹호했던 세상에 대한 비판가들이다. 그러나 현재는 늘 과거에서 그 싹을 틔우기 마련이다. 또다시, 소수가 부각되고 그들은 대중으로의 지위 격하에서 탈출하여 대중 속에서 존경받을 수 있는 개인으로서 더 많은 것을 가진다.

윌리엄 패프와 장 폴 사르트르가 노동자들을 향해 취한 태도에 영향을 끼친 것은 바로 이러한 개인 개념이다. 패프와 많은 상류층 급진주의자가 보기에, 능력을 비롯한 매우 사적인 특성들과 관련해 개인과 대중의 차이는 오직 엘리트만이 현재 미국의 혁명 세력이 될 수 있다는 점을 합리화하는 증거다. 또한 플로베르에 관한 2천 쪽의 글을 쓸 수 있는 자기 능력에 대한 사르트르의 불안(이 불안은 자기 자신에 대한 것일까, 아니면 다른 사람들이 자신을 어떻게 생각할지에 대한 것일까?)은 대중에게 필요한 수준은 정치 선전 팸플릿 정도인 반면, 작가나 교양 있는 지식인은 그보다 훨씬 더 복잡하고 개인적으로 수준이 높아서 수천 쪽의 분석 자료를 읽을 **능력이 되기** 때문에 자신의 작업이 정당화된다는 두려움에서 비롯된다.

전기 기사 견습생인 칼 도리언, 지방 대학생 제임스, 정육점에서 고기 써는 일을 하다 은행원이 된 리사로는 모두 이런 개인 개념과 관련이 있다. 그들은 자신이 자리한 위치에서 사회 계층 사다리를 올려다보면서, 위로 올라갈수록 다른 사람들이 가치 있다고 평가할 개인적 자원을 계발할 수 있는 사람들의 수가 점점 더 줄어든다고 상상한다. 그들은 사르트르처럼, 하지만 약간 다른 방식으로, 이런 이미지에 서로 상반되는 양면적 감정을 보인다. 그들은 사회가 일반 노동자 다수와 전문 직업인 및 중상층 계급의 소수 개인으로 갈라진 사실에 분개한다. 그러나 이런 억울함에도 불구하고, 자신이 개인적으로 그 다수 사이에서 사라진 사람이라고 생각할 때 이러한 이미지에 어떤 진실이 있을지도 모른다는 두려움에 사로잡힌다.

역사가들은 도시 빈민들이 약 150년 전 형성된 계급 이데올로기에 어떻게 반응했는지 거의 알지 못한다. 어떤 면에서 당시에는 철강 노동자나 봉제 노동자가 자신의 능력 때문에 자신이 사회의 특정한 위치에 놓인 방식이나 여부에 감정적으로 관여하는 것이 터무니없는 일이었을 것이다. 노동자라는 이유로 훨씬 더 끔찍한 물질적 불이익이 바로 눈앞에 있었기 때문이다. 그는 굶주렸고 따라서 그의 자식들도 배를 곯았다. 병에 걸리거나 가족에게 다른 위기가 닥쳐서 일할 수 없게 되면, 그는 불행한 운명을 피할 수 없는 사람이 되었다.

오늘날 미국의 수많은 백인 육체노동자의 운명은 여전히 불안정한 상황에 놓여 있지만, 열악한 노동 환경의 작업장이나 공장 노동자들의 신체적 저하는 대부분 사라졌다. 실제로 소득, 아주 힘든 육체노동의 양, 생활 방식의 측면에서 수많은 육체노동자와 하급 사무직 노동자 사이의 경계는 이제 그다지 뚜렷하지 않다. 하지만 그렇다고 계급 차이가 사라지고 있다고 결론짓는다면 잘못된 판단일 것이다. 그와 반대로, 보수적 노동 계급 관련 논쟁이나 권위주의에 대한 논의와 같은 사건들이 암시하는 것은 계급 차이를 나타내는 경계선들이 다시 그려지고 있다는 사실이다.

자유는 이제 더 이상 먹고 사는 문제가 아니다. 오늘날 자유는 한 개인이 얼마나 많은 선택권을 가지고 있는지의 문제이며, 물질적 자원의 부족이 더는 주요 관심사가 아닌 탈희소성post-scarcity 사회에서 남성과 여성의 인적 자원 개발의 문제다. 인간의 계급은 지금도 여전히 그들의 생산 기능에 따라 유용하게 나뉠 수 있다. 그러나 앞으로 보겠지만, 인간 계급의 차이는 과거 물질적 희소성의 조건을 기반으로 했을 때보다 생산적 측면과 감정적 측면에서 모두 더욱 크게 벌어지고 있다. '대중'이라는 말은 리사로와 카르티데스 같은 사람들에게 적용되는 의미에서, 그들이 개인으로서 남들에게 존중받을 정도로 아주 특별하다는 것을 충분히 표현한다고 사람들이 느끼지 못하는 종류의 노동과 관련이 있다. 반면 '엘리트'라는 말은 패프와 사르트르가 그 용어를 사용할지도 모른다는 의미에서, 너무 복잡해져서 특별 사례로 취급해야 마땅한 사람들과 관련이 있다. 이런 차이를 덮고 넘어가는 것은 도덕적으로 수치스러운 일이며 자기 부정에 불과하다.

여기서 쟁점은 저주받은 자유다. 개인의 자유를 정의하는 조건들은 매우 분명해서 남자든 여자든 한 개인이 자신의 특별한 가치를 보여주어 자아의 존엄성을 입증할 방법은 거의 없다. 그럼에도 이러한 구도에서 대중에 대한 초점이라는 문제에 사회 계급을 대입할 때 쟁점은 **선험적** 소외에 관한 것, 즉 노동자들이 선택과 자기 계발의 자유에서 느끼는 제약이다.

루이 알튀세르는 마르크스 경제학에 대한 비판적 연구에서 계급에 대한 사회심리학적 접근 방식의 방향을 정하는 데 기여할 수 있는 몇 가지 언급을 한다.[4] 알튀세르는 서로 다른 계급의 사람들이 서로 다른 세계에 살고 있다고 생각하는 경향이 매우 강력하다고 말한다. 예컨대 사람들은 단순 반복되는 기계 작업 때문에 무료해하는 노동자들을 생각하면서 노동 소외를 이야기하지만, 사무실에서 일하는 관리자에 대해서는 전혀 그렇게 생각하지 않는다. 물론 이런 경험들은 관련된 사람들에게는 완전히 다르게 느껴지지만, 근본 원인은 모두 동일하다. 계급 차이가 존재하기 위해서는 그 차이를 '발생시키는 것', 즉 사람들의 계급을 나누는 공통된 힘이나 구조가 있어야 한다.

이 책에서 우리가 취하는 자세는 부자든 가난한 사람이든, 배관공이든 대학교수든, 이 사회의 모든 사람이 다른 사람의 존중을 받고 스스로 자존감도 느끼기 위해서는 반드시 자아를 입증해야 한다고 말하는 가치 체계의 지배를 받고 있다는 것이다. 그러나 배관공이 그렇게 하려고 할 때 느끼는 감정은 대학교수가 그렇게 하려고 할 때 느끼는 감정과는 매우 다르다. 지금까지 우리가 가족 내에서 개인의 능력을 주장하는 것에 대해서 제시한 예들은 그런 주장이 일반적으로 세 가지 결론을 보여준다는 것을 암시한다. 첫째, 존중을 추구하는 시도는 좌절된다. 둘째, 개인은 실패에 대해서 스스로 책임이 있다고 느낀다. 셋째, 그러한 시도는 전체적으로 개인이 존중받으려면 사회적 불평등이 존재할 수밖에 없다고 생각하게 만든다. 배관공은 자신이 사회에서 차지하고 있는 위치와 하고 있는 일 때문에 이런 현상에서 대학교수와 완전히 다른 경험을 한다. 일반 대중과 노동계급의 연관성은 배관공이 교수보다 자신의 능력을 드러내 보이는데 더 힘들 것이라는 점을 암시한다. 왜냐하면, 다른 사람들(배관공보다 사회적 지위가 더 높거나 심지어 아마도 그와 같은 수준의 사람들)이 처음에는 배관공이 교수만큼 능력이 많다고 생각하지 않기 때문이다. 그러나 문제가 이렇게 간단하다면, 그와 관련된 모든 것은 계급 편견의 문제다. 따라서 그냥 모든 사람이 특별한 능력을 **조금씩**은 다 가지고 있고, 똑같이 상처를 입을 수 있다고 믿도록 사람들의 마음을 바꾸면 될 일이다.

하지만 문제는 그리 간단하지 않다. 어쨌든 '편향된' 이미지가 존재하는 이유는 그 이미지가 어떤 목적에 부합하기 때문인데, 개인이 인정받고 존중받는 것은 그 개인의 능력에 따른 결과라는 생각도 바로 이런 이유 때문에 존재한다. 그 목적은 19세기 산업 자본주의 세계의 부당성을 새로운 지형에서 계속 이어가는 것이다. 그리고 부자나 가난한 사람이나 모두 노동에서 소외될 수 있다는 사실에도 불구하고, 지난날 자본주의의 물질적 형벌이 노동자들에게 가장 심하게 가해졌듯이 오늘날 계급에 대한 도덕적 부담과 정서적 곤란은 고스란히 육체노동자들에게 가장 고통스럽게 집중되어 있다. 우리가 이 책에서 하고 싶은 것은 사람들을 서로 다른 계급으로 분류하는 감춰진 가치 체계를 밝히는 일이다. 우리는 이러한 노동 계급의 부담이 계급 분할로 가장 많은 것을 잃는 사람들에게 끼치는 영향을 탐색하여 그 부담의 실체를 보여줄 수 있기를 바란다.

자유와 존엄성을 판단하는 권위

마르크스, 생시몽 그리고 프루동 같은 저자들이 19세기에 사용한 의미에서, 계급은 권력의 문제였다. 사회에는 서로 다른 계급의 사람들이 존재했다. 일부 사람들이 다른 사람들의 노동력을 지배했고, 대다수 사람들은 그들이 노동하거나 만든 결과물의 주인이 아니었다. 미국의 사회심리학자 로버트 니스벳은 저서《사회학적 전통 *Sociological Tradition*》에서 20세기 말 계급과 권력의 관계에 대한 개념에 변화가 왔다고 말한다. 막스 베버 같은 저자들은 '권위'라는 개념에 새로운 차원의 의미를 추가했다. 노동자는 감독관이 자신을 통제할 권력이 있다는 것을 알 수 있다. 그러나 만일 두 사람 사이에 힘으로 억누르는 강압 관계만 있다면, 감독관이 노동자를 부당하게 이용할 때 노동자는 왜 반기를 들고 대항하지 않을까? 왜 억압받는 사람이 불의에 맞서 저항하는 것이 그렇게 힘든 일일까? 이런 질문에 대답하기 위해 베버와 그람시 같은 이들은 권력이 합법적 통치로 전환되었다고 설명하려 했다. 그들은 노동자가 다른 사람의 의지에 자신의 노동력을 맡길 **수밖에 없다**는 사실을 납득시키기 위해, 사회가 소수가 다수의 삶을 통제할 수 있는 권리를 정당화하는 어떠한 가치를 창출하는지 물었다.

이런 정당성 개념은 처음 등장했을 때보다 오늘날 훨씬 더 복잡해졌다. 어떤 사람이 복종해야 하는 누군가에게 스스로 순종하고 있다고 느낀다면, 그 자신의 자아상에 어떤 일이 일어날까? 불황의 시기, 감독관은 노동자에게 일자리를 지키고 싶다면 시간 외 노동을 해야 할 것이라고 말하기 쉽다. 그러면 노동자의 자유는 줄어들기 마련이다. 하지만 만일 노동자가 자신의 자유를 앗아갈 권리가 감독관에게 있다고 생각한다면, 도대체 그가 어떻게 자신에게 **무슨** 권리가 있다고 주장할 수 있을까? 그런 상황에서 그가 어떻게 자존감을 지킬 수 있을까? 잠정적으로나마 권력이 정당화되면, 사람들이 자신을 지배하는 사람에게 어떤 존엄성을 부여하든 간에 필연적으로 자기 자신을 부인해야 한다는 규칙이 뒤따를 수 있다.

이제 능력의 배지는 권력을 정당화하는 완벽한 도구처럼 보인다. 인간의 잠재성을 가리키는 이 개념은 소수가 다수보다 더 많은 능력을 타고나며 오로지 소수만이 자기 자신을 알 수 있다고, 즉 탁월한 능력을 지닌 개인으로서 자기 자신을 인식할 수 있다고 말한다. 개인에게 부여된 더 큰 능력의 힘으로 '더 많은' 존엄성을 획득한 소수가 다수를 지배해야 하는 것은 논리적으로 타당하다. 정당화된 권력에 대해서 위에서 제시된 잠정적 규칙을 능력주의를 주장하는 논리에 그대로 적용한다면, 다수인 노동 계급이 이런 조건에서 존엄성이 존재한다는 믿음에 경도되면 될수록, 그리고 그들이 소수에게 자신의 자유를 더 많이 넘겨주면 줄수록, 그 반대편에 서서 맞서 싸울 권리를 가진 사람으로서 그들 자신을 존중할 기회는 점점 사라진다.

그러나 우리가 이 책을 쓰면서 만난 사람들이 우리에게 가르쳐 준 것이 있다면, 이런 생각 모두가 틀렸다는 것이다. 왜냐하면 자유를 제한받는 사람들은 자신의 존엄성을 마치 하나의 상품처럼 빼내서 더 높은 계급에게 부여하지 않기 때문이다. 그들은 훨씬 더 복잡한 방식으로 권력에 반응한다. 예를 들어 '교육을 많이 받은' 사람들이 하는 일을 대하는 프랭크 리사로의 태도를 보라. 교육을 많이 받은 사람들은 자신을 통제할 수 있고, 사회 밑바닥 욕망의 지배를 받는 대중들과 차별화된 모습을 보일 줄 안다. 리사로가 볼 때, 그러한 능력의 배지는 교육을 많이 받은 사람들에게 존엄성을 가져다준다. 그러나 리사로는 그들 권력의 내용, 즉 개인적 배경, 과거 유산과 관련 없는 그들의 본질이라고 생각한 능력이 사실은 거짓임을 알고 매우 불쾌해한다. 하지만 그는 자신을 판단하고, 더 일반적으로 말해서 자신을 지배하는 교육을 많이 받은 사람들의 권력에 반박하지 않는다. 그는 그 자체로 품위 없다고 믿는 것이 합법적이고 정당하다고 받아들인다. 그리고 교육을 많이 받은 사람들의 권력을 수용하면서 **자신**이 더 많이 부족하고 취약하고 품위가 없다고 느낀다.

그를 비롯해서 우리가 만난 그 밖의 다른 남녀 노동자들이 자신의 자유와 존엄성에 느끼는 감정은 새로운 설명을 요구한다. 이 모든 사람들은 사회가 중산층의 자유를 제한하는 것보다 자신들의 자유를 더 많이 제한한다고 느낀다. 그들은 사회가 자신들이 돈을 많이 벌 수 있는 방법을 제한했을 뿐 아니라, 그들 내부에서 권력을 키울 수 있는 자유를 제한했다고 생각한다. 하지만 저항이라는 단어가 뜻하는 일반적인 의미에서, 그들은 사회에 저항하지 않는다. 그런 상황에 분노하는 동시에 자신들이 이렇게 화를 낼 수 있는 권리에 대해서 애증이 엇갈리는 감정을 보인다.

이러한 복합적인 노동 계급의 감정에 대한 이해의 출발점은 리처드 세넷이 보스턴이 아닌 곳에 있는 학교에서 전에 관찰한 것들, 즉 선생과 학생들이 능력의 배지를 대하는 방식을 되돌아보는 데서 비롯했다. 당시의 학교 현장을 되돌아보면서 자유와 존엄성이 한편으로는 권력과 권위와 교차한다는 사실에 대한 깨달음이 우리가 인터뷰에서 만난 성인들의 경험과 매우 유사하다는 사실을 발견했기 때문이다.

조사이아 왓슨 공립 중등학교[5]는 평범하지만 잘 관리된 운동장이 있는 낡은 적벽돌 건물이다. 그곳은 대부분 삼 층 주택인 어반 빌리지 한복판에 있는 규모가 큰 학교다. 학교를 둘러싸고 있는 마을 공동체에는 아일랜드계, 이탈리아계 그리고 옛날 뉴잉글랜드 출신 미국인들이 살고 있는데 거의 대다수가 육체노동자다. 동네 가정의 중위 소득은 약 8천 달러로 그렇게 가난하지도 풍족하지도 않은 생활 수준이다.

왓슨 학교의 교실은 그 학교 아이들이 사는 가정의 실내 모습을 떠올리게 해준다. 오래되고 낡았지만 깔끔하면서 거의 금욕적이라고 할 정도로 수수하다. 교실마다 있는 유일한 장식물은 미국 성조기와 지도들을 묶어놓은 철, 국기에 대한 맹세가 씌어 있는 명판이다. 교실 책상은 모두 새것으로, 널빤지 서랍에 강관 다리들이 달린 모양이다. 서랍 안에는 아이들에게 필요한 준비물이 깔끔하게 정돈되어 있다. 아주 어린 저학년 학생의 책상도 마찬가지다. 선생님들은 이런 모습에 자부심을 보이지만, 책상 위에 여기저기 긁어 파놓은 외설적인 말이나 그림, 아이들이 늘 관심 있어 하는 듯 보이는 주제를 의미하는 머리글자에 대해서는 방문객에게 고개를 조아린다.

왓슨 학교의 수업은 2학년 같은 저학년 수업도 아이들의 학교생활에 현실 감각을 잃어버린 지 오래인 외부 방문객에게 충격을 준다. 2학년 수업에서 진행되는 모든 것은 읽기 준비에서 장난감 놀이까지 교사의 지도에 따른다. 2학년 담당 여교사는 아이들이 지시한 대로 '완전하게' 행동하는지 보기 위해 무진 애를 쓴다. 자신이 이 교실에 있다는 점을 알고 있는 방문객은 처음에는 이런 훈육 광경, 즉 끊임없이 지시하고 감시하는 모습이 자기 때문에 교사가 일부러 그렇게 한 결과라고 생각한다. 하지만 교사가 긴장이 풀려 방문객이 교실에 있다는 것을 잊어버린 뒤에도 그런 훈육 과정은 지속된다. 교사가 학생을 대하는 태도는 엄한 모습에서 다정한 모습까지 가지각색이다. 그러나 왓슨 학교의 수업을 담당하는 모든 교사는 다루기 힘들 수 있는 다양한 연주자가 모여 있는 오케스트라에서 그들을 통제해야 하는 지휘자처럼 행동한다. 교장은 이렇게 말한다. "학교가 제대로 돌아가게 하려면 권위를 확립해야 합니다."

왓슨 학교에서 교사들은 아이들의 자유를 제한하는데, 권위를 상징하는 이 인물들이 아이들에게 독특한 공포심을 갖고 있기 때문이다. 교사들이 보기에 무례하거나 제멋대로 구는 행동으로 교실의 질서를 위협하는 듯 보이는 주체가 바로 이 아이들 집단이다. 그 가운데 오직 소수만이 '좋은 습관'이나 올바른 태도를 가지고 있다고 여겨진다. 한 교사가 설명한다. "이 아이들은 부모들이 교육의 가치를 이해하지 못하는 단순 노동자 가정 출신입니다." 그러나 저학년 교실에서 수업 분위기를 망치는 행동 사례는 거의 보이지 않았다. 교사의 통제에 만족하고 이를 수용하면서 교사에게 인정받고 싶어 하는 아이들의 진정한 바람을 느낄 수 있었던 것은 6~7학년 사이에서였다. 비록 극단적 사례이기는 하지만 눈에 띄는 한심하기 그지없는 사건 하나가 있었다. 한 아이가 읽기 준비 수업 중에 학습에 집중하느라 오줌을 지렸다. 그 교사는 나중에 "그런 아이들과 무엇을 할 수 있을까요?"라고 역겨워하는 어조로 말했다.

실제로 교사들은 아이들에게 기대하는 것들이 현실이 **되게 하는** 쪽으로 행동한다. 왓슨 학교의 한 2학년 수업에서 이 과정이 어떻게 진행되었는지를 살펴보자(젊은 교사가 그 수업을 진행했다는 점이 좀 특이하다). 이 학급에는 프레드와 빈센트라는 두 아이가 있었는데, 그들의 외모는 나머지 다른 아이들과 좀 달랐다. 그들이 입은 옷은 다른 아이들의 옷에 비해 전혀 고급스럽지 않았지만, 잘 다려지고 손질이 잘된 옷이었다. 대체로 짙은 피부의 이탈리아계 아이들이 대다수인 학급에서 이 두 아이의 피부색이 가장 밝은 흰색이었다. 처음부터 교사는 이 두 아이를 지목하면서 그들이 자신의 학급에서 이룬 성과의 표준에 가장 근접하다는 점을 암시했다. 그는 그들에게 특별히 정감 어린 목소리로 말했다. 다른 아이들과 비교하며 공개적으로 두 아이를 칭찬하지는 않았지만, 그들이 다른 아이들과 다르며 더 뛰어나다는 메시지를 은연중에 자연스럽게 전체 학생에게 전달했다. 그 학급의 아이들이 1년 동안 놀고 공부하는 모습을 지켜본 관찰자는 한 달 두 달 시간이 흐르면서 이 두 소년이 더욱 생각이 깊어지고 말이 없어지는 것을 알아챘다. 그들은 처음부터 말을 잘 듣고 결코 멋대로 행동하지 않았지만, 연말쯤 되자 다른 아이들과 어울리지 못하고 외톨이로 남겨졌다.

그때쯤, 그 두 아이는 학급에서 가장 성과가 뛰어난 학생이었다. 다른 아이들은 자신들의 학업 수행 성과가 이 두 소년의 성과만큼 크게 인정받지 못할 거라는 선생님의 숨은 의도를 간파했다. "다른 학생들이 일반적으로 잠재성이 낮다는 말은 사실이 아니에요"라고 해당 교사는 말했다. "문제는 그들의 능력이 프레드와 빈센트처럼 계발되어 있지 않다는 거죠. 저도 모르게 그 아이들을 더 많이 격려하는 경향이 있다는 말은 맞아요. 그러나 (…) 제가 보기에 두 소년이 앞으로 성공하리라는 것은 분명해요."

왓슨 학교에서는 아이들이 열 살이나 열한 살이 될 때쯤 보잘것없는 다수와 '성공할' 것으로 기대되는 소수로 갈라지는 것이 확연하게 눈에 보인다. 2학년 때 생겨난 무관심은 6학년 때쯤 노골적인 적대감으로 바뀐다. 소년들 사이에서 이런 적대감은 성적 차별과 지위를 융합한 이미지로 표현된다. 이를테면, 프레드와 빈센트 같은 소년들은 '보통의' 학생들에게서 사내답지 못하고 유약한 '아첨꾼'으로 취급받는다. 아이들이 이 두 가지, 즉 사내답지 못하고 유약하다는 사실로 의미하고자 하는 것은 프레드와 빈센트 같은 아이들은 매우 고분고분하기 때문에 학교에서 잘나가는 것이며, 유약함은 동성애자라는 증거라는 것이다. '아침꾼'이라는 이미지는 그들에게 학교가 존중할 수 있는 학생을 표시하는 자학적이고 사내답지 못한 행동을 구체적으로 나타낸다.

그러고 나서, 이 아이들은 자신들을 인정하지 않는 학교가 아닌 학교에서 대우받는 급우들에게 분노를 쏟아냈다. 실제로 5, 6학년 학생 대다수는 대개 학교 측과 의식적으로 전혀 갈등 관계를 만들지 않는다. 더 복잡한 일이 그들에게 일어나고 있는 것이다.

이 '보통의' 학생들은 수업 시간이 마치 감옥살이인 것처럼, 학업과 수업이 빨리 끝나면 좋을 무언가인 것처럼, 즉 어떻게든 살아남아서 떠날 날을 고대하는 그들 삶의 빈 공간인 것처럼 행동한다. 그들은 학교를 졸업하고 직장을 찾고 돈을 벌면, **그때** 비로소 자기 삶을 시작할 수 있다고 느끼는 것이 분명하다. 그렇다고 학교생활을 그렇게 많이 지루해한다는 의미는 아니다. 왓슨 학교의 많은 학생은 그들의 학급을 좋아하지만, 학교가 자신들을 도울 것이고 학교에서의 경험이 자신들을 변화시키거나 인간으로 성장하는 데 기여할 거라는 기대를 접었을 뿐이다.

이 학교에서 '보통의' 학생들과 수업하는 것을 좋아하던 열정적인 한 젊은 여교사는 자신에게 가장 중요한 문제는 학생들이 자신을 신뢰할 수 있도록 그들을 설득하는 일이었다고 말했다. 하지만 교장을 비롯한 다른 교사들은 그녀가 비공식적인 방식으로 학급을 운영하는 것 때문에 그녀를 탐탁지 않아 했다. 그들은 그녀가 학생들을 "너무 관대하게" 대하고 "기강을 잡을 줄 모른다"고 생각한다. 다른 교사들의 마음속에서 관대함은 악이며 지시는 불가피한 것이다. 교사들은 자신들이 맡은 학생 대다수가 그들 가정의 계급적 배경과 과거 학업 성취도 때문에 교양 있는 성인들에게 매우 논리적이고 유익해 보이는 규칙을 따르는 데 저항할 것이라고 믿는다. 이 교사들이 의도적으로 비열하게 행동해서가 아니라, 자기가 맡은 학급에서 학생들에게 기대하는 행동을 준수하도록 강제하는 악순환에 자기도 모르게 쓸려 들어갔기 때문이다.

이 보통의 노동 계급 가정 소년들 사이에서 싹트는 존엄성에 대한 반문화가 있다. 학교 교실에서의 경험을 포괄하는 유보된 시간에서 발견할 수 없는 것을 남성 연대에서 찾는 문화 말이다. 이러한 연대는 또한 그들을 '아첨꾼'과 분리한다. 그 소년들은 함께 몰려다니며 실제로든 상상 속에서든 초기 단계의 성적 착취 경험을 공유한다. 성관계는 집단 내에서 경쟁하는 수단이다. 그러나 무엇보다 그들을 하나의 집단으로 뭉치게 하는 것은 흡연, 음주, 집단 마약 복용, 수업 결석과 같은 규칙의 파괴다. 규칙을 깨뜨리는 것은 '보잘것없는 사람들'끼리 공유할 수 있는 행동이다. 이 반문화는 교사들이 아이들에게 갖다 붙인 꼬리표에 정면으로 맞서지 않는다. 오히려 권위를 가진 사람들이 파괴할 수 없는 존엄성의 배지를 그들 자신 가운데 만들어내려는 시도다.

다시 원점으로 돌아가서, 이런 반문화의 외적 측면만 보는 부모와 교사 같은 외부 관찰자들은 '몰려다니는 것'이 아이의 자기 계발에 해롭다고 확신한다. 반문화 관점에서의 존엄성에는 외부 세계의 기준에 의한 대가가 따르기 마련이다.

왓슨 학교 같은 곳에서 아이들이 의리로 똘똘 뭉친 학생 집단과 혼자지만 '잘나가는' 개인들로 나뉘는 것은 여러 수준에서 교육을 특징짓는다. 예를 들어, 이 현상은 직업 학교 학생들과 대조적으로 대학에 가는 아이들에게만 적용되는 것이 아니다. 실업 학교에 대한 여러 연구에 따르면, 그곳에서도 동일한 현상이 발생한다. 자동차 정비에 능한 아이들은 그 기술을 보유했다는 사실 때문에 학교 밖에서는 그렇지 못한 또래 친구들의 부러움을 사기도 하지만 학교 안의 다른 학생들에게서는 따돌림당하는 느낌을 받기 시작한다. 이는 학교라는 기관이 차이를 만드는 과정으로, 권력을 가진 사람들에게서 오는 단순한 관용이냐 아니면 적극적 승인이냐의 문제다.

왓슨 학교에서 상연된 드라마의 대본은 앞서 설명된, 어른들이 부착한 것과 같은 능력의 배지들을 할당하고 부착하는 내용이다. 교사들은 프레드와 빈센트 같은 아이들에게 앤드루 카네기가 말하는 고결한 사람의 역할을 부여한다. 능력은 이런 아이들을 개인으로 개조할 것이다. 그리고 그들은 개인적으로 더 높은 사회 계급으로 상승할 것이다. 일반 대중은 립셋이 성인 노동자에게 부여하는 것과 유사한 역할을 맡고 있는 자신을 발견할 것이다. 그들의 계급적 배경은 단언컨대 그들의 자기 계발을 제한하고, 그들이 창출하는 보상적 존엄성의 반문화는 다시 교사들의 판단을 강화하는 악순환을 초래한다.

교사에게는 이 드라마에서 학생들이 자기 계발을 할 자유를 제한할 **권력**이 있다. 그러나 왜 그렇게 억압적으로 행동할까? 사실 이 질문은 두 가지를 묻는다. 하나는 교사가 자신이 가진 권력을 마음속으로 정당화하는 것에 대한 문제고, 다른 하나는 학생이 그 권력을 정당한 것으로 받아들이는 것에 대한 문제다.

교사들은 끔찍한 실존적 딜레마에 빠져 있다. 그들이 자기 학생 대부분에게 '편견에 사로잡혀' 있다는 것은 사실이다. 그들은 또한 다른 모든 인간처럼 자기가 일해야 하는 환경이 아무리 힘들어 보인다 하더라도, 자기가 하는 일이 존중받을 만한 일이라고 믿고 싶어 한다. 교사가 자기가 가르치는 모든 학생이 끊임없이 반항할 거라고 믿는다면, 계속해서 학생을 가르칠 이유가 전혀 없을 것이다. 교실에서 그의 권력이 유명무실해질 것이기 때문이다. 교사는 자신이 권력을 보유할 **이유**가 있다고 느끼기 위해 적게나마 자신에게 호응하는 소수를 필요로 한다. 그 소수는 다른 사람들에게 영향력을 행사하는 교사의 권력이 실재하는 힘이며, 그가 학생들에게 실제로 도움이 될 수 있다는 것을 교사에게 확인시켜줄 것이다. 학생을 능력에 따라 두 계급으로 나누는 것은 학생들이 '낮은' 계급에 속할까 봐 두려움에 떨게 하면서 교사를 단순한 윗사람 이상의 권위자로 인식하게 하는 유의미한 이미지를 창출한다.

사실, 교사에 대해서 또는 노동 계급을 다루는 다른 권력자에 대해서 이 정도 수준의 분석만으로 충분하다고 생각하기는 어렵다. 교사가 실존적 위기에 휩싸여 있다는 점은 사실일지 모른다. 하지만 그것만으로는 사회 계급과 능력에 따른 계급의 이미지가 왜 교사의 마음속에 융합되었는지 설명할 수 없고, 자기 정당성의 위기가 현재의 계급 구조를 지속시키는 데 얼마나 유용하고 편리한지도 설명하지 못한다. 그러나 다른 사람을 지배하는 권력이 있는 한 사람이 직면하는 경험적 현실에 유의하는 것은 중요하다. 왓슨 학교의 교사들은 스스로를 자본주의의 도구나 억압적인 존재라고는 생각하지 않았다. 그들은 노동 계급 학생들 앞에서 자기들이 하는 일의 존엄성을 정당화해야 한다고 느꼈다. 그리고 능력에 따라 도덕적 위계를 만드는 일은 그 일이 아무리 인위적이고 부당할지라도 그들이 사용하는 자연스러운 방법이었다.

마찬가지로 아이들이 교사들에게 갖는 인식은 그들의 권력이 아닌, 그들의 정당성과 관련이 있다.

관찰자는 담임 교사가 "학교생활을 잘 견뎌내는 평범하고 평균적인 학생"이라고 말하는 3학년 비니와 구슬치기 놀이를 하고 있다. 비니는 아무 생각 없이 구슬을 색깔별로 배열하기 시작한다. 관찰자는 아이에게 산수 시간에 선생님이 하라고 시켰지만 하지 못한 걸 네가 지금 하고 있다고 지적한다. 비니는 "전 선생님이 하라는 대로 하고 싶지 않았어요"라고 대답한다(관찰자는 그때 그 말이 뭘 의미하는지 이해하지 못한 채 메모한다). 스테퍼니는 문법 수업 시간에 과거 분사 시제 문제를 틀린다. 선생님이 그녀에게 다시 해보라고 요청하지만, 그 아이가 생각하고 있는 동안에 공부 잘하는 아이 한 명이 끼어들어 정답을 말한다. 앞서 실험적이고 '관대한' 여성으로 묘사된 그 여교사는 정답을 말한 아이의 입을 다물게 하고는 스테퍼니에게 또 다른 문제를 풀라고 한다. 스테퍼니는 깜짝 놀란 얼굴로 선생님이 왜 이미 정답이 나왔는데도 **자신**이 그 문제를 풀 수 있는지 없는지에 여전히 관심을 가지는지 의아해하며 교사를 바라본다. 아이들을 괴롭히는 몹시 불량한 5학년 학생 맥스는 왜 그런지 모르지만 운율이 맞지 않는 시를 쓰는 데 관심이 있었다. 작문 시간에 그는 자기가 쓴 시를 읽는다. 그러나 교사는 맥스가 읽기를 끝냈을 때 아무 대응도 안 하고 그냥 미소만 짓고 다음 차례 학생을 호명한다. 나중에 맥스에게 그때 기분이 어땠는지 묻자 그는 약간 풀이 죽은 표정으로 특유의 거드름을 피우며 말한다. "빌어먹을. 내게 허비할 시간이 없었나 보죠."

아이는 능력에 따라 학생들을 다수와 소수로 도덕적 갈라치기를 하는 교사의 감정이 최고조에 이르렀을 때 겉으로 드러난 행동만 볼 뿐 교사의 마음이 실제로 어떤지는 이해할 수 없다. 관찰자는 결국 왓슨 학교의 2학년 담당 교사가 자신이 무슨 일을 하고 있는지 스스로 이해할 수 있도록 하기 위해 몇 시간을 그와 함께 보내야 했다. 아이가 알 수 있는 것은 자신의 학업 수행 능력에 따라 도덕적 판단이 내려지고 있으며, 선생님의 존중을 받으려면 그가 원하는 방식으로 자신의 능력을 발휘해야 한다는 것이 전부이기 때문이다.

교사에게 권위는 개인적으로 어떻게 행사하느냐의 문제다. 즉 단순히 권력을 소유하는 문제가 아닌, 자신의 권력을 어떻게 아이들에게 도움이 되게 행사할지의 문제라는 말이다. 하지만 아이에게 권위는 **수동적인** 것, 그 앞에서 자신의 능력을 입증해야 하는 청중으로 나타난다. 좋다는 것은 중립적인 것을 의미하는 교사의 관용이 그렇게 만든다. 아이는 자신이 재판받고 있다고 느끼는데, 비니나 맥스처럼 자신의 능력에는 자기가 책임을 져야 한다고 생각한다. 선생님은 학생에게 검사가 아닌 재판관이다. 다수가 교사에게서 가장 큰 압박감을 느끼는 때는 그들이 공개적으로 꾸중을 들을 때가 아니다. 그때는 교사가 오히려 그들에게 정말 관심을 보이고 있는 때다. 교사의 권력이 가장 크게 느껴지는 때는 아이들이 잘하려고 애쓰고 있을 때다. 그때 아이들은 이 재판관이 자기들에게 느끼는 소원함을 말로 표현하지 않거나 할 수 없는 이유가 있겠지만 그가 자신들에게 뭔가 잘못이 있다고 판단한다는 메시지를 받는다. 이때 아이들이 스스로를 집단이 아닌 개인으로 주장하여 그 장벽을 뛰어넘는 것은 전적으로 그들 자신에게 달린 일이지만, 그렇게 행동하는 것은 그들을 고통스러운 딜레마에 빠지게 한다.

아이는 또래 친구들과는 멀어지지만 자신이 앞으로 성공할, 다시 말해서 사회적으로 계층 상승을 스스로 이루어낼 개인이 여기 있다는 것을 재판관에게 확인시키며 권력을 가진 인물에게서 존중심을 받아내려고 애쓸 수 있다. 다른 한편으로는 또래 친구들에게 존중심을 받아낼 수도 있는데, 그런 경우에 그는 더 높은 계층에 있는 권력자의 존중을 받게 될 자기 내부에 잠재된 능력을 계발하지 못했다고 느낀다.

그 상황은 명백하게 자기 패배적으로 보인다. 그렇다면 이런 상황에 휘말린 아이들은 왜 저항하지 않을까? 교사는 가족을 제외하고 아이들에게 인생의 새로운 경험을 안겨주는 첫 번째 성인인 경우가 대부분이다. 실제로 왓슨 학교의 교사들은 아이들의 삶에서 부모 다음으로 가장 중요한 인물로 대우받는다. 부모의 교육 수준이 낮은 집안의 아이들에게 교사가 느끼는 역할 압박감은 특별히 강하다. 교사는 그런 집안의 부모들이 결코 가져보지 못한 기회로 가는 관문을 아이들에게 제공할 수 있기 때문이다.

그러나 무엇보다 중요한 것은 아이들이 학교에서 직접 겪는 경험이다. 교사는 아이에게 수동적으로 보이기 때문에, 아이가 교사의 주목을 받는 데 실패한다면 그 잘못은 아이에게 있는 게 아닐까? 분명 그럴 것이다. 왜냐하면 그 아이는 자신이 선택받은 소수에 속하지 않는다는 것을 알 수 있기 때문이다. 그 아이가 과연 교사의 말에 좀 더 신경 써서 더 열심히 공부할 수 있었을까? 아이는 친구들을 원하고 필요로 한다. 아이들은 교사의 마음을 읽을 수 없다. 때문에 '이리저리 몰려다니고', 서로를 지켜주고, 소소한 규칙들을 어기면서 우정을 다지는 자신들의 행동이 지적 능력이 모자라서라고 믿는 교사의 생각을 더욱 강화한다는 사실을 알지 못한다. 어떤 아이들은 수동적인 재판관인 교사 앞에서 살아남기도 하지만, 교사는 **그 아이**를 비인격적으로 용인한 것일 뿐이다(아이도 그 사실을 안다). 그 상황에 대한 모든 짐은 그 아이가 지고 있는 것처럼 보인다. 실제로 교사는 그 아이를 관용으로 받아들이기 때문에, 이렇게 수동적으로 판정하는 권위에 대해서 그 아이가 맞서 싸울 수 있다고 생각할 만한 것은 아무것도 없다.

이런 학교 상황을 일반적으로 말한다면, 윗사람이 자기가 맡은 누군가의 자유를 제한하는 문제를 아랫사람이 자신의 존엄성을 입증해야 하는 문제로 바꿔치기함으로써 어떻게 자기 책임을 '잘 모면하는지'를 보여주는 사례라 할 수 있다. 윗사람은 아랫사람의 자유를 제어하지 않는다. 그냥 무표정하게 심판만 한다. 이것은 그 안에 작동하는 권력을 보이지 않게 감추는 게임이지만, 권력자는 자기에게 맡겨진 사람들을 속이거나 기만하는 것에 대한 책임을 '잘 모면하려고' 의식적으로 애쓰지 않는다. 그런데도 이 게임이 작동하는 이유는 앞서 왓슨 학교에서 본 것처럼, **모든 행위자가 자아와 관련된 문제들 그리고 권력을 초월하는 도덕적으로 유의미한 사적 행동들이 모두 직접적으로 자신의 책임이라고 진정으로 믿기** 때문이다. 계급과 나이가 복합적으로 맞물린 이 드라마에서, 권력은 권력자들이 대면하고 있는 아랫사람들에게 조금이나마 도움을 줄 수 있다고 스스로를 납득시키기 위해 찾는 바로 그 수단을 통해서, 오히려 그것 때문에 상처를 입은 사람들에게 정당화된다.

베버는 매우 특별한 경우를 제외하고는 계급 사회에서 정당화된 권력의 구속을 깨뜨리는 사람들에 대한 희망을 버렸다. 왓슨 학교의 상황은 권력이 매우 엄격하고 폭압적인 조치가 아니라 오히려 절묘하고 섬세한 균형에 의해서 어떻게 정당화되고 유지되는지를 잘 보여주는 사례다. 아이들은 궁극적으로 교사의 권력이 자신들의 존엄성을 모독하는 것에 매우 분개한다. 그러나 그 분노를 어떻게 감당해야 할지, 심지어 누구를 탓해야 할지도 알지 못하는데 교사가 수동적인 존재라고 생각하기 때문이다. 따라서 그들은 권위 있는 인물들이 은연중에 공공연하게 **자신들**을 비난하는 약점과 존중받을 수 없는 이유에 대한 모든 혐의를 프레드와 빈센트 같은 친구들에게 뒤집어씌우면서 권력자들에게 인정받는 소수를 공격한다. 하지만 맥스와 비니는 교실 안에서 그들 자신의 지위 때문에 그 '아첨꾼들'을 비난하지 않는다. 권력의 정당화는 그들 분노의 진원지를 가리는 비밀 망토 같다. 이 아이들이 자신들이 창출하지 않은 상황에 스스로 책임이 있다고 느끼게 만드는 것이 바로 이 비밀 망토다.

아이들이 어른의 성숙한 인식을 갖추고 있지 않다는 것은 물론 사실이지만, 우리가 왓슨 학교에서 들여다본 상황은 아이들에게 투사된 어른들의 문제다. 이제 우리는 이 문제가 어른들에게 어떻게 비치는지, 그리고 이 학교 상황이 어떻게 합법적인 권위가 초래한 자유와 존엄성 문제의 전형적 사례인지 보여주고 싶다. 이제 우리는 성인 노동 계급의 더 깊은 자기 인식이 문제가 많은 존엄성의 진원지를 숨기는 이 비밀 망토를 제거하기는커녕 오히려 어떻게 그 문제를 더욱 심화하는지 보여주고자 한다.

조지 코로나는 "불평하는 건지는 모르겠지만"이라고 입을 뗀다. "내 수하에 있는 사람들 가운데 정말이지 자기 일에 전혀 능숙하지 않다고 생각되는 사람이 많아요. 하지만 취직을 했어요. (…) 그들은 하찮게 일하지만 스스로를 전기 기사라고 부르죠. 내가 볼 때, 초등학교를 나온 아이들이면 충분히 할 수 있는 그런 일이에요. 하지만 그들은 자칭 전기 기사고 봉급도 많이 받아 가죠." 조지 코로나는 미사일 프로젝트와 관련된 가벼운 부속품을 생산하는 한 항공 우주 회사의 선임 감독이다. 그는 자기 수준을 단조롭고 반복된 일만 하는 '수벌drones'보다는 약간 위에 있고, 과학자보다는 한참 아래에 있는 존재로 묘사한다.

조지 코로나는 자신이 대면한 사람들이 타고난 재능이 없는 일반 대중이라고 느낀다는 점에서 왓슨 학교의 교사들과 닮았다. 그러나 교사들은 이런 상황에서 그 대중 속에 감춰진 능력 있는 소수를 찾아내 자신들의 권력을 정당화할 줄 안다. 반면 조지 코로나는 모든 사람이 생산하는 것을 확인해야 한다. 그가 보기에, 소수만이 재능이 있다면 감독으로서 그가 느끼는 문제는 훨씬 더 심각하다. 어떻게 해야 다른 노동자들도 기준에 부합하는 수준으로 생산할 수 있도록 효율적으로 만들지 고민해야 하기 때문이다.

무력함에 대한 두려움은 그가 상급자와의 관계에서 자신의 지위를 바라보는 시각으로 더욱 강화된다. "내가 그 사람들에 **대한** 책임이 있다는 것을 알게 됐죠. 그런데 짜증 나는 건, 내가 규칙을 만든 것도 아닌데 어떻게 (…) 책임을 져야 한다는 거죠?" 그는 부하 직원들이 자신에게 똑같은 감정을 느낄 수도 있다는 점을 생각하지 않는다. 그는 그들을 관대히 봐주지 않는다.

조지 코로나는 혼자 있을 때면 인색하거나 무뚝뚝한 사람이 아니다. 그와 단둘이서 인터뷰를 진행했을 때, 그가 "밑으로 끌어내려"지거나 "아무것도 아닌 존재로 전락하는 것"을 무척 두려워한다는 것을 느낄 수 있었다. 이런 은유는 자기 친구들의 가정생활에 대한 설명뿐 아니라, 더 일반적으로 국가의 사회 구조에 일어나고 있는 일에 대한 그의 해석에도 특징적으로 나타났다. 그러나 조지 자신의 삶에 대한 사실 관계를 말할 때는 그와 대조되는 은유들이 사용된다. 그의 부모는 둘 다 노동자였고, 그는 수년 동안 야간에 학교에서 기계 제도를 공부하면서 즉석 요리 전문 조리사로 일했다. 그는 꽤 극적인 계층 상승을 이루었다. 그는 자기 부하 직원들에게서 과거 자신의 모습을 보는 것 같고, 그들에게 경멸감을 느낄 때면 자신의 계층 상승과 현재 지위의 안전성에 불안감을 나타내는 것처럼 보인다. 어쩌면 그것은 사실일지 모르지만(비록 이 '수벌들'이 그의 부모 때보다는 훨씬 더 형편이 나은 편이지만), 직장에서 그가 처한 상황은 그를 가혹하고 무능하게끔 만든다. 그가 부하 직원들에게서 보는 가장 중요한 특징은 그들이 동질적인 대중 집단을 형성한다는 것인데, 그는 이 특징을 그들 모두가 하나같이 능력이 없다는 뜻이라고 설명한다. 그런 느낌은 이제 그에게 아주 친숙하다. 그러나 자기 자신에 대해서는 어떤 느낌일까? 대기업에서 일하는 그는 직원 중에서 특별히 눈에 띄지만, 그가 말하듯 상급자로서 그의 지위에는 부하 직원들이 하는 일에 대해 자신의 상급자들에게 책임을 져야 하는 일이 포함되어 있다. 따라서 그들이 수벌에 불과하다면, 그 기업 구조에서 조지의 위치는 끔찍한 역설적 상황을 초래한다. 논리적으로 그는 선임 감독으로 승진했지만, 대중 집단의 지배자가 아닌 그들의 감옥에 갇힌 죄수다. "내가 독립적으로 할 수 있는 일은 아무것도 없는 것 같아요." 그는 규칙을 만들고 싶어 한다. 규칙은 그에게 진정한 권력을 쥐여줄 것이다. 그러나 감독직은 권력이 아니다. 그가 자신이 존중하지 않는 사람들에게 종속되어 있다고 느끼게 만들기 때문이다. 결국, 부하 직원들에 대한 조지의 경멸은 자기 자신이 하는 일에 대한 매우 강력한 경멸감으로 합쳐졌다.

아이들과 교사의 세계에서는 지배적인 인물이 자신의 공식적인 지위를 정당화할 수 있다. 그러나 성인들의 세계에서 감독관은 그렇게 할 수 없다. 그는 계급과 능력이 함께 맞물려 만들어낸, 곡해된 자신의 무능함에 훨씬 더 참담함을 느낀다. 자신이 정말로 추진력과 능력이 있다면, 이런 곤경에서 벗어나 수벌들을 책임지지 않아도 되고 상급자들에게 책임을 추궁당하지도 않는 과학자가 되었어야 한다고 믿기 때문이다. "내가 정말 공부를 더 열심히 했다면, 애초부터 그런 상황에 말려들지 않았을 거예요." 우리는 연애를 하거나 가족끼리 다투는 동안 또는 학교 안에서 사람들이 자신의 능력을 입증하려고 할 때, 각자에게 달린 능력의 꼬리표에 개인적으로 자기에게 책임이 있다고 느끼는 것을 보았다. 그러나 조지는 회사가 개인의 역할을 이미 확고하게 정해놓은 상태에서 자신이 어찌할 수 없다는 것을 잘 알고 있는데도 여전히 똑같은 책임감을 느낀다. 그는 비록 외견상 특출난 인물이지만, 자신은 여전히 누군가에게 종속된 존재라고 느낀다. 액턴 경Lord Acton이 말한 것처럼, 실재하는 권력이 부패하면 일반 대중에 대한 공동 책임은 연쇄적으로 지켜지지 않는다.

계급 차이는 '계급'이 창출되면서 나타나는 문제들과 동일한 뿌리에서 나온다는 루이 알튀세르의 관찰은 조지 코로나가 직장에서 직면하는 긴장 관계를 이해하는 데 무엇보다 중요하다. 그는 부하 직원들을 자기 통제하에 두고 있지만, 동시에 무력하다. 회사에서 성공한 사람이지만 회사에서 소외감을 느낀다. 계급의 경계선을 구성하는 개인의 특성, 능력, 불평등한 가치 같은 것들의 감춰진 영역이 있기 때문이다. 코로나의 부하 직원들은 **그들**의 위치 때문에 스스로에 대해서 다소 다르게 느끼지만 그 역시 코로나가 느끼는 감정과 동일한 감춰진 뿌리에서 생겨났다.

그 차이를 알려면 우리는 먼저 지위와 상관없이 모든 행위자가 공유하는 특유의 공통된 기반, 다시 말해서 공통된 시간 의식을 이해할 필요가 있다.

왓슨 학교의 대다수 아이들이 자기 능력을 발휘할 의무가 있는 학창 시절은 그들 삶에서 '진짜 시간'이 아니었다. 그들은 학교라는 기관을 떠나서 스스로 밖으로 나가 일할 때 비로소 활기찬 삶이 될 거라고 생각했다. 하지만 그들은 성인이 되어 직장이라는 새로운 기관으로 옮겨 간 뒤에도 어릴 적 학교의 요구에 반응했던 것과 같은 방식으로 직장의 능력 발휘 요구에 반응한다. 그들은 기관 밖에서 보낸 시간을 자기 삶에서 의미 있는 시간으로 생각한다. 예컨대, 코로나는 "직장은 생활하기 위해 돈을 버는 곳일 뿐이에요. 하루하루 내게 중요한 것들은 가정에 있죠. (…) 가족과 이웃들 말이에요"라고 말한다. 화가 나 있는 젊은 전기 기사 칼 도리언 또한 직장에서 존재감을 느끼지 못한다. 그는 학교에 다닐 때 일을 하면 "딴생각을 멈출" 수 있을 거라고 늘 생각했다고 한다. 하지만 지금 성인이 된 그는 직장에서도 딴생각을 한다. 직장 생활 외에 자신에게 진짜 시간이 무엇인지 그는 상상도 잘 안 된다.

코로나는 회사에서 자기 능력 발휘가 제대로 안 되어 지위를 위협받는다고 느끼기 때문에 자신이 "존재감이 없다"고 생각한다. 감독직이라는 상징적 독립성조차 확보하지 못한 칼과 같은 하급 노동자들은 코로나와는 약간 다른 이유 때문이지만, 그와 똑같은 방식으로 직장 내에서 존재감을 느끼지 못한다. 당신이 지시만 받고 있다면 진정으로 살아 있는 것이 아니다. 당신은 거의 현존하지 않는 거나 마찬가지이며, 그때의 기억을 지워버린다. 한 여성 공장 노동자는

"직장에서 난 무얼 생각할까요?"라고 말한다. "내가 무엇에 대해서 생각할 수 있을까요? (…) 알다시피 그건 내게 매우 힘들어요. (…) 내가 말할 수 있는 건, 난 직장에서 아무것도 아니라는 거예요. (…) 딴 생각을 많이 해요. 이를테면 그냥 아들 녀석을 생각한다든지, 고국에 있는 듯 생각한다는 거죠. (…) 그냥 거기 있는 게 (…) 정말 힘들다는 말이에요."

그 항공 우주 회사의 한 노동자는 직장에서 몽상에 잠기는 자신을 되돌아보며 이러한 역설적인 상황을 아주 정확하게 집어냈다. 그는 사람이 지시받는 쪽에 있으면 있을수록, 그 사람은 자존감을 유지하기 위해 정말로 자신이 다른 장소에 있다고 생각하는 경우가 많아진다고 말했다. 그러나 당신이 '성공'해야 하는 곳은 직장인데 거기 전념하지 않고 딴생각을 한다면, 어떻게 성공하겠다는 말인가?

이 물음은 사소한 문제처럼 보일 수도 있지만, 지시받는 쪽에 있는 사람들에게는 매우 중요하다. 학교에서 아이들이 권력을 가진 인물을 수동적 청중, 즉 재판관으로 보고 그들 자신은 공연자로 보는 반면, 코로나의 부하 직원 같은 노동자들 사이에서는 권력에 대한 인식이 더 복잡한 형태로 나타난다. 직장 상사들은 부하 직원들을 강압으로 밀어붙인다(그들에게 조지 코로나는 자신들을 의심의 눈초리로 바라보는 검사다). 그러나 부하 직원들은 상사의 지배 아래서 보낸 시간의 의미를 생각할 때, 직장에서 자신이 존재감을 느끼지 못하는 것에 대한 책임을 전적으로 자신에게 둔다. 그들은 자신이 더 적극적으로 일을 추진하고 업무에 전념한다면 그렇게까지 직장에서 존재감을 느끼지 못하지는 않을 것이고 뭔가 중요한 성과를 낼 테지만, 그들에게 무엇을 해야 할지 알려주는 사람은 바로 코로나다.

이런 상황에서, 개인이 얼마나 많은 지시를 받아야 하는지는 그 사람이 직장에서 얼마나 능력을 많이 인정받고 있는지와 반비례한다. 재능이 많은 사람일수록 그가 회사에서 갖는 자유와 독립성은 더 많아야 하기 때문이다. 사람들이 몽상에 빠지는 것을 불안해한다는 말을 들었을 때 실제로 우리를 비롯해서 인터뷰 진행자들이 그 말을 추상적으로 생각한 것처럼, 이 역시 추상적으로 보일지 모른다. 왜냐하면 우리는 외부 관찰자로서 그들이 느끼는 감정을 단순화된 용어로 인식하는 경향이 있기 때문이다. 만일 사장이나 관리자가 자신을 통제하는 것을 **안다면**, 그 사람은 또한 근무 중에 주의를 기울이는 것(일을 잘하는 것이자 거꾸로 자존감의 원천이기도 한)이 그의 개인적 의무라는 것을 어떻게 느낄 수 있을까? 여기서 느끼는 복잡한 감정은 누군가가 당신에게 무엇을 어떻게 생산할지 알려줌으로써 당신의 일을 지루하게 만들었다는 사실을 알 수 있다는 것과 관련이 있다. 하지만 당신은 맡은 역할을 하고 있고 여덟 시간에서 열 시간을 그렇게 하고 있기 때문에, 당신이 느끼는 감정은 바로 당신의 문제다. **당신**은 그 상황에 대항하고 있지 않다. 개인의 자유를 제한함으로써, 성인이 되어서도 일에 지루함을 느끼거나 직장에서 자신의 존재감을 느끼지 못하게 하는 것이 바로 이런 방식이다. 이 방식은 개인의 존엄성을 제한한다. 노동자가 직접적으로 억압당한다고 느끼기 때문이 아니라 제한된 자유가 창출하는 감정에 스스로 실존적 책임이 있다고 느끼기 때문이다.

좀 거창하게 표현하면, 사람은 자기 자신의 소외에 스스로 책임을 진다. 그는 그래야만 한다. 그가 그저 어떤 행동주의적 또는 유물론적 체스 게임의 한 변수가 아니라, 날마다 그런 소외를 경험하고 있는 인간이기 때문이다. 사람들이 자신의 소외감이 외적 요소가 자신의 자유를 제한하기 때문에 발생한다고 '이해'하리라고 철학적으로 받아들이는 데에는 인간다운 현실감이 거의 없다. 사르트르는 일상적으로 겪는 일이라는 측면에서 인간의 소외를 사회생활을 이해하고자 하는 인간의 욕구로 아름답게 묘사했다. 노동자들의 말은 그들 삶에서 자유의 구속이 직장에서 그들이 제대로 일 처리를 못 하거나 능력이 부족하기 때문이라고 스스로 이유를 대야만 가까스로 이해될 수 있다는 것이다.

이러한 실존적 상처는 사람들이 자신의 사회적 지위를 다른 사람들과 비교하는 방법이 된다. 도심 사무실 건물의 한 관리인이 "청소하는 일은 어떤 학위도 필요 없지요"라고 자조적으로 말할 때, 그는 "내가 일을 잘하고 있다는 걸 알아요. 내 말은, 전기 기사가 부끄러운 일은 전혀 아니라는 거죠"라고 말하는 고위급 전기 기사와는 다른 입장에서 자신에 대해 언급하고 있다. 두 사람을 가르는 것은 그 건물 관리인이 청소하는 일에 거의 만족하지 못하지만, 그 일을 부끄러워하는 것은 분명 아니라는 사실이다. 수치심은 다른 곳에 있다. 그는 만일 자신이 "더 훌륭한 사람"이었다면, "스스로 무언가를 이루어낼 수 있다면 사람들이 나를 이리저리 마구 흔들어대지 못할 텐데"라고 느낀다. 이 말은 글을 거의 모르는 청소부가 다음과 같이 내뱉는 말에서 들을 수 있는 것과 비슷한 자책과 같다. "보세요, 내가 지금 이 자리에 처박힌 건 그 누구도 아닌 내 잘못이라는 걸 알아요. 그러니까 내 말은 (…) 내가 그렇게 멍청이 바보가 아니라면 (…) 아니, 그것도 아니고 (…) 내가 열심히 일하며 살았다면 내 삶이 달라졌을 거라는 사실을 나도 알아요. 다른 누군가가 내게 그렇게 했다고 말할 수 없다는 소리죠."

이러한 감정은 어떤 사람이 자신을 다른 사람들에 비해서 사회적 지위가 더 '낮다'고 규정하면 할수록, 그것이 점점 더 자기 잘못인 듯 느끼는 것을 말한다. 우리는 학교에서 한 학생이 능력 부족 때문에 선생님이 자신을 한 개인으로 대우하지 않는다고 느꼈을 때도 이처럼 자책하는 모습을 보았다. 이러한 자책은 성인이 된 노동자에게 자신의 사회 계급을 식별하는 방법을 제공한다. 그가 상부의 지시에 복종해야만 하면 할수록 그의 사회적 지위는 점점 더 낮아지는데, 그가 독립적으로 처신할 수 있는 내적 능력이 확실히 점점 더 없어지기 때문이다. 아이는 자신이 경험하는 수치심을 정당한 것으로 받아들이고, 그런 수치심을 겪지 않아도 되는 아이들을 공격하여 그 상황에 대한 분노를 표출한다. 성인은 그런 상황에 정면으로 맞서면서 사회가 자신을 '아무것도 아닌 존재'로 생각하는 것이 옳지 않다고 주장한다. 왜냐하면 그는 그 밖의 다른 존재가 될 기회를 가져본 적이 전혀 없었기 때문이다. 그러나 성인의 의식적인 믿음과 내적 신념 사이에는 균열이 있다. 그가 속으로 은밀하게 현재 자신의 모습에 수치심을 느끼기 때문이다. 현재 자신의 계급은 본인이 전혀 다른 기회를 가져본 적이 없었다는 사실에도 불구하고 전적으로 개인적 책임이다. 건물 관리인은 인터뷰에서 "그러니까 사람들이 도대체 내가 누구인지 어떻게 알겠어요? (…) 난 대학에 다니는 당신 같은 친구들처럼 날 계발할 기회가 전혀 없었다고요"라며 울분을 쏟아낸다. 쓰레기 청소부는 이렇게 말한다. "글을 읽는 법을 배운 적이 없어요. (…) 내 손을 떠난 일이었죠. (…) 원하기는 했지만 그럴 운명이 아니었다는 거죠." 앞서 인터뷰한 여성 공장 노동자는 이렇게 한탄한다. "인생에는 결코 자신이 만든 상황이 아닐지라도 받아들여야만 하는 게 너무 많아요. 왜죠? 불공평하다고 생각해요. 난 소거스(보스턴 인근의 하위 중산층 동네)에 사는 여성들만큼이나 능력이 있어요."

한 남성이 말했다. "이봐요, 내가 자랄 때는 다르지 않다는 것을 몰랐어요. 내가 누구였는지 말이에요. 알다시피, 난 그냥 어린아이였죠. 하지만 그 뒤 기계 공장 같은 데 들어가자 갑자기 깨달았어요. 살다 보면, 사람들이 당신에게 이래라저래라 지시할 수 있어요. 그리고 당신은 일자리가 필요하기 때문에 그 말을 따라야 하죠. 그러나 그 이상의 상황을 마주해요. 그들이 당신에게 무엇을 하라고 시킬 특정한 권리를 가졌다는 사실 같은 거 말이에요. 그렇죠? 그 사실이 당신의 감정을 상하게 하죠. 그렇다면 당신은 무엇을 불평하고 있는 걸까요?" "당신에게 이래라저래라 지시"할 수 있는 사람들에 대한 당신의 분노는 그들이 또한 당신에게 무엇을 하라고 시킬 권리를 가지고 있다는 사실을 자각할 때 혼란에 빠진다.

학생과 교사 관계에서 노동자와 관리자 관계로의 이전, 즉 어린 시절의 계급 세계에서 성인의 계급 세계로의 이전은 능력의 배지를 훨씬 더 복잡하게 만든다. 왜냐하면 어른들은 스스로를 규정할 필요가 있기 때문이다. 그러나 우리가 이런 역할들을 개별적인 개인의 관점에서만 따로 생각한다면, 성인의 삶에 숨겨진 차원의 의미는 왜곡된다. 계급의 실질적인 충격은 한 인간이 인생에서 권력 관계의 **양쪽**에 다 있을 수 있어서, 그가 심판하기도 하고 받기도 하며 개인이 되었다가 일반 대중 집단의 구성원이 되기도 하기 때문이다. 이것은 계급 갈등의 '내면화'를 의미하는데, 인간 사이의 투쟁이 각 개인 내면의 투쟁으로 이어지는 과정을 나타낸다.

직장에서의 동료애와 개인의 능력

윌리엄 오맬리가 일하는 공장은 벽에 창문도 없고 내부에 티끌 하나 없는 일렬로 뻗어나간 현대식 단층 건물로 외부는 잘 정돈된 잔디밭으로 둘러싸여 있다. 오맬리는 조립 라인에서 일한다. 하지만 작업대는 조용하고 생산의 상당 부분을 강철 케이스 아래 감춰진 자동 기계가 수행한다. 이 때문에 사실은 작업 셔츠를 입고 기름때로 얼룩진 손을 한 사람들이 깔끔하게 포장된 박스 안에서 쏟아져 나오는 트랜지스터를 만드는 데 관여하고 있다는 사실을 작업에 참관하는 사람들이 믿기는 어렵다.

윌리엄 오맬리는 부모가 둘 다 날품팔이를 하는 미숙련 노동자로 주간에 일하는 가정에서 자랐다. 아버지는 일주일에 이삼일 야간에도 일했다. 윌리엄이 보기에, 부모님이 그저 먹고살기 위해서 애쓰는 모습은 자기 자신뿐 아니라 여동생들에게도 악영향을 끼쳤다. "알다시피, 우리가 하교해서 집에 오면 아무도 없었죠. 그래서 우린 그냥 제멋대로 자랐어요. 하지만 내 가족에게는 그런 일이 일어나지 않기를 바라요." 오맬리는 공장에 긴급 상황이 발생해 그를 필요로 하지 않는 한, 절대로 초과 근무를 하지 않는다. 또한 아내가 일하기를 원해도 허락하지 않는다. 왜냐하면 그녀는 날마다 아들 제임스가 학교에서 집으로 돌아오기 전까지 늘 "초조해서 안절부절못하는" 상태로 있기 때문이다.[6]

처음에 오맬리는 자기 일에 대해서 냉정한 어조로 담담하게 말한다. "일이 힘들어요. 이 작업과 관련해서 복잡한 기계 장치를 여러 차례 검사해야 하거든요. 사람들은 가변 속도 생산 라인이라고 부르죠. 다른 속도로 부품을 이동시킬 수 있는 기계 장치라는 의미예요. 이제는 생산 라인을 최대로 빨리 돌리면서도 그 장치를 검사할 줄 알아요. 지난 수년 동안 작업장에서 전체 라인 속도를 상당 부분 조절하는 수준에까지 도달했죠."

그는 자신이 일을 능숙하게 잘한다는 것을 안다. 또한 고용주들이 그가 하는 일을 마음에 들어 한다는 것도 안다. 오맬리는 근면의 미덕을 굳게 믿는다. 근본적으로 만족스러운 것이어서가 아니라 이 미덕 덕분에 가정이 잘 유지되기 때문이다. 그는 불경기 때도 일자리를 유지했고, 수입이 계속 증가할 거라는 기대 속에서 가계 예산을 짤 수 있다.

"오맬리 씨, 당신은 열심히 일하는 것이 남자의 자존감을 지키는 데 정말로 중요하다고 생각한다고 말하셨어요. 여기 작업장에서처럼, 당신은 그렇게 할 수 있어 보여요. 생산 라인이 계속해서 움직이게 하면서 말이에요. (…) 당신이 이렇게 할 수 있다는 사실이 다른 사람들에게 어떤 영향을 끼치나요?"

"이봐요, 당신은 어쩌면 내게 나쁜 인상을 가지고 있을지도 몰라요. 일과 관련해서 난 사람을 노예처럼 부리는 사람이 전혀 아니에요. 그저 내가 할 수 있는 일이 무엇인지 안다는 거죠. 윗사람이 보기에 일이 괜찮아 보이면 돼요. 특히 정부 계약 때문에 작업장에 유색 인종 사람들, 신입자들이 몇 명 있어요. 그들은 아직 기계 장치를 잘 모르죠. 당연히 나는 그들이 쉽게 할 수 있는 수준 이상으로 더 빨리 라인을 작동시키지 않을 거예요. 혹은 만일 누군가가 어젯밤 술을 많이 마셔서 아직 깨지 않은 것 같으면 기계를 끄고 그냥 트랜지스터 생산을 중단해요."

"그럼, 당신에게 열심히 일한다는 건 무엇을 의미하나요?"

"글쎄요. 일에 전념하는 거, 할 수 있는 한 최선을 다하는 거죠. 당신도 (…) 작업장에서 함께 일하는 다른 동료들을 쥐어짜고 싶어 하진 않을 거잖아요."

오맬리는 우리와 이야기를 나누면서 시간이 갈수록 자신이 말한 열심히 일한다는 것의 의미가 무엇인지 점점 헷갈리기 시작했다. 그에게 열심히 일하는 것이란 오랜 시간 일하거나 육체적으로 피곤해지는 것 이상으로, 온 힘을 쏟아붓는 것을 포함한다. 그렇다면 무엇에 전념하는가? 일을 잘 해내는 것에. 일을 잘 해내는 것은 무슨 의미인가? 다른 사람들이 당신을 존중하는 방식으로 일하는 것이라는 게 오맬리가 최종적으로 내린 결론이었다. 열심히 일하는 것의 미덕은 어떤 면에서 일 그 자체와는 관련이 없다. 그렇다면 당신에게 그런 존중을 표할 사람이 누구란 말인가?

여기서 오맬리의 직장 상사가 중요한 요소로 개입한다. 오맬리는 기술 산업에서 숙련된 노동자다. 그는 자신이 상사에게서 상당히 독립적인 위치에 있다고 생각한다. "아무개(상사 이름) 씨, 그는 이 분야를 상징하는 간판급 인물이에요." 상사의 주된 기능은 학교에서 교사가 하는 일, 즉 스스로 과업을 수행하는 것이 아니라 남의 수행 성과를 심판하는 역할과 같다. 그의 권력은 사람들에게 무엇을 하라고 시키는 데 있는 것이 아니라 누가 일을 잘해서 성과급을 받을지, 누구를 어느 부서에 배치할지, 누구를 승진시키고 누구를 해고할지 권고하거나 결정하는 데 있다.

오맬리는 상사의 눈에 띄기 위해 열심히 일하고 있다. 그러나 오맬리 또한 자기 주변의 다른 노동자들을 주시해서 보고 있고 그들의 행동에 민감하기 때문에, 그들의 능력에 대한 모순된 도덕규범에 사로잡힌다. 한편으로 직장에서 일할 때는 가능한 한 최선을 다할 의무가 있고, 그럴 경우 그는 상사에게서 보상받는다. 오맬리는 이런 능력이 있고, 자신도 그것을 안다. 그러나 왓슨 학교의 아이들처럼, 그는 자신이 아무 제한 없이 이런 식으로 자기 능력을 사용한다면, 그 대가로 반드시 치러야 할 인간적 측면에서의 불이익이 발생할 수 있다는 점을 안다. 이 같은 대규모 작업장에서는 모든 이가 주어진 과업에 동등하게 잘 대처할 수 없으며, 대처 능력의 불평등은 단순히 윌리엄 오맬리 같은 사람의 기술력이나 결단력이 남다르게 더 높으냐 아니냐의 문제가 아니다. 날마다 일상의 삶에서 일어나는 온갖 종류의 문제와 혼란 상황(숙취, 가족 간의 다툼 뒤 우울한 느낌)이 방해 요소가 될 수 있다. 오맬리 같은 사람에게는 직장에서 최선을 다해 일하고 다른 모든 문제는 무시하는 것이 결국은 자신의 인간애를 부인하는 일이 될 것이다. 권위의 명령에 순응하고, 가능한 한 일을 잘하는 것이 그의 동료애를 훼손하는 일이기 때문이다.

마침내 오맬리가 말하고자 하는 바는 이렇다. "나는 눈에 띄지 않고 특별해 보이지 않으면서 가능한 한 열심히 일하려고 해요. 또 이것도 있어요. 나는 직장 내 다른 친구들이 내게 적대적이 되는 것을 원하지 않아요." 가족을 소중하게 여기기 때문에 직장에서 자신이 성공해야 한다고 느낀 그 모든 압박감에도 불구하고, 오맬리는 처음에 자신을 소개한 것처럼 행동하지 않는다. 직장은 공적인 기관이 아니다. 그는 남들에게 보여주어야 한다고 느끼는 개인주의를 삼간다. 할 수 있는 한 최선을 다하지만 다른 사람들이 당신을 나쁘게 보고 괘씸하게 생각하는 눈에 띄는 행동을 하지 않으려는 이런 바람은 학교의 권위적인 상황에서 발생하는 학업 성적과 학교 친구 간 우애 사이의 분열과 닮아 있다. 그러나 이제 그 분열은 더 큰 차원에서 작동한다. 이제 이 남성은 단순히 자기 자신만을 위해 일하지 않는다. 그는 다른 사람들을 위해 일하고 있다. 아내가 집에서 살림만 할 수 있도록, 아들이 잘 성장하고 발전해서 더욱 풍족한 삶을 누리며 살 수 있도록 일하고 있는 것이다. 다시 말해서 그가 한 분야에서 완전히 경제적 인간economic individual* 으로 행동한다면, 그는 또 다른 분야에서 사회적 유대를 강화할 수 있다. 그러나 그런 균형을 유지하

* 합리적이고 이성적 존재로서 자신의 영리를 행동의 기준 목표로 삼는 이상화된 인간형을 말하며 보통 학술적으로는 'economic man'이라고 표기함

는 행동은 작동하지 않을 것이다. 그는 직장에서 완전히 자신에게만 몰두하는 경제적 인간으로 전환되지 않는데, 왜냐하면 인간의 감수성은 집에 두고 올 수 있는 것이 아니기 때문이다.

좀 더 폭넓은 의미에서 말하면, 오맬리에게는 형식적인 자유가 있다. 자신을 위해 할 수 있는 한 많은 것을 얻을 수 있는 자유가 있다. 하지만 다른 사람들과 관련해서 자신의 존엄성을 유지하고 싶다면, 그 자유를 맘껏 행사할 수 없다. 고전 경제학적 의미에서 '자유롭다'는 것은 비난받을 일이다. 이로 인해 오맬리는 자신의 감정에서 모순을 직면한다. 그의 마음속에 갈등이 유발되어 자신이 누구인지, 자신이 원하는 것이 무엇인지에 대한 혼란스러운 이미지들이 만들어진다.

열심히 일하는 것과 동료애 사이에서 오맬리가 직면하는 내적 갈등은 공장 내 권력이 (학교의 상황과 대조적으로) 실체가 있는 유형의 사람으로 나타나지 않는다는 사실 때문에 또다시 복잡해진다. 오맬리도, 그의 상사도, 그리고 작업장의 다른 노동자들도 외부와 단절된 상태로 일하는 사람은 아무도 없다. 공장에서 오맬리가 속한 작업장은 정상적으로 가동되면 일정량의 제품이 생산되는데, 생산량은 오맬리의 상사보다도 더 높은 윗선의 권위자들이 결정한다. 오맬리의 주 업무는 상사의 요구를 충족할 수 있는 생산량이 나오도록 기계 장치를 잘 정비하는 것이며, 오맬리의 상사도 마찬가지로 자신에게 하달된 상급 지휘자의 요구를 충족해야 한다. 이 상황에서 권력의 비인격성은 오맬리가 다른 노동자들에게 보여줄 수 있는 동료애의 감정을 표출하지 못하도록 강력한 영향을 끼친다.

그는 다른 노동자들이 집에서 겪었을지 모를 여러 가지 어려운 개인적 사정 때문에 작업 속도가 느려지는 것을 이해하고 눈감아줄 수도 있다. 하지만 오맬리는 궁극적으로 자신에게 할당된 생산량 목표를 보장하는 한도 안에서만 그러한 재량권을 합리적으로 발휘할 수 있다. 그에게는 동료 노동자들을 향한 더 깊은 인간적 감정과 함께, 그들을 자기 임무 완수(자신의 일자리를 잃게 만들 어떤 위험도 피할 수 있도록 기계 장치를 계속해서 빨리 돌아가게 하는)를 위한 수단으로 취급해야 할 필요성 또한 있다. 오맬리의 상사도 그와 비슷한 처지다. 오맬리와 그의 상사에게 맡겨지는 생산량이 많아질수록 다른 노동자들을 관대하게 용인해줄 수 있는 인간적인 다양한 변수들, 특수성, 기술 수준, 기타 업무의 어려움에 대한 두 사람 각자의 재량권도 점점 더 줄어들기 마련이다.

만일 오맬리가 자신에게만 집중하고 규칙을 따르는 데 충실하다면, 이런 문제 때문에 부담을 느끼지 않을 것이고 스스로 이야기하듯 '냉정'할 것이다. 그러나 오맬리는 기계가 아니다. 그가 내적으로 고민하는 문제들이 시작되는 지점이 바로 여기다. 오맬리와 충분히 오랫동안 이야기를 나누다 보면, 그에게서 무력감이 나타나는 것을 볼 수 있다. "내게 맡겨지는 일은 (…) 당연히 감당할 수 있고 실제로 해내요. 정리 해고 기간에도 난 이 일자리를 지켰죠. 하지만 당신이 내가 하는 말의 의미를 안다면, 난 그냥 마음이 편안하지 않아요."

"뭐가 문제죠? 좀 분명하게 말해주세요."

"글쎄요, 뭔가 내 안에 나쁜 것이 있는 게 아닌가 하는, 내가 바라는 대로 되지 않는 것 같은……."

“뭘 말하는 거죠?”

“설명할 수 없어요. (…) 나는 그저 내가 해야 할 일을 하고 있는 것뿐이에요. 하지만 여전히 충분히 잘하고 있다는 생각이 들지 않아요.”

이 남성이 느끼는 부족함은 학교에서 스스로를 ‘전혀 특별하지 않은 존재’로 규정하는 아이의 부족함과 똑같은 지점에서 온다. 그는 자신이 결코 만들지 않은 상황에 책임감을 느낀다. 그러나 그 지점으로 가는 길은 매우 다르게 나타난다. 오맬리는 자신이 능력이 있다는 것을 안다. 그러나 자신이 그 능력을 사용할 수 있는 상황은 매우 폭발성이 강하다. 만일 그가 자신의 능력을 최대한도로 보여줄 수 있다면 그는 한 명의 뛰어난 개인으로 사람들 눈에 띄게 되는데, 그 결과 그는 동료들에 대한 애정을 잃는 것뿐 아니라 열심히 일하는 특별한 사람의 표본이 되어 동료들을 무색하게 만든다. 다른 사람들에게 수치심을 안겨줄 가능성이 있다고 느끼는 순간, 그는 뒤로 한 발짝 물러선다. 동료 노동자들이 부끄러움을 느끼지 않도록 하기 위해 뒤로 물러서면서 그는 무언가 일을 잘못하고 있다고 느끼게 된다. 그는 결국 동료애도 느끼지 못하고 개인주의적인 이기적 행동을 취하지도 못하는 어정쩡한 상태가 된다. 그는 이 두 가지를 다 충족하려고 애쓰다가, 결국에는 자신이 더 유능한 사람이라면 이 딜레마를 해결할 수 있을 텐데 하며 한탄한다.

이런 갈등의 한계를 인식하는 것은 중요하다. 그가 마음속으로 무언가 잘못하고 있다고 자책하는 것이 오맬리를 절망할 정도로 불행하게 만들지는 않는다. 그는 자기가 맡은 일을 하고 있으며, 중요한 것은 그가 살아남을 것인가 아닌가의 문제라기보다는 어떻게 살아남는가의 문제이기 때문이다. 이 문제는 직장에서 친구란 어떤 존재인가와 같은 질문을 통해 드러난다. "음, 직장에 실제로 **친구들**이 그다지 많지 않아요. 대부분의 회사 동료와 좋은 관계를 유지하고 있다는 의미예요. 하지만 직장은 사람들과 사귀러 온 게 아니라 일하러 온 거잖아요. 사실 직장에서 일들이 서로 얽히는 것을 원치 않아요. (…) 당신이 직장에서 해야 할 (…) 업무를 가지고 서로 상대해야 할 직장 동료들과 친구가 되는 것은 골치 아픈 일이 될 거예요."

따라서 한 사람의 내면에서 일어나는 드라마, 즉 한 개인으로서 자기 자신과 동료들 가운데 한 사람으로서 자기 자신 사이에서 일어나는 드라마는 그 개인의 능력 행사를 제한하는 동시에 직장에서의 동료애 또한 양보하게 한다. 여기 왓슨 학교의 졸업생이 한 명 있는데, 그는 자신이 상업 학교에 다니는 청소년으로서 기계 제도에 흥미를 갖기 시작했을 때 무슨 일이 일어났는지 설명한다.

"그래요, 당신은 동료들과 어울리며 좋은 시간을 보낼 수 있어요. 알다시피, 어느 여자와 잠자리를 같이 했다든가 따위를 이야기하면서요. 하지만 그건 누구든 그런 걸 **할 수 있기** 때문에 가능한 거예요. 그런데 (…) 내가 책 읽기에 빠지기 시작하자 그들은 나를 다소 불편해하는 것 같았어요. (…) 사실 **난** 달라진 게 없었죠. 여전히 여자와 잠자리하는 것에 대한 허튼소리 지껄이기를 좋아했어요. 난 그저 이런 열악한 곳에서 트럭 따위나 몰면서 머물고 싶지는 않았죠. (…) 잘 모르겠어요. 그게 그들을 그렇게 신경 쓰게 만들었는지 말이에요. 왜냐하면 그들 대다수는 그냥 여기에 처박혀 있어야 하기 때문이죠. (…) 그래서 (…) 나는 그들이 어느 정도 나를 떠밀어냈다고 생각해요. 그러나 어쩌면 그들은 내가 그렇게 했다고 생각할 수도 있어요. (…) 그러니까, 내가 그들을 저버렸다고 말이에요."

그리고 또 한 사람, 비록 노조와는 별로 관련이 없지만 여러 지역 사회 프로젝트에 관여 중인 시민 의식이 투철한 노동자 한 명이 있다. 그에게 이유를 묻자 직장에서 사람들과 서로 얽히는 것은 '옳지' 않다고 생각한다는 대답이 돌아왔다. 왜 그럴까? "당신은 친구를 만들기 위해 직장에 있는 게 아니니까요. 당신이 거기 있는 건 당신 자신을 위해 할 수 있는 것을 얻기 위해서예요."

직장은 계급이라는 용어의 내면화가 일어나는 유일한 영역이 아니다. 실제로 만일 우리가 전통적으로 남성적인 세계인 직장의 영역에서만 계급의 내면화를 찾는다면 이러한 현상을 전체적으로 조망하지 못하게 된다. 개인의 능력과 동료애 사이에서 일어나는 갈등의 내면화는 이제 우리와 이야기를 나눈 남성과 여성 모두의 성인 가족의 삶에서 동일하게 나타난다. 실제로 이러한 내면의 계급 전쟁은 백인 가족들이 더 커다란 미국 문화로 통합되는 것의 의미를 생각할 때, 그들이 직면하는 또 다른 기본적인 딜레마를 설명하는 데 도움을 준다.

가족 간의 우애와 개인의 능력

어반 빌리지는 특별한 종류의 가족 형태(대가족)를 보여주었다.

가장 단순한 형태의 대가족은 남편과 아내, 그들의 자녀 외에 친척들이 한집에 사는 형태다. 여러 도시의 주거 형태는 온갖 종류의 다양한 모습을 가능케 한다. 보스턴에서는 두세 세대가 아파트처럼 서로 다른 층에 거주하며 모여 사는 삼 층 집이 일반적이다. 소유주가 나이 든 노인이면, 그의 자식들과 심지어 손주들이 집의 서로 다른 층에서 거주하는 모습을 자주 볼 수 있다. 소수 민족 거주 지역에서 단독 주택이 대부분인 도시에서는 친척들이 실제로 한집에 사는 것이 아니라, 동네 도로를 따라서 가까운 곳에 이웃집으로 살고 있을 수 있다. 이러한 가족 배치는 모두 대가족으로 분류할 수 있는데, 부모와 자식 집단 사이가 친족 관계로 연결되어 날마다 폭넓은 가족 간 교류를 가능케 하기 때문이다. 실제로, 친척의 범위는 대개 개인들이 만날 수 있는 친구의 범위를 규정한다.[7]

대가족과 관련해서 가장 중요한 것은 대가족이 가족 구성원의 서로에 대한 의존성을 가족 간에 지켜야 할 규약, 즉 예절로 만든다는 사실이다. 대개 이 예절은 나이순으로 작동하는데, 나이 든 사람이 나이 어린 사람의 기준을 정할 권리가 있다. 그러나 상호 의존적인 관계들은 여러 가지 다른 방식으로 발생하기도 한다. 친척 간에는 경제적 곤경이나 결혼 문제가 있을 때 망설임 없이 서로에게 도움을 요청할 수 있다. 아이를 키우는 의무도 친척들이 함께 나눌 수 있다. 주택 구입과 같은 개인의 경제적 결정 사항도 본인의 통제 권한을 벗어나 가족의 범위 안에서 염두에 두어야 하는 모든 종류의 고려 사항에 따라 달라질 수 있다. 가족의 그물망 속에 있는 개인은 그가 스스로를 증명하지 못했거나 취약하기 때문이 아니라,

단순히 가족 구성원의 한 사람이기 때문에 독립적이지 못한 존재로 비친다.

역사적으로, 산업 도시에서 대가족의 주거지는 가난한 사람들에게 특별히 중요한 가치가 있었다. 대가족 주거지는 희소한 자원을 최대한으로 사용할 수 있게 해주었고, 대가족이라는 그물망은 그들이 곤경에 처하거나 개인적 재난을 당했을 때 개인들을 보호하는 데 도움을 준다. 물론 대가족은 이민자 가족에게만 나타나는 독특한 가족 형태가 아니다. 대가족은 흑인이든 백인이든 도시에 사는 가난한 가족 모두에게 안식처를 제공해온 방어 수단이다. 그러나 이런 가족 형태가 이민자들이 19세기 말 미국에 도착한 이래 수십 년 동안 그들의 요구에 특히 더 적합했다는 것은 사실이다. 개인이 대체로 미국의 주류 문화에서 소외되어 있는 상황에서, 대가족 형태는 그 개인이 자기와 비슷한 처지에 있는 다른 이들과 즉각적이고 지속적인 유대 관계를 발견할 수 있는 매개 수단이다.

대가족은 역사의 시대적 배경에 따라 다른 것을 의미할 수 있다. 대가족은 공유 의식, 상호성, 핵가족에 속한 사람들이 헤아릴 수 없는 종류의 보호를 허용하는 반면, 다른 사람들이 언제나 개인과 관련된 일에 개입하는 것 같은 구속감을 느끼게도 한다. 어떤 때는 지속적인 유대감으로 나타나는 것이 또 다른 때는 억압하는 사슬로 나타날 수도 있다.

아마 우리가 대화를 나눈 성인들의 삶에서 현재 일어나고 있는 가장 민감한 문화적 변화의 지표는 대가족의 상호 의존적 관계가 이제 집단적인 영향력보다는 오히려 개인적 굴욕감의 원천이라는 그들의 느낌일 것이다. 우리가 만난 사람들은 지금 세대에서 대가족이 실제로 자신들을 억압하는 제도가 되었다고 느꼈다. 대가족은 낡은 의존의 규칙을 따름으로써 그 구성원의 존엄성을 빼앗는 방식으로 그들의 행동할 자유를 제한한다. 그 상황은 다음과 같은 성난 불평으로 구체화된다. "아버지가 우리 집에 오시면 우리 애들이 제대로 인사하지 않는다고 말하죠. (…) 그러고는 학교 교육과 관련해서 내가 무엇을 해야 하는지 이야기하고요. (…) 그건 간섭하는 거예요. 특히 애들 앞에서 내가 할 일을 스스로 알아서 할 줄 모르는 사람처럼 보이는 건 정말 기분 나쁜 일이에요. 무슨 말인지 알죠?"

세대 간 갈등이라는 주제는 부모들의 삶에 불만을 품은 풍족한 젊은 세대의 이미지를 손쉽게 떠올리게 한다. 때문에 모든 사회의 역사가 어떤 면에서 그런 갈등으로 점철된다는 것, 즉 세대 간 괴리 현상이 사춘기 때뿐 아니라 성인의 삶에서도 마찬가지로 나타난다는 사실을 망각하기 쉽다. 우리가 인터뷰를 진행한 보스턴 사람들에게서, 그 갈등은 아버지와 아들 사이보다는 아버지와 할아버지 사이에서 더 첨예했다.

부모와 친척들의 권위에서 벗어나야 한다는 그들의 느낌은 특히 다른 친척들과 같은 건물에서 살던 중년 초반의 사람들을 더욱 짓눌렀다. 한 여성은 탁아 관련 집단 토론을 진행하는 도중에 이렇게 말하며 끼어들었다. "글쎄요, 이런 종류의 자녀 양육 좌담은 요점을 벗어난 것으로 보여요. **제가** 부모님에게서 벗어나지 못하는 한, '**내** 아이들의 양육'과 관련해서 제가 말할 만한 중요한 게 없을 테니까요. 그분들이 나쁜 사람이라는 게 아니에요. 그런 의미는 아니에요. 하지만 그분들은 오로지 옛날 방식밖에 몰라요. 그 방식이 그분들에게 적절해 보이기 때문에 제가 그렇게 하기를 원하시죠."

"내가 예의 바르게 자기 할아버지에게 복종하는 것을 우리 아들이 본다면, 그 아이가 나를 어떻게 존경할 수 있을까요?" 이 말을 한 젊은 아버지에게 본인이 어렸을 때 집 근처에 살던 할머니의 말에 그의 아버지가 순종하는 모습을 본 적이 있는지 물었다. "지금은 그때와 달라요. 왜냐하면 그땐 사람들이 다 그렇게 행동했으니까요. (…) 하지만 지금 아이들은 TV를 보거나 학교에서 선생님들을 경험하면서 상황이 그때와 같지 않다는 것을 알아요."

이 대답에서 '상황(이 남성이 이야기하는 역사적 변화)'은 부모란 무엇인가에 대한 더 큰 문화적 차원에서의 가정에 관한 것이다. 다시 말해서, 자식의 양육과 관련해서 부모로서 다른 사람의 지시에 복종하는 모습을 보이면 체면이 손상되고, 외부의 도움 없이 스스로 문제를 해결하는 능력을 보여주면 아이들의 존경을 받는다는 의미다. 의존성은 대가족 형태의 가장 중요한 부분인데, 미국에서는 의존성이 아마도 궁극적인 약점으로 나타나는 듯하다. 왜냐하면 의존적이라는 것은 통제권이 없다는 의미이며, 자신의 행동이 스스로 선택한 것이 아니라는 의미이기 때문이다. 소수 민족 노동자들은 문화적 동화를 통해 미국의 이민자 거주지뿐 아니라 많은 농촌 지역에서 오랫동안 칭송받았던 전통 의식들을 약점으로 바라보게 된다. 반면, 교외 지역의 핵가족 형태는 독립성을 허용하기 때문에 강점을 보여주는 표시인 듯 보인다.

미국은 어떻게 그들에게 이런 영향력을 행사할 수 있었을까? 단지 중년 초반의 부모들이 낡고 익숙한 것을 버리고 새로운 세계로 기꺼이 떠날 정도로 '미국'이라는 더 큰 사회가 매력적이고 따뜻한 나라이기 때문일까? 아니면 부모란 누구인지에 대한, 즉 부모 정체성 안에 계급이라는 요소가 끼어들면서 옛 안식처 밖의 문화에 대한 진정한 욕구가 없는데도 변화의 충동을 불어넣는 무언가가 그들에게 스며든 것일까?

이런 식으로 어떤 종류의 충동이 연관되어 끼어드는 상황은 우리의 인터뷰에 반복적으로 나타났다. 한 젊은 여성은 옛 이웃들을 떠난 다른 사람들의 감정을 상기시키며 자신이 교외에 있는 소박한 집으로 이사하면서 그동안 함께 살던 대가족과 성공적으로 결별한 일을 설명했다. "노스엔드를 꼭 떠나야 한다고 생각했어요. 그곳에 계속 머물면 내게도 좋지 않고, 우리 아이들에게도 안 좋을 거라고 느꼈죠. (…) 교외에서 가족들과 더 좋은 삶을 살고 있다고 생각하지만, 외롭다는 느낌이 들어요." 그녀에게 교외에서 새로운 이웃들과 친분 관계를 맺고 있는지 묻자, 시도도 하지 않았다면서 주말이면 옛 동네로 놀러 간다고 대답했다. 이번에는 교외 지역에서 사는 게 좋은지 묻자, 그녀는 사실은 그렇지 않다면서 도시의 활기찬 생활이 더 좋다고 말했다.

이 문제와 관련된 대화에서 상실감은 가장 두드러진 요소였는데, 그 상실감은 사람들이 새로운 환경에 적응했을 때 완화되는 일시적인 혼란의 느낌을 넘어서는 그 이상의 감정으로 보였다. 그들은 무엇에 적응하는 걸까? "이런 거예요, 보스턴에서는 문간에 앉아 있으면 십 분이나 십오 분 사이에 열 명에서 열다섯 명의 아는 사람을 보고, 지금 무슨 일이 벌어지고 있는지 알죠. (…) 그런데 워터타운(보스턴의 교외 동네)에서 문간에 앉아 있으면 이웃들이 당신을 수상쩍게 생각하거나 술 한잔하자고 집으로 초대해요. (…) 또 하나, 보스턴에서는 아이를 보면 누구 애인지 신경 쓰지 않고 나쁜 짓을 하면 당장 멈추라고 말해요. 말을 듣지 않으면 뒤로 끌고 가서 한 대 쥐어박고요. (…) 하지만 워터타운에서는 당신 아이나 신경 쓰고 남의 아이들은 그냥 놔두는 게 좋아요. 그곳 사람들은 남이 간섭하는 걸 원하지 않아요."

하지만 이 말을 한 사람은 워터타운으로 이사 갔다. "왜냐하면 나는 나 자신과 아이들을 위해 약간의 숨 쉴 공간이 필요했어요. 아버지와 어머니의 간섭이 점점 더 심해지기 시작했거든요."

다수의 '소수 민족 노동자' 지역 사회 연구는 위에서 설명한 것과 비슷한 정서들이 존재한다고 발표했다. 친밀함의 옛 형태는 억압적인 것으로 나타나고, 당신은 자유로워져야 한다고 생각한다. 하지만 당신이 전통적인 관계와 단절할 때, 당신이 관계 맺은 사람들에게 보여준 충성심과 사회적 유대는 대개 이전처럼 그들에게 그대로 남아 있다. 당신은 자기 삶에 대한 통제권을 더 많이 가진 것처럼 보이지만, 사실은 당신이 소중히 여기는 사람들과의 우애를 잃어서 위협을 느낀다. 자유와 독립이라는 아메리칸드림이 한때 고립된 사람들에게 버팀목으로 작용했지만 결국은 그들을 만족시키지 못했다고 말할 수 있을 것이다. 그러나 자유에 대한 갈망은 교외 지역에 사는 것으로 대변되는 세속적인 사회적 지위 상승 열망으로 축소될 수 없다. 그 갈망은 오히려 개인의 능력으로 얻어낸 독립이라는 개념에 대한 믿음에서 자라난다.

그 관계를 너무 추상적으로 설명하는 것은 이해를 어렵게 한다. 서로 매우 다른 성인의 삶을 시작한 소녀 시절 두 친구의 가족에 대한 생각에서 극적인 예를 살펴보자.

애나 배런과 리타 세트룰라는 같은 동네에서 자랐다. 두 사람의 아버지들은 이민자 공장 노동자로 수년 동안 돈을 모아서 가까스로 자기 집을 마련했다. 애나와 리타는 둘 다 지방 교구 학교에 다녔고 대학 진학은 하지 않았다.

애나 배런은 이탈리아계 이민자들이 사는 동네의 가톨릭 신자 출신 남성과 결혼했다. "그 결혼은 우리 가족에게 아주 큰 단절이었어요. 왜냐하면 나 같은 소녀들은 당시만 해도 여전히 같은 '종류'의 남성들과 결혼하는 게 당연했거든요. 그러나 샘과 나는 서로 결혼하기를 원했어요. 부모님이 멈추게 할 수는 없었죠." 샘 배런은 뉴잉글랜드 시골 출신으로 11학년 때 학교를 그만두고 취업했다. 그는 평생을 부두 노동자로 살았다. 처음에는 짐수레꾼으로 일했는데 지금은 컨테이너 화물 처리 전담으로 일한다.

샘과 애나 배런 부부는 그들의 결혼이 애나의 가족에게 야기한 관계 단절을 수년 동안 치유해왔다. 그들은 그녀의 부모가 사는 집 근처에 살면서 자주 찾아뵙는다. 그러나 부부는 이러한 친밀함이 억압적이라는 사실을 발견하고 언젠가 교외 지역이나 최소한 그 도시의 다른 동네로 이사 가기를 바란다. 그러나 그들은 사회적으로 지금 살고 있는 지역 사회와 긴밀한 유대 관계를 맺고 있고, 다양한 지역 단체에서 활동하고 있다.

리타 세트룰라의 결혼은 논란의 소지가 별로 없었다. 그녀는 같은 동네에 사는 이탈리아인과 결혼했다. 그녀의 부모가 보기에도 잘 어울리는 쌍이었다. 왜냐하면 그녀의 남편은 자력으로 대학에 다니고 있었기 때문이다. 지노 세트룰라는 언제나 아이들을 연구 대상으로 하는 일에 관심이 있었다. 그래서 대학에서 관련 강의를 수강하고 마침내 아이들과 관련된 일을 하는 경찰관이 되었다. "내게 경찰 일은 어릴 때 자라면서 본 아이들의 사정과 관련해서 중요한 일을 하는 하나의 방편이에요. 개인적으로 그 일에 만족하고 있어요. (…) 나는 대학을 고학으로 나와서 금세 존재감 없이 사라지는 영특한 이탈리아 소년 가운데 한 명이 되고 싶진 않거든요." 그러나 지노와 리타 부부는 그들의 옛 가족에게서 스스로 멀리 떠났다. 결혼한 지 약 3년 뒤에 그들은 지노 부모님의 집을 나와 그 도시의 다른 동네로 이사 갔다. 비록 그는 지금도 이탈리아인들과 알고 지내지만, 그들은 자신과 함께 자란 사람들이 아니다. 그 사실이 부부를 슬프게 하지만, 그와 리타는 옛 가족을 떠난 것이 두 사람의 아이들을 위해서 더 낫다고 생각한다.

이 오랜 두 친구 사이의 차이는 무엇을 의미할까? 배런 부부는 리타 세트룰라가 진보적이고 고학력자인 남편의 든든한 후원을 받으며 그들이 받아들이기 힘든 정치적 견해를 갖게 되었다는 것을 안다. 하지만 그보다 더 중요한 것은 배런 부부가 자신들이 부족하다고 느끼게 만드는 힘을 그녀가 얻었다는 사실이다. 예컨대, 리타는 인종 문제를 이야기하면서 애나가 흑인에게 느끼는 두려움이 원시적이고 무례한 감정이라고 생각하게 만들 수 있다. 또 두 사람이 시민 단체에서 함께 활동할 때, 리타는 그 단체가 무슨 일을 해야 할지 그리고 애나의 역할은 무엇인지 정하는 지도자 위치에 있을 수 있다. 애나와 샘은 세트룰라 부부가 그들을 찾아오면, 그 부부가 지루해하지 않을까 또는 자신들이 무슨 잘못을 하지 않을까 걱정한다.

이것이 배런 부부에게 사회적으로 부과된 상황이다. 그들은 리타와 지노를 통해서 자신들이 알지 못한 세상, 존경받는 중산층의 삶을 접하고 있다. 그들은 사람들이 중산층이 되면 비록 같은 소수 민족 출신일지라도 자신들과 다르게 행동한다는 것을 안다. 그들은 그러한 변화를 세트룰라 부부가 이상하게 변했다고 보지 않고, 한때 그들과 사회적으로 동등한 위치에 있던 사람들을 만나면서 현재 자신들의 삶이 그들에 비해 미흡하다고 생각하는 쪽으로 해석한다.

애나는 그녀 가족의 삶과 관련된 이 긴장감을 어떻게 처리할까? 질문을 보다 일반화해서 던진다면 이렇다. 당신이 '존경할 만한' 사람들과의 관계에서 취약함을 느낄 때, 당신은 스스로를 어떻게 보호하는가? 옛날 방식은 소수 민족 거주 지역으로 되돌아가 숨어버리는 것이다. 그러나 만일 직장, 학교 교육, 당신이 속한 지역 사회 구성원들의 사회적 이동 때문에, 그리고 만일 도시의 지역 사회 침투 때문에 과거 아버지 세대가 그랬던 것처럼 자신을 더는 외부로부터 보호할 수 없다면 어떨까? 미국에 있는 어느 누구라도 존중할 수 있는 개인으로 자신을 확고히 세움으로써, 자유롭고 '주체적인 사람'이 됨으로써, 자기 나름의 방식으로 더 큰 사회에 맞서 싸우려고 할 수 있을 것이다. 만일 자신보다 상위 계급의 사람들을 만날 때 속는 것 같고 수치심의 기분이 든다면, 당신의 인생에서 일어났으면 하는 변화는 현재 당신이 의존적으로 행동하는 문제, 이미 다른 사람들(대가족)의 의지에 종속되어 있는 문제에 집중될 것이다. 애나가 자기가 지금까지 살아온 지역 사회를 떠나고 싶어 하는 이유가 바로 그것이다.

그러나 애나와 샘에게 그러한 바람은 직접적인 행동으로 이어지지 않았다. 동네를 벗어나는 일은 아직 해야 할 일로 남아 있다. 두 사람은 왜 주저하는 것일까? 샘 배런에게 물었다.

"그 문제가 당신을 우울하게 한다면 왜 이사 가지 않는 거죠?"

"글쎄요, 그러면 부모님이 좀 슬퍼할 거예요."

"하지만 그 문제가 지금 **당신**을 우울하게 하고 있잖아요."

"음, 세트룰라를 보세요. 알다시피 그는 매우 진보적인 사람이라, 그가 그렇게 하는 건 자연스러운 일이에요. (…) 이제 그들은 내게 왜 이사 가려고 하느냐고 물어요. 그녀의 부모님이 말이에요. 내가 무슨 말을 할 수 있겠어요? 내 말은, 내가 무슨 권리로요? 뭔 말인지는 알겠지만요."

자신이 지닌 권력뿐 아니라, 자신이 바라는 모든 욕구에 정당성을 느껴야 하는 것은 인간의 특징 가운데 하나다. 합리적 계산이나 단순한 탐욕에 기초한 행동들은 심리학 실험을 위한 것이다. 생활 패턴이 흐트러지는 상황에서 사람들은 그 패턴이 야기하는 문제가 그럴 만한 가치가 있다고 느껴야 한다. 배런 부부를 괴롭히는 고통스러운 역설은 그들이 더 큰 문화와의 접촉을 통해 전통적인 가족 관계에서 벗어나 자유로워지고 싶은 욕구를 갖게 되었지만, 동시에 계급

의식은 그들이 지노 세트룰라와 달리 그러한 탈피를 정당화할 사람으로서 '충분한 자격'이 없다고 느끼게 만든다는 사실이다.

심지어 전통적인 가족 관계에서 벗어나 자유를 얻는다 해도, 본인의 계급이 바뀌지 않는다면 이전의 취약하다는 느낌 또한 변치 않고 그대로 남는다. 스물여덟 살에 대가족에서 벗어난 한 기계공 청년이 있다. 그는 열일곱 살에 고등학교를 졸업했는데, "호남형으로, 그땐 다 그렇듯이 패거리 지어 몰려다니는 아이들 가운데 한 명"이었다. 부모님과의 관계는 전반적으로 친밀했다. 그는 여러 소수 민족이 섞여 있는, 자기가 자란 안정되고 안전한 동네를 좋아했다. 졸업 뒤에는 4년간 해병대에 복무했다. "베트남 전쟁이 일어나기 전으로 인생의 좋은 시절"이었다. 그는 해병대의 규율을 군대 생활의 현실로 받아들였고, 규율 때문에 개인적으로 힘들어한 적은 없었다. 스물한 살이 끝날 무렵 제대한 그는 옛 고향에 있는 부모님 집으로 돌아왔다. 그리고 2년이 흘렀다. "잘 지내고 있어요. 나이 든 부모님과 함께요. 그분들은 내게 늘 충고와 필요한 것들을 주세요. '얘야, 결혼도 해야지' 하시죠. 괜찮아요. 그게 그분들이 사는 방식이었죠." 그 뒤, 그는 결혼을 하고 주유소에서 일하다가 신발 파는 일을 한다. 지금은 더 힘든 시기로 접어들었다. "날마다 '네, 선생님', '네, 부인'이라고 인사하는 건 그렇게 나쁘다고 생각하지 않아요. 하지만 집에 돌아오면 더는 그 일을 생각하고 싶지 않아요. 보세요, 우린 부모님 집 근처에 살고 있었어요. 얼마 후 그 영향이 나타났죠. 내 말은, 보통 사람이 그 일을 어떻게 받아들이는지 일하면서 알게 되었단 말이에요."

"해병대에서보다 더 많이요?"라고 그에게 물었다.

"아니요. 그거랑은 다르죠. 지금 나는 가족이 있어요. 알겠지만, 난 당당해지고 싶었죠. 언젠간 당신도 책임을 져야 한다고 생각해요. (…) 어쨌든, 결국 난 모린과 함께 그 동네를 떠나 이사를 갔어요. 그리고 그렇게 한 게 잘한 일 같아요."

직장에서 "네, 선생님. 네, 부인"이라고 대답해야 하는 것은 그가 집에서 부모에게 표해야 하는 예의에 대해서 훨씬 더 예민하게 만든다. 그는 이제 대가족이 그에게 힘을 보충해주는 안식처라기보다는 오히려 그가 직장에서 경험하는 일의 복제판이라는 사실을 발견한다. 따라서 그는 대가족을 떠나 이사 가는 것을 적어도 자기 삶의 일부를 '책임지는' 것이자 어느 정도 '주체적이고 독립적인 사람'이 되는 기회로 본다.

그런데 그는 이렇게도 말한다. "가족 관계에서 이렇게 큰 변화를 겪었지만, 나는 집이 저 밖에 있는 나만의 성이라고 말할 수는 없어요. (…) 몸을 숨길 수 있는 그런 곳이요." 무슨 의미일까? 교외 지역에 사는 사람들은 정당성을 인정받을 정도로 충분한 능력과 자격을 갖춘 사람들로 보이기 때문에, 그 지역에 새로 이사 온 사람들은 더더욱 자신들이 하찮게 느껴진다.

"음, 내가 인터뷰를 시작할 때 왜 그렇게 마음 졸였는지 설명해볼게요." 한 주택 페인트공이 말했다. "당신은 아니에요. 당신은 괜찮아요. 하지만 당신도 알 거예요. (…) 나는 고학력자들을 만날 때마다, 그래요, 나와 다른 종류의 사람들을 만날 때 말이에요. (…) 그저 평소와 다름없이 자연스럽게 행동하면 내가 스스로 바보처럼 굴고 있는 것 같은 느낌이 든단 말이에요, 알겠어요? 보세요. 사람들이 당신을 어떻게 취급하느냐 하는 문제가 아니에요. 당신 스스로 어떻게 해야 할지 모르는 것 같은 느낌을 말하는 거예요. 이런 거죠. 예컨대, 콜럼버스 기사단* 친목 파티에 갔던 때가 기억나요. 거기 사람들은 모두 양복 정장을 하고 있었고, 난 재킷만 걸치고 갔어요. 바람막이 점퍼였죠. 어쨌든, 사람들이 돌아다니면서 서로 인사하며 소개하고 있었는데 **내게는** 아무도 인사하러 오지 않더군요. 그렇더라고요."

도시에서 소수 민족 이민자 출신이 모여 사는 동네를 떠나는 모든 사람이 정말로 그곳을 떠나는 것은 아니다. 많은 경우, 교외 주택 지역으로 새로 이사 오는 다른 모든 이가 서로 비슷한 처지에 있는 사람들이기에 그들은 그곳에서 다시 자신들이 떠나온 곳의 전통적인 생활 모습을 재현한다. 그곳에서 우리는 사람들이 개인이든 가족 단위든 스스로가 주체적 자아로 홀로 섰으며, 자신이 '어느 미국인이든 존경할 수 있는' 사람이라고 느껴보기 위해서 과거에 자신에 속한 계급과 소수 민족 이민자 출신의 굴레를 벗어나려고 애쓰고 있다는 사실을 발견했다. 방금 인용한 미국인은 실제로 자신보다 더 높은 위치에 있는 사람들, 즉 기존의 중산층이나 계층 상승에 성공한 같은 계급 출신의 사람들과 관련이 있다.

우리는 소수 민족 이민자의 대가족 거부에 대해 이야기를 나눠야 했다. 왜냐하면 그 거부가 우리가 인터뷰한 사람들의 과거이기 때문이다. 그러나 하워드 엘린슨이 로스앤젤레스에서 인터뷰한, 시골

* 미국 가톨릭교도 사회사업 단체

출신의 전통문화를 중시하는 노동자 집단의 가족사에서도 비슷한 주제를 발견할 수 있다. 이 노동자 가운데 일부는 부득이하게 도시로 왔다. 1930년대 초 미국 중서부 대평원을 휩쓴 모래 폭풍으로 그들의 가족들이 어쩔 수 없이 이주해야 했기 때문이다. 또 다른 일부는 훗날 일자리를 찾아 자발적으로 도시로 왔다. 농촌에서 도심으로의 이주는 독립 전쟁 이래로 미국에서 계속 이어져온 현상이었다. 하지만 그런 일이 왜 일어나는지, 특히 시골 청년들 사이에서 더 그러는지에 대해서 알려진 것은 거의 없다. 그러나 엘린슨이 인터뷰한 사람들이 그들 자신에 대해서 반드시 이야기하는 내용은 적어도 한 가지 측면에서 보스턴 노동자들의 이야기와 닮았다. 그들은 농장에 있으면서 자신이 누구의 지배도 받지 않는 독립한 존재가 아니며, 만일 부모님 집에 그대로 눌러앉으면 자기 삶에 대한 통제권이 점점 더 없어질 거라고 생각했다. 해를 거듭할수록 농촌 경제가 점점 쇠락한 것은 분명했지만, 이 청년들이 그런 이유 때문에 고향을 떠난 것은 아니었다.

그들은 독립적인 주체로서 자유를 찾아 일하기 위해 로스앤젤레스에 왔다. 그런데 그곳에서 외로움을 느낀다. 도시가 그들에게 더 많은 직업적, 물질적 이익을 제공한다고 생각하더라도, 전통적인 농촌의 가치들은 그들의 사회생활에서 자존감을 상징하는 이미지의 기반으로 여전히 남아 있다. 그 가치들은 당신이 '스스로를 돌볼' 줄 아는 한 개인으로 우뚝 서기 위해 무언가를 할 때, 자신이 믿는 지역사회와 공동체를 무너뜨리는가에 대한 물음을 던진다. 보스턴 교외 지역에 사는 소수 민족 이민자 출신 노동자들이 그랬던 것처럼, 그

가치들은 전통적인 옛 가치들을 여전히 신뢰하지만 자유를 찾아서 이들을 뒤에 남겨둔 것에 대한 문제인 것이다.

이런 환경하에서 독립적인 가족을 만들고자 하는 시도는 윌리엄 오맬리가 직장에서 느끼는 것과 같은 종류의 내적 모순으로 끝난다. 당신은 독립이 가져다주는 존중과 전통적 가족 우애로 구현된 존중 둘 다를 원하기 때문이다. 이 둘 사이의 모순은 자신이 짊어져야 할 짐의 문제, 즉 자신을 '어느 미국인이든 존경할 수 있는' 사람으로 보이게 하지 못하는 무능함의 문제로 당신의 마음속에 계속해서 굴절된다.

직장이나 가정에서 느끼는 무력감은 지능 검사에서 낮은 점수를 받을 때 느끼는 감정과 비슷할까? 우리는 그렇다고 믿는다. 사회적 불평등에 기초한 세상에서 자기 인식의 문제로서 능력이 한 개인에게 무엇을 의미하는지에 대해서 그 둘 사이에는 연속성이 있다.

실제로 지적인 작업이 근대 기업의 기반이 되었다는 말을 자주 한다. 우리의 머리는 새로운 생산품과 새로운 소비 방식들을 고안해 낸다. 우리는 이 책 뒷부분에서 더 자세하게 '탈산업 사회'를 검토할 것이다. 여기서는 다만 우리의 머리에 대한 생산적 이미지가 또 다른 방향으로 나아간다는 사실만을 지적하고자 한다. 보스턴의 육체노동자들이 개인적으로 무엇이 모자라서 자기보다 높은 계층의 사람들을 만났을 때 위축감을 느끼는지 알아내기 위해 매우 광범위하고 다양한 맥락 속에서 노력한 정황을 보면, 그들이 기댄 것은 늘 머리와 지능이라는 개념이었다. 그들은 "내가 충분히 똑똑하다면 얼마나 좋을까"라든가, "나는 정말로 만족감을 느끼며 일할 수 있는 높은 자리에 오르지 못했어요" 또는 "쓰레기 치우는 일을 피하지 못한 건 그냥 내가 똑똑하지 못해서 그런 거죠"라고 말한다.

이런 자기표현들은 모두 사실일까? 우리는 나중에 좋은 직장, 정규적인 지적 훈련과 관련된 증거를 따져볼 것이다. 그러나 이런 말을 하는 사람들은 자신들에 대한 비난이 이야기의 전부라고 정말로 확신하지 않는다. 인간의 머리는 사람들이 사회 질서에서 더 높은 자리를 구매하기 위해서 필요하다고 느끼는 전형적인 '상품'이 되었다. 하지만 위에서 말한 사람들은 모두 내면에서 실제로 자신들을 성장시킬 수 있는 자유, 즉 중산층 사람들이 가졌다고 생각되는 바로 그런 자유를 자신들이 결코 누린 적이 없다고 생각한다.

요컨대 사람들이 달고 있는 내적 능력의 배지들은 불공평하게 부여되는 것처럼 보이지만, 그런 사실을 반박하기는 어렵다. 이 어려움은 우리가 인터뷰한 사람들이 일상의 생존 현장에서 항시 대면하는 바로 그 계급의 상처인데, 단순히 '다른 사람들이 나를 대하는 모습'에 대한 분개가 아니라 그보다 훨씬 더 복잡한, 부정된 자신의 자유와 존엄성에 대한 뒤엉킨 관계를 의미한다. 이 실존적 문제는 한 개인의 내면 한편에 있는 동료나 가족 간의 우애에 대한 부담이 또 다른 한편에 있는 자신의 가치에 대한 개별적 권리 행사 욕구와 서로 격렬하게 충돌하는 상황에 빠지게 만든다. 그는 이렇게 서로 충돌하며 싸우는 감정들을 어떻게 실질적으로 풀어나갈 수 있을까? 그는 이런 모순에 직면해서 자유와 존엄성을 확고히 세우기 위해 어떤 시도를 감행할까?

2장

희생과 배신

1950년대 후반, 예일대학교의 정치학자 로버트 레인 교수는 뉴헤이븐의 교내에서 열다섯 명의 남성 집단과 '왜 미국의 일반 남성들은 자신이 하는 일을 믿는가'라는 주제로 인터뷰를 진행했다. 여기서 진행한 인터뷰 결과로 출간된 첫 번째 책 《정치 이데올로기*Political Ideology*》는 가슴을 뭉클하게 하는 기록이다. 부분적이지만, 그 책은 지금까지 이 책에서 나타난 것과 동일한 갈등 문제를 다루고 있다. 레인은 책에 "인터뷰 대상자 대부분은 미국이 모든 사람에게 기회를 활짝 열어놓고 있다는 견해를 수용했다. 그들은 비록 자신들에게 부여된 기회가 완전히 공평하지는 않지만, 적어도 한 개인이 자신이 처한 현재의 사회적 지위에 스스로 책임져야 한다고 할 만큼은 충분히 공정하다고 생각한다"고 썼다. 그러나 사회적 지위는 또한 그 사람이 태어난 가문과 계급이 무엇이냐에 따라서 큰 영향을 받는다고 나타났는데, 그날 뉴헤이븐에서 인터뷰에 참여한 사람들은 자신들이 그 문제를 통제할 능력이 전혀 없다고 생각했다.

이 장에서 우리는 지난 10년 동안 미국의 사회 구조에서 무엇이 바뀌어 이러한 갈등이 오늘날 노동자들의 삶에서 중요한 비중을 차지했는지를 분석하고자 한다. 그러나 레인은 우리가 숙고해야 할 더 긴급한 문제를 던진다. 그는 이런 갈등 상황에 빠진 사람들이 그 갈등을 해결하기 위해 애써 내놓는 것이 어떤 종류의 해법인지 묻는다.

> 어떤 것을 검토하기가 고통스러울 때, 사람들은 대개 외면하거나 아니면 살펴보더라도 자기가 보고 싶은 부분만 골라서 본다. 그들은 그것이 중요하다는 사실을 받아들이지 않는다. 대개 사람들은 계급적 지위의 상승에 대해 말하거나, 그 지위의 강점이 아닌 약점을 설명해야 할 때 그러는 경우가 많다.

레인은 이 감정이 세 가지 방식으로 처리된다고 본다. 그가 인터뷰한 한 남자는 이렇게 말했다. "상류층에 속한 누군가가 있는데, 나는 상류층에 속해 있지 않다고 생각하는 것은 내게 너무 힘든 일이에요." 그는 먼저 자신을 외부와 격리하기로 한다. "내게는 책임져야 할 나 자신의 작은 구성단위가 있어요." 10년 전 도시 노동자에게 외부와의 격리는 여전히 문화적으로 가능했다. 스스로를 외부와 격리하고자 하는 그의 욕구를 강화해줄 강력한 소수 민족 거주지들이 여전히 건재했기 때문이다.

두 번째로, 레인이 인터뷰한 노동자들은 소속 계급 때문에 자기들이 어떻게 할 수 없는 상황에 얼마나 많이 빠지는지 인정하는데도 불구하고, 정작 사회 계급이 자기 삶에 영향을 미치는지를 물으면 여러모로 그 사실을 일축하면서 계급으로 발생하는 내적 갈등 자체의 중요성을 부인했다. 그런데 우리가 인터뷰한 보스턴 노동자들은 그와 달랐다. 그사이에 미국에서 무언가 중요한 변화가 일어난 게 틀림없었다. 우리는 사회 계급이 그들에게 끼치는 영향력을 무시하는 말을 결코 들어보지 못했다.

끝으로, 레인은 노동자들이 이러한 갈등에 대응하는 방법으로 "자기에게 주어진 운명을 마지못해 받아들이며" 체념하고 있다는 것을 발견했다. 그는 어떤 경우에는 그런 체념의 마음 상태가 진심인지 확신이 서지 않는 때도 있었다는 데 주목했다. 레인은 그 체념의 저변에 도사리고 있는 불안한 충동을 여전히 느낄 수 있었다. 또 어떤 경우에는 사람들이 결국 자신들이 정말로 아무것도 할 수 없다고 판단함으로써 이 갈등을 처리하는 것처럼 보이기도 했다.

보스턴의 노동자들은 계급의 상처 앞에서 체념의 목소리를 낸 적이 거의 없었다. 우리가 만난 사람들은 자기 삶에 대해서 비록 복잡하지만 강력한 사명감이 있었다. 그들은 계급적 상황 때문에 교육을 많이 받은 교양인들에 비해서 자유를 제한받았다면, 자기들이 스스로 그 자유를 **만들어내면** 될 거라고 생각했다. 다른 말로 말하면, 그들이 마음속으로 자신들이 어쩔 수 없어 그런 것이 아니라 스스로 선택해서 한 것처럼 느끼기 위해 그들이 할 수 있는 행동을 하기로 했다는 의미다. 이 문제는 당신이 얼마나 자유로운지를 거짓으로 말하는 것의 문제가 아니라, 실존주의 철학자들이 일반적으로 그런 결심에 대해서 말한 것처럼 당신이 선택하고 원하는 목적과 관련해서 당신이 처한 상황을 어떻게 생각하느냐의 문제다. 당신이 아무리 손발이 꽁꽁 묶인 채 세상에 예속당한 상태라고 해도, 당신은 이런 방식을 통해서 한 인간으로서 자신의 존엄성을 지킨다. 그러나 보스턴의 노동자들이 그들이 처한 상황에서 탈취하려는 존엄성은 개인적 희생이라는 역설적 도덕성으로 표출되었다.

이민자 출신 재단사의 손자 존 버틴은 일주일에 6일을 일하고 야근도 이틀이나 한다. 그의 총수입은 1만 2천 달러로 그의 부모님 소득과 비교하면 엄청나게 큰 금액처럼 보이지만, 물가 상승, 세금, 아내와 다섯 명의 자식에 지출되는 하루 비용을 감안하면 매우 부족한 수준이다. 버틴 부부는 둘 다 주민이 모두 백인인 노동 계급 동네에서 자랐다. 존 버틴은 학교생활을 9학년까지 간신히 마쳤다. "난 그저 그런 흔해 빠진 사람 같았죠. 아무도 돌보지 않는 아이요. 학교가 정말 재미없었어요. 어디 처박혀 있는 건 질색이에요. 늘 밖에 나가 있어야 했죠."

버틴이 살아온 삶의 윤곽은 우리가 더 넓은 측면에서 추적한 능력 계발 문제의 축소판이라 할 수 있다. 그는 학교에서 자신이 '우둔하다'고 느꼈다. 그래서 이해력이 남보다 못한 것이 **자신**의 성격 결함, 인내심 부족, 공부를 잘하려는 의지력 부족 때문이라고 생각했다. 따라서 권력자 앞에서 능력을 보여주지 못하는 무능함, 자기 내면의 인성과 이해력 계발 실패 사이에는 그의 어린 시절부터 뚜렷한 연관성이 형성되었다. 버틴이 어른이 되었을 때, 무능력과 개인적 가치 하락 사이의 연관성은 한층 더 강화되었다. 그는 대공장의 운반구 도장 업무를 하는데, 사람들은 그를 없는 사람 취급한다. 버틴은 자신이 겪고 있는 상황(그가 바라는 것, 실패한 것, 심지어 현재 힘겹게 발버둥 치는 것) 자체 때문에 자기가 자식들에게서 존경받을 수 없다고 생각한다.

하지만 그는 자식들에게 한 가지 주장할 권리가 있다. 자신이 그들을 위해 자기 자신, 즉 자신의 시간과 노력을 희생하고 있다는 사실 말이다. 그는 여전히 다른 사람들을 위해 중요한 일을 하는 사람으로서 행동할 수 있는, 즉 자기 소유의 물질적 수단을 빼내서 아내와 자식들에게 줄 수 있는 능력이 있다. 그런 일은 실제로 그가 책임을 지고 통제할 수 있다. 그는 자신이 스스로 자기희생을 **선택한** 것으로 생각할 때, 비로소 자유로운 사람으로 행동하는 상태가 된다. 그는 그동안 자신의 권한 밖에 있는 사회 질서에 의해 무수히 반복적으로 인정받지 못했지만, 이제는 주도권을 빼앗아올 것이고 지금껏 부인당한 행위도 할 것이다. 따라서 그의 자기희생은 자발적인 행위가 될 것이다. 리카 카르티데스의 말로 표현한다면, "난 그들의 아버지예요. (…) 그래서 그들은 나를 존경**해야** 하죠. 왜냐하면 나는 그들을 위해서 하고 싶은 일이 많거든요." 겉으로 볼 때 이 과정은 아버지 입장에서 매우 가혹하다. 하지만 그 내면을 들여다보면, 이 과정은 일종의 자기 경멸로 자식들이 자신처럼 되지 않기를 애원하는 것이다.

우리가 인터뷰하는 중에 버틴의 아들이 학교에서 수업을 끝내고 집으로 왔다. 버틴이 물었다.

"아들, 오늘 학교에서 뭘 했니?"

"아무것도 안 했는데요."

"여섯 시간 동안 학교에 있었는데, 뭔가 배운 게 있어야지."

"아, 네. 미적분도 배우고, 화학 실험실에서 광합성도 배웠어요. 있잖아요, 그거……."

"그래, 정말 잘했네."

아들이 방을 나가자, 버틴은 인터뷰 진행자를 돌아보며 자랑스럽게 말했다. "당신은 걔가 한 말을 다 이해했죠? 난 아니지만, 당신은 그랬을 거예요. 난 여기까지 이해하지는 못했어요." 그는 자기 머리를 톡톡 치며 말했다. "하지만 우리 애들은 똑똑해요. **난 걔들을 그렇게 키우고 있어요.**"

이런 아버지들은 자식들이 자기들과 매우 다를 것이라고 단언한다. 그들은 어린 친구들이 학교생활에 무관심한 것을 허용하지 않는다. 왜냐하면 그들이 '그저 그런 흔해 빠진 사람'이 된 건 바로 그들이 학교에서 자기 능력을 계발하는 데 실패했기 때문이다.

보스턴에서 인터뷰에 응한 아버지 대부분은 한편으로는 자기희생 이데올로기에 젖어 있으면서, 다른 한편으로는 자신에게 자식들이 어떻게 처신해야 하는지 알려줄 권리가 있다고 주장하는 모습으로 뒤섞여 있었다. 그러나 이들은 확실히 권위적인 부모가 아니다. 한 남성이 말했다. "일주일에 6일을 일하는 것은 많죠, 안 그래요? 그런데 지금 누군가는 그 일을 기꺼이 해야 하고, 누군가는 그 일에서 중요한 것을 얻어요. 맞나요?" 만일 그가 쉬지 않고 일한다면, 그의 자식들은 종종 그의 훈육에서 벗어나 '게으름을 피울' 자유를 누릴 자격이 있다. 그는 자식들이 "내가 어릴 적 보았던 대공황 시절의 그 힘들었던 세상에서 이제 그들이 원하는 것을 할 수 있는 괜찮은 어떤 세상으로" 자기가 하라는 대로 잘 따라 오는 한, '관대한' 아버지의 모습을 보인다. 한 철도 승무원이 우리에게 이렇게 말했다. "잠깐요, 나도 그 문제를 생각해요. 특히 메인주까지 화물을 싣고 집을 떠나 장거리 여행을 떠날 때 (…) 그 일이 모두 결국 지금 이 순간으로 모인다고 생각하고 있어요. 왜 나는 아이들을 떠나 이렇게 시간을 보낼까, 왜냐하면 그래야 아이들이 좋은 가정을 활용할 수 있기 때문이죠."

하지만 여기에 끔찍한 역설이 존재한다. 그 '좋은 가정'은 오로지 장시간의 노동을 통해서만, 아버지의 물리적 부재를 통해서만 유지될 수 있다는 사실 말이다. 그러나 기묘하게도 대공황 시절의 아이들에게 '혹독했던 가정'도 사정은 동일했다. 또 다른 남성이 말한다. "우리 아버지는 결코 나와 놀아주지 않았죠. 아버지는 늘 집에 없었어요. 한 번에 3~5주씩 동네를 떠나 있었죠. 그래서 실제로는 어머니가 나를 길렀죠. 어머니는 늘 야단만 쳤어요. 많은 다른 어머니처럼 나를 손등으로 치거나 주먹 같은 걸로 닥치는 대로 때리기를 전혀 주저하지 않으셨어요. 하지만 내가 **내** 인생을 다르게 살고 싶어 하는 것은 다 아버지 덕분이라고 생각해요."

자기 자신과 인생을 자식들에게 바치는 데는 계급적 한계가 있는 것이 분명하다. 자식들에게 줄 무언가가 자기 손에 있어야 하기 때문이다. 빈번하게 실직을 반복하는 극빈한 노동자는 자신의 희생이 가족들에게 중요한 의미를 준다고 느낄 수 없다. 그는 자식들이 자기와는 다른 삶을 살도록 이끌고 싶어 하는 만큼 간절하게 당장 먹고살기 위해 발버둥 치지 않으면 안 된다. 그가 하는 모든 것은 현재의 생존과 관련이 있다.

그러나 그 선을 넘는 순간, 우리는 익숙한 문제로 돌아온다. 어른들의 발버둥 치는 삶을 자식들을 위한 희생으로 보는 것은 단순히 육체노동자 가정뿐 아니라 미국 가정 대부분의 특징이 아닐까? 부유한 유대인 공동체의 삶에 대한 연구서인 《상류층 게토의 아이들 *Children of the Gilded Ghetto*》은 사업에 성공했고 존 버틴이 알고 있는 세속적인 제약에 시달린 적이 없는 사람들이 자신들의 일을 어떻게 정당화하는지를 보여주는데, 그들은 일을 통해서 자식들에게 특권을 제공한다는 것으로 그 일에 대한 정당성을 부여한다. 실제로 이 책에 나오는 성취와 존경에 대한 전반적인 생각은 논리적으로 모두 계급과 무관한 생각으로 이어진다. 즉, 만일 현재 능력의 배지가 없다면 당신이 사랑하는 사람에게 더 나은 삶을 제공하기 위해서라도 배지를 달아야 한다고 그 책은 말한다.

그러나 계급은 두 가지 방식으로 희생과 엮인다. 첫 번째는 경제적 측면의 문제다. 임금 노동자는 상반되는 두 개의 삶을 조화롭게 운영하는 가장 어려운 역할을 수행하려고 한다. 한편으로, 그는 아내, 자식들과 함께 놀고 그들에게 관심을 보이기 위해 많은 시간을 함께 보내고 싶어 한다. 다른 한편으로, 그는 아내와 자식들에게 편안한 삶을 제공하고 자기 삶에 좀 더 큰 의미를 줄 수 있는 유일한 방법이 더 오랜 시간 일하고, 따라서 가족들과 떨어져 지내는 시간이 더 많아지는 것이라는 사실을 안다.

그러나 물질적 계산이 전부가 아니다. 개인의 삶에 새겨진 트라우마를 만회하기 위한 시도로써 자기희생의 경험은 그 개인이 속한 계급에 따라 불평등한 결과를 낳는다. 즉, 노동 계급은 중산층보다 자기희생의 목적을 성공적으로 달성할 가능성이 더 적다는 의미다. 여기에 당사자가 어떤 계급에 속하는지의 문제가 연결되면, 그는 누군가 다른 사람들을 위해 엄청난 희생을 했다는 생각을 자신 있게 하지 못한다. 노동 계급에 속한 사람이 '성공적으로' 자기희생의 목적을 이룰 수 없는 이유를 이해하기 위해서는 희생적 행위가 요구하는 암묵적인 사회 계약이 무엇인지 살펴보는 것에서 시작해야 한다.

계약으로서의 희생

'야만적인' 부족들에게서 거행되는 희생 의식들은 시간을 조작한다. 동물이나 인간을 신에게 바치는 이유는 그 부족이 과거에 저지른 악행을 용서받기 위해서다. 희생 의식은 부족의 미래에 행운을 가져다줄 것이다. 또 희생은 부족 구성원의 성인 통과 의례로 거행되는데, 그 대상자들이 어린 시절에서 성인 시절로 순조롭게 넘어가도록 기원하는 의식이다.

근대 가족에서의 자기희생 또한 시간을 조작한다. 자식을 위해 희생하는 것은 미래 지향적으로 생각하고, 만족감을 뒤로 미루는 행위다. 만족감은 자식이 성인이 되어 누구든 그들을 존중할 수 있는 사회적 지위로 상승했을 때 올 것이다. 그들이 미래에 오를 사회적 지위는 부모가 현재의 자기만족을 포기하고 힘들게 애쓰는 노력을 상쇄할 것이다. 그러나 존 버틴이나 윌리엄 오맬리 같은 가족들에게서 희생은 또한 자기희생을 하는 당사자가 현재 자신이 애쓰고 있는 사람들에게 그 대가로 이것저것을 강요하고 있다는 의미이기도 하다.

우리가 앞서 본 것처럼, 윌리엄 오맬리가 대공황기에 어린 시절을 보냈을 때 그의 부모는 매우 가난했다. 그의 어머니는 아버지와 마찬가지로 온종일 일터에서 시간을 보내느라 아이들은 홀로 남겨져 스스로를 돌봐야 했다. 오맬리에게 노동은 자기 아내가 가정에서 보내는 여가 시간이 어머니 때보다 더 많을 수 있도록 자기 혼자 하는 일이다. 그러나 오맬리의 아내는 가정에서 보내는 시간이 여가 시간이라고 느끼지 못한다. 그녀는 그 시간이 지루하다. 남편의 권위가 강요한 시간처럼 느껴진다. 오맬리가 직장에서 기울이는 노력은 그가 자기 유년기의 역사적 상황을 묻는 질문에 대한 대답이다. 오맬리는 오늘날 아내가 그의 지난 상처를 보상받는 데 반드시 동의하지는 않는다는 사실을 알려고도 하지 않고, 아마 알 수도 없을 것이다. 그는 자기 혼자만 일하면서 자신이 아내를 **위해** 희생하고 있다고 느끼지만, 오히려 자신의 과거 상처를 빌미로 아내의 자유를 희생시키고 있다.

막스 베버에 따르면, 인간은 강탈을 통해 사회적 지위를 얻는다. 윌리엄 오맬리는 자기 가족을 위해 집 밖의 '현실' 세계를 제공하고 중재하는 사람의 역할을 강탈했다. 그러나 오맬리 같은 사람은 뭔가 바라는 것이 없다면 그런 강탈을 감행하지 않는다. 오맬리는 가족을 위한 자기 희생이 자신이 원하는 대로 가족이 행동하기를 바랄 권리를 자신에게 부여한다고 믿는다. 달리 말하면, 그들의 권리를 빼앗는 것은 자신이 그들을 위한 사랑 때문에 자기 욕망을 억제했기에 정당하다는 논리다.

따라서 여기서 그의 가족이 남편과 아버지에게 희생하는 모습을 보이는 것은 일종의 상호 호혜적 '계약'처럼 보인다. 그러나 사실상 단지 허위의 상호 관계에 불과하다. 가족을 위해 자기를 희생한다는 사람이 가족에게 자신이 **그들**을 위해 희생하기를 원하는지 묻지 않기 때문이다. 이런 '일방적인' 계약의 위력은 바로 한 개인이 전적으로 남들에게 뭔가 주는 행위를 강탈해서 그들이 대항할 수 있는 권리 주장을 하지 못하게 한다는 사실에 있다. 강탈자를 비난하는 모든 행위는 그가 그들을 위해 자기 욕망을 억제한다는 사실 앞에서 **우선권**이 뒤로 밀린다.

미국의 사회학자이자 교육자 헬렌 린드가 《수치심과 정체성 탐색에 관해서*On Shame and the Search of Identity*》에서 쓴 것처럼, 수치심은 죄책감보다 '지우기'가 더 힘들다. 법을 위반한 것에 죄책감을 느낄 때, 벌을 받는 것은 잘못된 행동에 대한 사건 종결을 의미할 수 있다. 우리는 영원히 죄책감에 시달리진 않기 때문이다. 하지만 그녀의 주장에 따르면, 나쁜 짓을 한 것보다 일을 제대로 하지 못하는 무능함과 관련된 수치심이 기억에서 지우기가 더 힘들다.

인생의 특정 시점에서 개인을 시험(예컨대, 아동기에서 사춘기로 넘어가는 남아에 대한 시험)하는 일부 문화에서는 그 시험 의식을 통과하지 못하더라도, 나이를 더 먹으면 그 의식은 그냥 종결될 수 있다. 희생은 의식이 아닌 방식으로 수치심을 처리하기 위한 시도이지만, 자기 욕망을 억제한 대가로 상대방에게 강요할 권리에 대한 계약은 사라지지 않는다. 린드의 주장에 따르면, 당사자가 그런 수치심이 사라져서 자기 욕망을 억제하는 희생의 대가로 상대방에 대한 도덕적 강요의 권리도 끝났다고 느끼는 의식 절차는 없다.

중산층 가족과 노동 계급 가족 사이의 태도 차이에 대한 많은 연구는 노동 계급 가정이 가부장의 권위를 더 중요하게 여긴다는 점을 지적한다.[1] 더 나아가 '권위적인' 부모의 태도는 가족으로 함께 생활하는 시간 전반에 영향을 미쳐서 자식의 청소년기뿐 아니라 아동기에도 뚜렷하게 나타난다. 그 결과, 대개 부모들은 외부 세계에서 결핍감을 느끼는 자신의 사회적 지위를 가정에서 끊임없이 강요함으로써 보충하려고 애쓴다.

그 결론은 한편으로 사실이지만, 또 한편으로는 오해의 소지가 있다. 중산층 가정의 아버지는 자식들을 위해 일하고 있다고 생각하며 노동에서 오는 긴장감을 해소할 수 있지만, 그 과정에서 자식들이 더 높은 계급으로 상승하기를 바랄 필요는 없다. 즉, 자신과 다른 계급의 사람이 되기를 바랄 필요는 없다는 말이다. 오맬리와 버틴 같은 노동 계급 가정의 아버지들은 자식들을 위한 자기희생의 요체를 그들이 자신들과 다른 사람이 **될 거라는** 것으로 이해한다. 교육과 올바른 친구 관계를 통해서 아이들은 자신을 이성적으로 통제할 줄 아는 방법을 배우고 더 폭넓은 선택을 할 수 있는 힘을 얻을 것이고, 결국에는 아버지보다 더 많은 능력을 갖추어 세상에 더욱 강하게 맞설 수 있어야 한다. 자식이 세상에 대응할 능력을 훌륭하게 갖추는데 성공한다면, 아버지는 대리로 만족할 뿐이다. 그의 희생이 자기가 살면서 수치심을 느끼고 남들보다 무능하다는 생각에 시달리게 만든 사회적 조건들을 사라지게 하는 것은 아니기 때문이다. 노동 계급 아버지가 자식에게 가하는 압력을 '권위적'이라고 부르는 것은 아버지가 자식에게 부모의 삶을 따르지 말고 피하라고 요구한다는 점에서 오해의 소지가 있다.

그러니까, 노동 계급의 자기희생은 의식 절차가 아니다. 수치심을 사라지게 하지 못하고, 실제로 사회가 남성들에게 강제로 귀속시키는 나약함에 대한 책임에는 시한이 없기 때문이다. 그 나약함은 현재 그들이 어떤 존재인지로 구체화된다. 자기희생을 담보로 한 그 계약은 내 자신을 네게 줄 테니, 너는 내가 원하는 것을 해달라는 단순한 거래가 아니다. 그 계약은 내 기분을 좋게 해줄 것이고, 너를 통하지 않으면 나는 삶이 없다고 느끼는 것을 멈추게 한다.

만일 희생이 의식이 아니라면, 최소한 일상이기는 하다. 우리와 대화를 나눈 여성들은 자기 남편들이 희생을 통해 자신들을 먹여 살리기를 기대한다. 그들 또한 여성으로서, 부인으로서, 그리고 어머니로서 그들 자신을 희생한다는 측면에서 대개 그러한 기대를 정당화한다. 많은 가족 내에서 서로가 저마다 생각하는 자기희생을 바탕으로 상대방이 해야 할 개인적 의무를 암묵적으로 기대하는 일종의 교환 관계가 생겨난다.

남편이 아내에게 바라는 기대는 대개 여성들이 보기에 끔찍할 정도로 모순적이라고 느껴진다. 아내들은 아이 양육, 크고 작은 살림살이, 장보기, 각종 대금 납부를 비롯한 집안의 자잘한 사무 노동 대부분을 감당해야 한다. 한 여성은 이렇게 말했다. "난 이 모든 것을 **할 수** 있어요. 결국 남자가 이른바 좋은 아내에게 기대하는 게 바로 그런 거죠. 에디는 내가 성적 매력이 있는 여자가 되기도 원해요. 하루에 열두 시간에서 열네 시간을 집안일을 하느라 보내는데, 침대에서는 섹시해지기를 바라는 거죠. 그는 '내가 낮에 내내 열심히 일하고 밤엔 남자가 될 수 있다면, 당신은 왜 여자가 될 수 없는 거지?'라고 말해요. 내게 바라는 행동이 다 그런 식이에요. 내 말은, 그는 내가 자기를 위해 예쁘게 치장하고 성적 매력을 풍기는 데 많은 시간을 쓰기를 바라죠. 그러면서 동시에 나는 좋은 아내로서 아침부터 밤까지 **부모**가 되고 제때 **대금 납부**도 잘 해야 해요. 생활을 잘 꾸려나가야 하니까요."

이러한 분리는 사랑과 사회적 능력이라는 서로 코드가 다른 것들이 충돌하는 모습을 보여주는 것으로 젊은 남성과 소녀들에게 영향을 끼친다. 한편에는 성적 매력이 있는 존재로서 '여성'이 있고, 다른 한편에는 가족과 가정의 살림 문제에 일정 정도 통제력을 발휘할 줄 아는 유능한 관리자로서의 존재가 있다. 여성은 남편이 보기에도, 자기 자신이 보기에도 더 매력적이고 관능적이고 섹시해 보이지 않는다. 왜냐하면 그녀는 자식들을 키우거나 이웃들을 상대할 수 있기 때문인데, 이런 대응 능력은 성적 매력 차원과 분리되어 있고 충돌하는 것처럼 보인다.

여성들은 남편의 요구를 적절하게 충족할 수 없다고 느낄지라도, 대개 남편이 짊어진 짐에 대해서는 깊은 공감을 유지한다. 이 공감은 남자들을 보호하고자 하는 바람으로 표현되었다. 그들의 남편이 살림에 필요한 돈을 벌기 위해서 매우 열심히 일하고 있기 때문에, 많은 아내가 날마다 모든 집안일을 잘 꾸려나가야 한다고 느꼈다. 그들이 남편에게 빚졌다고 생각한 희생이 바로 이것인데, 이 희생은 오맬리의 아내가 그랬듯이 오히려 그들을 매우 불행하게 만들었다.

그 희생에 함축된 계약 내용은 요컨대 다음과 같다. 자기희생을 하는 사람은 자신이 하는 일이 기본적으로 다른 사람의 행복에 바치는 것이라고 본다. 자식들에 대한 그의 희생은 그들의 미래를 위한 것이다. 또 그 대상이 배우자든 자식이든, 그가 현재의 자신을 부인하고 가족을 위해 하는 희생이 지금 그들이 누리는 자유를 제한하는 것을 정당화한다. 따라서 가정에서의 희생은 학교나 공장에서 행사되는 정당화된 권력처럼 자유와 자존감 사이의 갈등을 유발한다.

우리가 인터뷰한 남성들은 중산층 아버지들과 달리 여가 시간만을 희생할 수 있다. 또한 희생의 대가는 오맬리와 버틴 같은 아버지들이 가정에서 안정된 삶의 그물망을 만드는 것보다는 자식들이 스스로 능력 계발을 하도록 자극해서 그들이 자신의 삶보다 더 높은 차원의 사회생활을 누리게 하려고 애쓰고 있다는 점에서 특별하다.

세대를 가로지르는 그런 변신의 이미지는 개인적 의지에 함축되어 있는 감춰진 계급의 분노, 즉 돈과 시간에 대한 고려를 넘어서 노동 계급 가정에 만연한 불평등과 부당성의 이미지에 대한 실마리를 제공한다. 이러한 변신이 아이에게 권하는 행동은 자기 과거를 버리고 자기를 위해 희생한 부모를 뒤에 남겨둔 채 떠나는 것이다. 그가 그렇게 해서 모든 이의 존중을 받을 수 있는 자리에 오른다면, 어떤 면에서 그는 자기 부모를 넘어섬으로써 그들을 배신하는 것이 아닐까? 당신이 자신의 삶에 단순히 생존 이상의 더 커다란 도덕적 목표를 부여하려고 할 때, 배신은 필연적 결과가 아닐까?

희생과 배신의 이미지

분명히 말하지만 톰 디울프와 그의 아내처럼 완벽하게 보상받은 사람은 거의 없다. 이 부부에게는 네 아들이 있는데, 모두 자기 부모를 존경한다. 그들은 다 운동을 잘했고, 학교에서 인기 있는 학생 대표였다. 네 아들은 모두 대학을 졸업했거나 입학할 예정이다. 디울프 부부는 정식 교육을 거의 받지 못한 노동자로, 자식들이 재능을 보이는 능력을 계발할 수 있도록 그에 걸맞은 교육과 자원을 제공하기 위해 안간힘을 썼다. 디울프는 말한다. "거기에 내 인생을 모두 바쳤죠. 내가 갖지 못한 것을 아들놈들이 가질 수 있도록 돈을 왕창 벌려고 애쓰면서 말이죠. (…) 이제 다음 목표는 62세가 되었을 때 은퇴해서 몇 년이라도 즐기며 사는 거예요." 그들은 아이들이 집중적으로 노력하고 공부할 것을 요구한 엄격한 부모였다. 그리고 아들들이 가능한 한 거리의 불량배들과 어울리지 못하게 막기 위해 엄격한 규칙을 정했다.

그들은 네 아들이 이룬 성취를 자랑스러워하면서 그 후광을 느낀다. 그들은 또한 아들들의 성공으로 이웃에게 우쭐한 마음을 가졌는데, 자식의 성공은 자신들이 이웃과 구별되는 사람이라고, 즉 동네의 다른 가족보다 우월하다고 느끼게 하는 기반이기 때문이다. "이 동네 사람 가운데 얼마나 많은 사람이 혼자 힘으로 자기 아들들을 일류 대학은 고사하고, 그러니까 아무 대학이라도 **보낼 수나 있을지**를 생각하면 우리가 정말 대단하다는 느낌이 들어요."

그러나 자식들을 통한 대리 만족의 삶은 엄청난 위험 요소들을 동반한다. 왜냐하면 자식들은 단순히 부모의 확장체이거나 부모의 꿈이 구현된 존재가 아니라, 그들 자신이 독립된 존재이기 때문이다. 디울프 가족에게 현재 일어나고 있는 일은 이런 독립된 존재들이 행할 수 있는 가장 노골적인 형태의 배신이다.

동시대 청년들 사이에서 일고 있는 가치관 변화의 물결에 휩싸인 디울프의 아들들은 그들의 부모와 그 세대 사람들이 소중히 여기는 응보와 정당화의 환상들을 그대로 이어가는 것에 점점 거리감을 느끼고 있다. 그들은 왜 자신들이 그렇게 열심히 일해야 하는지, 그들이 왜 "엄마와 아빠의 작은 보석"이 되어야 하는지에 의문을 표시하기 시작했다. 아들 가운데 한 명의 말처럼 말이다. "난 아버지께 간청하고 싶어요. (…) 하지만 아버지는 분명 나를 미워할 거예요. 내가 변호사나 의사 같은 존경받는 사람이 되고 싶어 하지 않는 걸 알면 말이에요."

아이들이 학교 다니는 것을 그만두려고 하거나 예술가가 되려고 할 때, 부모들은 겉으로는 담담한 척하지만 자식들이 결국 자신들이 기대한 방식으로 희생에 보답하지 않을까 걱정한다. 그러나 부모의 기대를 저버리지 않는 자식 또한 그들을 배신한다.

프랭크 리사로는 대학에 다니는 아들들에 대해서 이렇게 말한다. "나는 걔들이 항상 나를 두렵게 생각하게 해요. '너희들은 교육을 많이 받았기 때문에 내게 마구 이래라저래라하기 시작할 거야. 그러면 난 너희들을 이 집에서 쫓아낼 거야. 그런 자식들은 필요 없거든.' 이 집에서 대장이 누구인지 이해시키면, 걔들은 나를 존경하죠. 당신도 알겠지만, 자식들을 그냥 내버려 두면 (…) 내게 도발하기 시작할 거예요."

이 말은 예사롭지 않은 의미를 담고 있다. 우선 그 말의 솔직함에서 그렇고, 무엇보다 그 표현에 담긴 두려운 심정에서 그렇다. 디울프와 달리 리사로는 자기 아들들이 자신이 그들에게 부여한 계약상의 의무를 이행하면서, 즉 학교에 잘 다니면서 바라는 대로 잘 나아가는 모습을 **보고 있다**. 그러나 이것은 아들들이 이제 그보다 큰 힘을 가질 것이고 그를 '힘으로 강압할' 수 있다는 것을 의미한다. 그래서 그는 만일 "자식들을 그냥 내버려 두면" 그에게 "이래라저래라하기" 시작할 것을 두려워한다.

실제로 만일 아버지의 희생으로 자식들의 삶이 변화하는 데 성공한다면, 그때부터 아버지는 자식들에게 짐이 되고 난처해진다. 한 노동자가 "내 인생의 중대한 사건 가운데 하나"라고 묘사한, 그가 깊은 비애를 느낀 중대한 순간이 우리의 인터뷰 도중에 발생했다. 그가 어버이날을 맞아 아들이 다니는 전문 대학의 남학생 사교 클럽 회관을 방문했을 때였다. 그의 아내는 햄을 구웠다. "그러니까, 거기에 우리 '연줄'이 한 명 있으니까요." 다음은 그들이 현관문을 통과해 걸어 들어갔을 때 그가 보인 반응이다.

"우리 아들들이 대학교 남학생 사교 클럽 회관을 출입할 거라고는 생각해본 적이 없었죠. 거기서 우리는 누구나 만나고 싶어 할 아주 품위 있는 사람들을 만났어요. 그들이 속한, 우리 범위 밖의 계급이요. 그래요, 이런 식으로 말할게요. 만일 그들이 내가 어디 출신인지 알면, 즉 이스트 보스턴의 빈민가 출신이라는 걸 알면 그들은 우리가 자기네 모인 자리에 오는 것조차 반대할 거예요. 내 말은, 솔직히 말해서 우리가 어디 출신인지를 조금은 존중해야 한다는 거예요. 지금 속해 있는 데가 거기니까요. 지금은 교육을 많이 받은 친구들과 함께 있는데 이제 다시 왔던 곳으로 가서 길모퉁이를 돌아가면, 거긴 불량배들과 이웃들이 있죠. 이상이에요."

하지만 희생이 가정 안에서 가장 강력하게 불러일으키는 존중의 파괴는 어린 자식의 성공이나 실패에 좌우되지 않는다. 더 직접적인 문제는 그런 계약 관계 아래서 가족 간의 사랑이 잔존할 수 있는지다.

희생으로 사랑한다는 것의 비극은 그 희생에 감사함을 느끼도록 강요받는 사람들이 상대방에게 감사함을 느낄 수 없다는 데 있다. 자식들에게 희생은 부모가 그들을 진정으로 사랑하기 때문이 아니라, 그들을 조종하기 위한 방편인 것처럼 보인다. 예컨대, 근면한 어느 노동자의 장남은 자기 아버지를 원망하면서 아버지가 아들을 위해 "많은 일을 하고" 있다고 스스로 생각하는 것을 볼 때 화가 난다. 그는 아들인 자신이 아버지에게 요청해서 하는 일이 아니기 때문에 그 일을 희생이라고 보지 않는다. 그러므로 그는 그것을 은폐된, 약간 비겁한 권력 행사라고 보지만 아버지는 그렇지 않은 것처럼 행동한다.

따라서 아들은 아버지가 그에게 "죄책감에 사로잡히게" 하기 때문에 배신감을 느낀다. 하지만 아버지는 반대로 자신이 한 일에 아들이 고맙다고 말하거나 감사 표시를 하지 않는 데 배신감을 느낀다. 아버지에게 없는 장점, 아버지의 희생으로 얻은 장점을 가진 아이의 감사할 줄 모르는 태도는 아버지에게 극도로 부당해 보인다.

아버지가 자식들을 다룰 때 어떤 의미에서 그가 사회의 역할을 대신하려고 애쓴 것만큼 그렇게 깊숙이 억압적인 사회의 가치관을 '내재화'하지는 않았기에, 그는 부차적이거나 수동적인 역할로 물러나기로 마음먹은 사람이다. 그가 이렇게 자신을 희생하는 것은 더 많은 비애를 느끼기 위해서가 아니다. 존엄성에 대한 욕구는 한 개인이 날마다 어떤 의미를 쌓아가고 있고, 자신이 태어난 세상에 중요한 뭔가를 보태고 있다는 느낌을 갖도록 다그치는 갈망이다. 이러한 부모의 희생이 아들에게 음흉한 조정, 맹목적인 사랑의 강요로 비치는 것은 아버지도, 아들도 피할 수 없는 필연적 결과다.

자기 자신을 내주고 배은망덕으로 보답받는 이야기는 미국 노동계급 가정을 넘어서 그들이 자신들의 계급적 지위에 품고 있는 보다 일반적인 인식으로까지 확장된다. 노동 계급에게는 그들이 스스로 끌어안은 불안감과 그들이 견뎌내야 하는 긴장감의 대가로 사회에 뭔가를 달라고 요구할 권리가 있다는 느낌, 정부와 제도권 기관이 계급 간 긴장 관계를 더는 악화하지 말아야 한다는 느낌이 있다. 그러나 그들은 자신들이 사회에서 받는 대가가 은혜를 모르는 배은망덕, 즉 그들의 희생을 인정하고 존중해달라는 요구에 대한 거부라고 생각한다.

사회가 노동하지 않는 사람들에게 복지 혜택을 지원하는 것은 그들이 생각하는 희생에 대한 계약 조건을 위배하는 가장 명백한 사례다.

가족의 범주를 넘어선 희생에 대한 배신

"사회 보장!" 한 벽돌공이 코웃음을 친다. "공장처럼 애들이나 싸질러 낳고 놀고먹는 게으른 여자들이 있죠. (…) 일을 안 하면 사는 것도 아니에요, 그렇지 않나요?" 그러나 나중에 자신의 장남에 대해서 이야기하면서는 이렇게 말한다. "왜 그 아이가 그렇게 열심히 일하러 나가야 하죠? 잠시 쉬면서 해도 되는데. 나도 좀 설렁설렁 한 적이 있었죠."

이렇게 서로 모순되는 것처럼 들리는 말은 바로 희생이라는 이데올로기에서 나온다.

이 벽돌공은 사회 보장 혜택을 받는 사람들이 사회 질서 속에서 존중받기 위해 노력하는 것을 포기했는데도 '잘 먹고산다'고 생각한다. "난 **내** 돈을 벌기 위해 **일해요**. 내 일은 가족을 위해 일하는 거죠." 이런 정서는 이미 우리에게 익숙하다. 그러나 그 뒤에 숨어 있는 감정은 생활 보조금을 받는 사람들에 대한 고정 관념 때문에 그의 마음이 편치 않다는 데서 나온다. "그들은 일하고 싶어 하지 않아요. 자극적인 것, 오로지 술과 섹스만을 위해서 살아요." 그는 생활 보조금을 받는 사람들을 생각하면 바로 '사기꾼' 이미지가 떠오른다. 그 사람들이 자신의 희생을 인정하지 않는 것에 질린 나머지, 반복해서 그런 이미지를 떠올린다. "날 짜증 나게 하는 건 생활 보조금이니 뭐니 하는 그런 사회 보장 혜택들을 받고 있는 사람들, 늘 꽥꽥 시끄럽게 떠드는 유색 인종 사람들이에요. 게다가 그들은 일하고 싶어 하지 않아요. 나는 일터에 가면 어떤 땐 9~10일을 연속으로 일해요.

자식이 다섯이나 있죠. 여기 거리에 있는 이 여자처럼, 생활 보조금을 받는 사람들은 날 열받게 해요. 그녀는 정직하지 못한 사람이죠. 하지만 그래도 생활 보조금을 받을 수 있어요. 그녀는 장 보러 가면서 택시를 타요. 그런데 그 돈을 우리가 다 낸다고요."

그러나 생활 보조금을 받는다는 것이 무엇과 같은지를 단도직입적으로 물었을 때, 그의 대답은 완전히 달라진다. 그는 생활 보조금을 받는 사람 대다수가 일할 수 없는 사람들이며, '사기꾼 같은 사람들'의 수는 실제로 극히 소수라는 것을 매우 잘 알고 있다. 또 다른 노동자의 아내는 자기 남편이 어떻게 한 해에 네다섯 번 술을 마시고 집에 오는지를 설명하면서, 남편이 그때마다 이렇게 말한다고 전한다. "이럴 만한 가치가 없어. 이게 도대체 뭐냐고? 당장 생활 보조금을 신청하러 가자고." 이 남성은 울화통이 터질 때, 즉 사회 보장 수혜자들이 받는다고 여겨지는 물질적 혜택에 유혹을 느낄 때마다 자신이 그 사람들을 실제로 어떻게 취급하는지, 공적 부조가 자신에게 어떤 모멸감을 불러일으킬지에 대한 생각들을 다 잊는다.

'사기꾼' 이미지는 왜 사람들을 그렇게 흥분시킬까? '사기꾼'의 숫자에 비해 분노가 지나치게 과도한 이유는 뭘까? 단순히 복지 '사기꾼'에 민감한 사람들이 생활 보조금을 받는 사람들을 흑인과 동일시하는 경향이 있기 때문만이 아니다. 우리와 대화를 나눈 사람들 가운데 흑인이 유전적으로 저주받은 집단이라고 말하는 사람은 아무도 없었다. 육체노동자들은 흑인을 '좋은' 사람과 '나쁜' 사람으로 구분했다. '좋은' 흑인은 자기네처럼 살고 생각하는 사람들인 반면 '나쁜' 흑인은 반대로 노동자를 업신여기는 기득권 세력에 호소하는, 게

으르고 그칠 줄 모를 성욕만 왕성한 인생 낙오자다. 복지 사기꾼은 모두 흑인일 가능성이 있지만, 그렇다고 모든 흑인이 복지 사기꾼은 아니라는 의미였다.

덧붙여서, 미국과 영국의 백인 노동자들의 불만 가운데 최근 매우 우려되는 내용은 육체노동자들이 흑인 문제가 자신들에게 가장 직접적으로 압박을 가한다는 이유로 인종 차별주의나 인종적 적대감에 특히 쉽게 노출되는 경향이 있다는 것이다. 하지만 세심한 조사들은 이런 생각을 뒷받침하지 않는다. 인종에 대한 사람들의 태도는 훨씬 더 복잡한 사회적 결정 요소에 의해 형성된다. 예컨대, 흑인 지역 사회와의 물리적 거리가 그 상황을 훨씬 더 잘 파악할 수 있는 지표다. 흑인 동네와 멀리 떨어져 사는 사람일수록 흑인을 더 두려워하는 경향이 있다. 그들이 생각하는 흑인상이 일상의 접촉이 아닌, 서로 격리된 상황에서 생겨난 환상에서 나오기 때문이다. 흑인이 새로 이주해 오는 지역에 사는 노동자들은 기존에 흑인과 백인이 섞여 사는 동네의 노동자들보다 더 심한 편견에 사로잡혀 있다. 한 조사에 따르면, 복지 '사기꾼'과 폭도들에 대해서 가장 편견이 심한 집단은 흑인 교외 지역에 살고 있는 흑인 중산층 여성으로 밝혀졌다.

그렇다면 우리가 인터뷰한 노동자들의 심기를 거슬리게 하는 것은 흔히 말하는 흑인이 아니라, "내가 한 번도 빠져나가 본 적이 없는 상황을 잘도 빠져나가는" 사람들에 대한 생각이다. 자기희생을 거부하면서 국가가 주는 보조금을 받아 가는 사람들이 있다면, 그들은 존재 자체로 자기희생이 과연 무슨 의미가 있는지 의문을 던진다. 희생은 자발적인 미덕, 즉 희생자가 자기 삶의 물질적 환경에서 새롭게 만들어낸 의미이기 때문에 자기희생의 모습은 조금도 보여주지 않고 정부 당국의 동정과 도움을 받기만 하는 '복지 사기꾼'이 단 한 명만 있어도 자발적이고 새롭게 만들어진 의미는 몹시 취약해질 수 있다. 그 '사기꾼들'에게 그가 모르는 어떤 비밀이 있는 걸까? 아니다. 그러면 그에게는 아무것도 남는 것이 없을 것이다. 자신을 희생하더라도 힘이 실리지 않는다. 사회 보장성 생활 보조금을 받는 여성들이 자유로워진다면, 그들이 국가에서 보조금을 받아 그들 자신은 물론 늘 함께 있지만 본 적이 없는 그들의 남편을 부양할 수 있다면 남자들은 가족의 생계 부양자로서 권한을 잃고 불필요한 존재로 전락할 것이다. 그러면 남편의 희생은 이제 아내와 자식들에게 불요불급한 것이 된다. 그러나 지금까지 우리가 보았듯이, 한 남성을 그가 사랑하는 사람들에게 뭔가 중요한 '가치 있는' 존재로 만드는 것은 오로지 희생밖에 없다.

따라서 희생하기를 거부하는 사람들은 악의 화신, 품위 있는 사람이 행하는 **모든 것**을 부정하는 존재, 단순히 그들 자신이 악일 뿐 아니라 그 자신이 믿고 바라는 자기 능력을 파괴하는 자들이 틀림없다. 게다가 그들은 일을 그만두었을 때 오는 자유가 도대체 무엇인지 술과 섹스로 보여준다. 근면한 아버지들이 '복지 사기꾼'의 모습에 경악하기도 하고 질리기도 하는 것은 바로 이런 이유 때문이다.

이런 태도가 초래하는 한 가지 즉각적인 결과는 공적 부조를 받는 흑인들(대부분의 연구는 이들이 고용된 노동자들과 동일한 열정을 가지고 있으며 생활 보조금으로 생활하는 것을 싫어한다는 점을 보여준다)이 분노와 복수심의 장벽을 만난다는 것이다. 그러나 또 다른 맥락에서 희생과 관련된 계약을 배신하는 사람들에 대한 동일한 분노가 다시 나타나는데, 이번에는 그 위협이 아래에서가 아니라 위에서 온다.

TV 수리공인 프레드 고먼은 사회 보장성 생활 보조금을 받는 '게으른' 사람들을 누구보다 더 혐오한다. 그러나 그의 분노는 대졸 기술자지만 60년대 후반 항공 산업의 침체로 그 업계에서 살아남을 수 없었던 자신의 동료 노동자 두 명에게도 마찬가지로 크다. (이런저런 이유로 발생하는 갑작스러운 몰락은 전문 기술직 노동자 약 13퍼센트에게 일어난다.) 드물기는 하지만 이처럼 갑자기 사회적 지위가 낮아진 사람들은 왜 고먼에게 멸시감을 불러일으키는 걸까?

"우리 가운데 있는 그들 같은 사람들을 그냥 좋아하지 않아요. 그러니까 그들은 교육을 많이 받았다는 거죠." 그가 이상적으로 생각하는 자립한 인간상에 따르면, 교육을 많이 받은 사람은 TV 브라운관을 교체하는 일을 하지 말아야 한다. 그는 자신의 사회적 지위를 나름의 방식대로 정했지만("난 대충 빈둥거리며 살아요.") 사회 질서가 교육받은 남성들을 희생시킬 수 있다는 생각을 받아들이기는 어렵다. 어쨌든 교육을 많이 받은 사람들은 양도할 수 없는 내적 자유를 가지고 있어야 하며, 어느 누구도 빼앗아 갈 수 없는 능력을 스스로 계발한 모습이어야 한다. 그런데 만일 그들이 힘이 없다는 것이 확인된다면, 자기 자신이나 자식들을 위한 어떤 안전장치도, 자유도, 위기 탈출의 가능성도 없다는 의미다. 다른 말로 그의 희생이 의미하는 것들이 더는 유효하지 않다는 뜻이다. 따라서 그는 교육받은 남성들이 과거에 무기력한 상태에 빠졌다고 암시하고, 그들이 오히려 "대충 빈둥거리며 살기"로 **결심한** 게 틀림없다고 주장하면서, 자신과 같은 남자들을 곤경에 빠뜨리고 두려움에 떨게 만드는 그들의 운명에 대한 어떤 해석도 반대한다. 교육받은 남성들이 자신의 동료 노동자라는 사실은 고먼에게 사회 질서를 희화화하는 것일 뿐 아니라 개인적 모독으로도 여겨진다. 고먼에게는 그들이 자신과 같은 수준으로 낮아지는 것이 일종의 배신이다.

많은 노동자가 학생들에게 느끼는 분노는 부분적이나마 그와 같은 뿌리에서 분출된다. 능력과 특권의 왕좌에 앉기를 거부하는 것은 그런 자리에 앉고 싶었지만 거부당한 사람들에게는 개인적 모독이다. 특권을 부여받은 아이가 존경받을 수 있는 자리에 앉기를 원하지 않는다면, 내게 현재의 결핍 상황을 탈출할 기회가 올 거라고 어떻게 믿을 수 있을까? 그들은 미래를 상징하는데, 그 미래가 나를 배신하고 있는 것이다.

동시에 사람들은 반복적으로 자신들이 "아무것도 아닌 존재로 취급당하고", "먼지 같은 존재로 취급당하고", "가구의 일부인 것처럼" 보이는 데 큰 분노를 표시했다. 남자는 어떻게 해야 자신을 눈에 띄게 할 수 있을까?

"거리에 나가 보면 자존심이라고는 전혀 없는 것처럼 행동하는 사람들이 있어요. (…) 그러니까 아이들에게는 거의 누더기 같은 옷을 입히고, 자신들은 파티 같은 데 돈을 펑펑 쓰면서 (…) 신나게 살아요. (…) 집은 늘 엉망이고요. 그들은 어떤 노력도 하지 않지요. (…) 그래요, 정말 화가 나요. 왜냐하면 알다시피 우린 조심스레 살면서 남부럽지 않은 가정을 만들려고 애쓰고 있기 때문이죠. 그런데 그런 사람들이 동네를 망치고 있어요."

여기에서 분노는 백인 정육점 주인이 백인 소방관을 향해 표하는 것이었는데, 두 가족은 사회적으로 서로 비슷한 위치에 있다. 이 말을 한 사람은 화를 내면서 자제할 줄 아는 능력이라는 도구를 잣대로 자신을 자존심이 전혀 없는 거리의 '쓰레기' 같은 존재와 구분하며 스스로를 돋보이게 할 줄 안다. 희생은 독자성을 위한 최후의 방책이자 자기 능력을 보여주는 최후의 도구다. 당신은 그것을 늘 사용할 수 있다. 당신이 원하면 언제라도 보여줄 수 있기 때문이다. 당신이 스스로를 통제할 수 있는 사람이라는 입증은 당신이 보여줄 수 있는 가장 기본적인 행동이다. 그 밖의 다른 모든 것이 실패할 때 마지막으로 보여줄 수 있는 미덕이 바로 희생이다.

그럴 때 희생은 자기 자신을 어떤 목적의식이 있는 특이한 유형의 분노를 느낄 권리가 있는 자립한 개인으로 보는 것을 정당화한다. 단호한 입장을 취하지 못하는 다른 사람들과 비교해서 지조가 강한 개인으로 돋보이려 할 때, 자기희생은 궁극적으로 왜곡된 사랑의 형태로 나타날 수 있다. 자기희생은 억압받는 당신이 자신을 취약하게 만든 무형의 비인격적 힘에 대해서가 아니라, 오히려 자신처럼 억압받는 다른 사람들을 공격하는 아주 은밀하면서 파괴적인 독선을 자행할 수 있게 한다.

어떤 면에서, 우리가 지금까지 쏟아낸 희생과 배신에 대한 분석에는 매우 심각한 오해의 소지가 있다. 만일 희생과 관련된 사회 계약의 전제가 깨질 수 있다고 한다면, 문제는 단순히 사람들이 그들의 생각을 어떻게 정리할지에 있는 것처럼 보일 수 있다. 따라서 노동자들이 자기 절제를 통해 개인적 가치와 권리에 대한 느낌을 얻으려는 노력을 멈추도록 하는 개인적 치료가 필요하다고 보일 것이다.

그러나 문제는 희생을 통해서 자신의 사회적 지위에 도덕적 의미를 부여하는 행위가 궁극적으로 개인이 통제할 수 없는 힘이 길러낸 욕망의 결과라는 점이다. '문제'의 원천은 바로 사회인데, 사회는 사람들이 사회적 지위를 개인적 가치로 해석하게끔 강요한다. 따라서 배신의 두려움, 즉 사람들이 서로 배신당할까 두려워하는 것을 막기 위해서는 사회 내에서 등급을 나누는 과정 그 자체를 중지해야 한다. 이런 배신감의 발원지가 바로 사회라는 사실은 아마도 우리가 공식적으로 인터뷰한 내용 가운데 가장 극적인 대화라고 할 수 있는 부분을 그대로 인용한 뒤, 그 의미를 해석함으로써 아주 명확해질 것이다.

이 대화는 어느 날 오후 주민 대다수가 육체노동자인 백인 동네에서 자녀들이 모두 같은 유치원에 다니는 여섯 명의 여성 사이에서 일어났다. 대화가 한껏 고조되었을 때, 돌리 세레노와 마이라 굴드 두 여성이 인종 관계에서 가장 오래되고 진부한 주제인 백인과 흑인 간의 결혼에 대한 논쟁을 벌였다.

돌리 세레노가 이렇게 물었다. "마이라, 당신 딸 앨리스가 결혼할 사람을 집에 데려온다면 당신은 어떻게 할 거예요? 결혼할 사람이 흑인 남자라면요." 마이라는 "알면서"라고 말하고는 잠시 미소를 짓더니 "편견이 심한 사람이 늘 그런 질문을 던지던데"라고 대답했다.

"음, 어쨌든 알고 싶어요"라고 돌리가 다그쳤다. "어쩌면 난 편견이 심한 사람일 수도 있어요!"

잠시 정적이 흐르고, 마이라가 긴 대화가 될지도 모를 이야기의 말문을 열었다. "그러니까, 걔들은 우리가 자기들을 좋아하지 않는다고 느끼기 때문에……" 그러나 돌리는 그녀의 말을 끊고 더 날을 세워 물었다. "그게 아니라, 어떻게 할 건지나 말해요, 마이라." 나머지 다른 여성들도 살포시 웃으며 돌리의 재촉에 동의한다는 의미로 고개를 끄덕였다.

마이라가 말했다. "내가 어떻게 할 거냐고요? 우선 그걸 자세히 알고 싶다는 거죠? 좋아요. 알다시피, 무엇보다 우리 애들은 록스버리(보스턴의 흑인 빈민가)에 사는 **많은** 흑인과 어울리잖아요. 좋아요. 괜찮아요. 난 우리 딸이 데이트하는 데 이래라저래라하지 않을 거예요. (…) 우리 애들은 우리가 그런 태도를 어떻게 생각하는지 아주 잘 알고 있거든요. 난 우리 딸이 니그로, 즉 흑인과 데이트를 하든 결혼을 하든 특별히 개의치 않을 거예요."

돌리는 "왜죠?"라고 물었다.

"그들이 흑인이라는 사실 때문이 아니에요. 사회 때문이죠. 편견이 심한 사람들 때문에 우리 딸이 상처 입는 것을 원하지 않아요. 그러나 이 말은 할 거예요. 만일 딸아이가 흑인을 만난다면, 음 이걸 어떻게 말할지 모르겠지만, 그 사람이 '멋진' 사람인지 말이에요. 그리고 그 남자를 집으로 데려온다면 내게 용기가 있기를 바랄 뿐이죠. 내가 꼭 그러겠다고 말하는 건 아니에요. 왜냐하면 그런 걸 물어볼 수는 없다고 생각하거든요. 하지만 그 사람을 인간처럼 볼 수 있을 용기가 내게 있기를 바라죠. 하느님이 창조한 인간 말이에요. 그러나 아시다시피, 난 그러지 못할 거예요. 이봐요, 돌리. 몇 년 전, 만일 내가 **아일랜드** 남자를 집에 데리고 왔다면 우리 엄마는 유리 창문 너머로 나를 던져버렸을걸요."

부모가 모두 이탈리아인인 돌리는 "알아요, 알아. 그래요. 그러나 당신은 앞서 딸아이가 사회 때문에 결혼하지 않기를 바란다고 말했죠"라고 했다.

"사회는 무지막지해요, 그렇지 않아요? 몇 년 전만 해도 만일 당신이 보스턴에서 흑인과 백인이 함께 걸어가는 모습을 보면 그들이 거의 땅바닥에 고꾸라질 때까지 뚫어지게 쳐다봤을걸요? 하지만 지금은 '아, 그래, 그럴 수 있지' 하는 정도의 문제일 뿐이죠. 실제로 그 일을 너무 많이 생각하지는 않잖아요. 그래요, 그다지 가슴에 와닿는 문제가 아니죠. 난 흑인이 사는 동네에 살아본 적이 없어서 우리 애들이 그런 수준에서 흑인들을 만날 기회까지는……"

대화를 지켜보던 캐시가 마이라의 말을 끊었다. "그래요. 하지만 좀 전에 아이들이 흑인들과 서로 어울린다고 했잖아요."

"아, 그래요. 우리 애들은 흑인 아이들을 많이 알아요. 하지만 알다시피 그 흑인 아이들과 함께 **살고** 있지는 않죠. 오히려 내가 흑인에게 집을 세를 줘도 괜찮은지, 흑인이 옆집에 살아도 괜찮은지를 물어보는 게 나을 것 같네요."

인터뷰 진행자 그래도 괜찮은가요?

마이라 그럼요, 괜찮아요. 금방이라도 흑인에게 세를 줄 거예요. 조금도 문제될 게 없어요. 난 그들 옆집에 살면서, 그들을 친절하게 대할 거예요. 그러니까 내 말은, 난 지금 **그렇게 해요**. 그들이 우리와 전혀 다르지 않으니까요!

돌리 세레노는 망설이듯이 조심스레 말했다. "난, 난 그런 건 아무것도 원치 않아요. (…) 솔직히 말하자면, 그래요."

이번에는 마이라가 물었다. "왜요? 말해봐요, 왜 그런지."

돌리는 여전히 망설이며 말했다. "그냥 원하지 않기 때문에요. (…) 난……." 마이라가 만족스러운 어조로 그녀의 말을 끊었다. "그들이 맘에 들지 않는 거죠!"

돌리 지금 난 그들이 맘에 들지 않는다고 말하는 게 아니에요. 나도 그런 사람을 많이 아는데, 내가 아는 일부 백인들보다 더 좋은 흑인들도 많기 때문이죠.

마이라 맞아요. 그럼, 당신 딸이 흑인을 집에 데리고 온다면…….

돌리 **죽어버릴** 거예요!

마이라 왜요?

돌리 솔직히 말할게요…….

마이라 그런데 왜요?

돌리 난 **죽어버릴** 거예요.

마이라 그래요, 하지만 그냥 죽어버릴 거라고 말할 수는 없어요. 왜 죽으려고 하는지 그 이유가 있어야 해요.

돌리 우리 딸아이가 **흑인**과 **결혼**하는 것을 **원치** 않기 때문이죠. 무엇보다, 그런 (…) 것에서 태어난 손주들을 원하지 않아요.

마이라 어떤 것이요?

돌리 그런 결합에서 나오는 거요. 어떤 단어를 써야 할지 모르겠어요. 그런 손주들이라면, 난 원치 않아요…….

마이라 아이들의 피부가 검은색일 테니까요.

돌리　꼭 그런 건 아니죠. 반은 검은색이고 반은 흰색일걸요. 하지만 (…) 난 손주들이 자라는 모습을 보고 싶어요…….

마이라　당신 딸이 짙은 피부색의 이탈리아인과 결혼할 수도 있을 텐데, 그러면 흑인보다 피부색이 더 검은 아이들을 갖게 될걸요.

돌리　맞아요. 하지만 내가 말하려는 것은 (…) 그러니까 어쨌든 흑인은 아니에요.

마이라　백인이죠!

돌리　맞아요.

마이라　당신이 선을 긋고 있는 지점이 거기군요.

돌리　두말하면 잔소리죠.

마이라　음, 그렇다면 당신은 편견이 심한 사람이네요.

돌리　음, **내가** 편견이 심한 사람일 수 있겠어요!

마이라는 마음을 가다듬기 시작했고 거의 혼잣말로 대답했다. "음, 당신은 그 얘기부터 말해야 했어요." 이때, 돌리는 기분이 상한 것 같았다. "내 말은 그러니까, 마이라 당신이 무슨 말을 하는지 알아요. 하지만 당신이 그러지 않을 거라고 (…) 만일 앨리스가 그런 남자를 데려와도 당신이 **죽어버리지** 않을 거라고……."

그러나 여기서 마이라는 돌리의 바람과는 동떨어진 대꾸를 했다. "아니요, 난 죽지 않을 거예요." 그러자 갑자기 돌리가 몹시 경멸하는 투로 고함을 치며 화를 냈다. "오, 마이라, 그런 소리 하지 말아요!"

돌리 세레노는 훗날 사석에서 자신이 그렇게 화를 낸 것은 실은 자신과 비슷한 감정이면서도 인정하지 않는 마이라의 '가식' 때문이었다고 말했다. 그 자리에 있던 다른 여성들과 개별적으로 이야기를 나눴을 때, 그들도 같은 반응을 보였다. 그들은 마이라가 "점잖은 체" 하면서 "그들을 깎아내리고" 있다고 생각했기 때문에 돌리 편을 들었다. 이런 주장에 대한 마이라의 감정은 완전히 정반대였다. 마이라는 돌리를 좋아하고 소중히 여겼는데, 그날 대화에서는 그녀가 "교양 없는 사람처럼 어리석고 생각 없이 행동하는" 듯 보였다는 것이다.

이 대화 뒤에 숨어 말없이 듣고 있는 권위자(인터뷰 진행자)는 마치 강력한 자석처럼 마이라를 잡아당겼다. 마이라가 돌리에게 이야기할 때 자신의 깨어 있는 생각에 동의를 구하면서 자주 힐끔힐끔 바라본 사람은 바로 인터뷰 진행자였다. 그 자리에 함께 있던 나머지 여성 중 한 명은 마이라가 사석에서 이런 식으로 이야기하는 모습을 본 적이 없다고 말했다. 캐시는 돌리에게 편견이 심한 사람이라고 자인하도록 강요할 정도로 흑인이 대한 마이라의 생각이 크게 다르지는 않다고 말했다. 그래서 그 자리에 있던 다른 여성들은 마이라가 나머지 다른 여성들과 차별화를 시도하려고 "가식적으로 행동"한다고 보아 그녀에게 배신감을 느꼈다.

인터뷰 진행자의 존재에 지나치게 신경이 쓰인 나머지 자기도 교양 있고 '깨어 있는' 사람이라는 점을 국외자에게 보여주기 위해, 마이라는 자기보다 사회적 지위가 '높은' 사람들에게 자신이 '중요한 가치가 있는' 사람이라는 점을 입증할 의무감이 들 정도로 이 대화에 필생에 걸친 경험의 무게감을 실었다.

자신이 어떤 사람인지를 입증하는 평생을 살아온 삶의 패턴, 즉 이 책에서 지금까지 살펴본 자기 자신을 대중에게서 분리하고자 하는 욕구는 정치적 문제에 독특한 질감과 형태를 부여한다.

마이라를 둘러싼 집단에 속한 사람들은 그녀가 베트남 전쟁, 미국의 기아 따위를 비난할 때 도덕적으로 옳고 교양 있는 행동을 말하고 있다고 믿은 것처럼, 그 대화에서도 '올바른' 일, 각성되고 교양 있는 행동을 주장하고 있다고 믿었다. 그러나 그녀의 주장은 그들이 자신에게 문제가 있다고 느끼게 한다. 마이라는 인류에 대한 사랑을 말하고 있지만, 그 말에는 **그들**에 대한 수치심과 거부가 함축되어 있기 때문이다. 다른 여성들이 보기에, 마이라가 상층 계급이고 교육을 많이 받은 사람이라고 생각하는 국외자에게 동의를 얻기 위해 이런 의견들을 강조하고, 자신이 동석한 나머지 사람들과 다른 사람이라는 점을 돋보이게 하기 위해 그렇게 굴고 있기 때문에, 그들은 그녀가 보이는 감성의 진정성을 의심할 수밖에 없다. 그녀가 자신들에게는 배려하는 마음을 보이지 않기 때문이다. 그녀가 정말로 그토록 관대하다면, 왜 자신들을 배신하는 데 그 관대함을 이용할까?

마이라와 돌리 사이의 논쟁에 또 다른 관점이 작동하기 시작한다. 마이라는 돌리에게 "교양 없는 사람처럼 (…) 어리석게" 행동하고 있다고 말하면서, 돌리를 일반 대중 속에 집어넣으려고 하면서 그녀에게 수치심을 느끼게 한다. 그래서 돌리는 지금 이 자리에서 마이라와 얼굴을 맞대고 이야기하는 상대로서의 존재감을 잃고 만다. 노동계급 보수주의자를 뜻하는 '안전모를 쓴 보수주의자(광신적 애국주의자, 인종 차별주의 노동자)'가 바로 마이라가 돌리에게 하고 있는 말이다. 텅 빈 머리를 그 안에 숨기고 있는 안전모를 쓴 보수주의자들은 '교육을 많이 받거나' '깨어 있는' 사람들이 딛고 그 위에 우뚝 서 있는 일반 대중에 속하는 사람들이다. 계급이라는 마법의 거울에서, 깨달음과 공손함의 자세는 자립한 개인을 군중의 무리로 만드는 수단이다. 왓슨 학교의 교사들이 교실의 학생 개인들을 일반 대중 집단으로 만드는 것과 같은 방식이다. 계급은 이 장면에서 동족을 죽이는 연기를 하게 한다. 즉, 여기서 계급은 마이라에게 개인적 인정 욕구를 불러일으키고, 돌리에게는 배신감을 느끼게 한다.

개인적 희생은 그런 파괴적인 힘에 끼어들기는 하지만, 그 힘을 만들어내지는 않는다. 최근에 베트남에서 돌아온 청년 마이클 바워스를 예로 들어보자. 베트남에 있는 동안 그는 자신이 수행하고 있는 전쟁을 혐오하게 되었지만, 그가 전쟁을 증오하면 할수록 국내에서 전쟁을 반대하는 시위자들도 점점 더 증오하게 되었다. "그들은 교외 지역에 사는 진보주의자 같은 사람들이에요. 자신들이 다른 사람이 하는 행동을 심판하는 자리에 앉을 수 있다고 생각하죠. 나는 진지에서 싸워야 했어요. (…) 그러니까, 나는 애국심이니 해외 참전 용사니 하는 허튼소리에 완전히 휩싸여서 자랐는데, 그걸 바꾸기는 정말 **힘들었고** 결국 지옥의 한가운데로 나아갔어요." 전쟁 반대 시위자들은 지옥에 가지도 않으면서 다른 이들을 도덕적으로 심판하기 때문에 제멋대로다. "알잖아요, 그들이 가지고 있는 많은 이점을요. 즉 부, 교육, 교외 주택들, 그 모든 것이 자신들이 더 도덕적일 수 있다고 생각하게 만들죠. 그들은 온갖 화려한 말로 **당신**을 이해할 수 있지만, 당신은 그들을 이해할 수 없어요. 당신은 그저 풍경의 일부이기 때문이죠. 음, 그들은 실제로 아무도 자기들을 이해할 수 없다고 생각해요. 그들은 저마다가 개인적 문제와 고민을 가진 언제나 특별한 존재였기 때문이죠." 바워스가 이해한 방식으로는, 어느 누구도 등을 의자에 기대고 앉아 분석하는 것만으로 전쟁의 의미를 진정으로 '이해'할 수 없다. 그러나 그들의 전문 지식으로 전쟁의 의미를 이미 이해한 엘리트들은 자신들이 굳이 전쟁터까지 직접 갈 필요가 없다고 생각한다.

마이라와 돌리 사이의 논쟁이든, 마이클 바워스가 표현한 감정이든, 여기서 공공연하게 표출된 문제는 계급 적대감을 감추기 위한 망토에 불과하다. 전쟁을 반대하는 사람들이 바워스를 화나게 하려고 한 것은 아니었다. 오히려 그 반대다. 마이라 굴드도 돌리 세레노를 화나게 하려고 한 것은 아니었다. 그녀는 그저 외부의 권위, 즉 인터뷰 진행자의 동의를 구하고 싶었고, 그 과정에서 돌리의 감정을 모른 척했을 뿐이었다.

우리 사회에서 계급과 관련해 끔찍한 사실은 같은 노동 계급끼리 존엄성을 위해 경쟁을 벌인다는 것이다. 만일 당신이 노동 계급 사람이라면, 만일 당신이 늘 상류 계급 사람들에게 주목을 끌 만한 비범함이나 특별한 점이 없는 사람인 것처럼 취급당하며 세월을 흘려보내야 했다면, 그리고 당신이 그런 대우를 억울하게 생각한다면, 그럼에도 그 대우가 당신의 자기 계발과 관련해서 어떤 중요한 사실을 정확하게 반영하고 있다고 스스로 느낀다면, 상류 계급 사람들의 존엄성에 의문을 제기하려는 것은 비틀린 행동이라 할지라도 당신 자신을 존중해줄 것을 진정으로 요구하는 것이다. 이 책에서 쓰이는 계급이라는 용어, 즉 추상적인 개념이 아닌 일상적 존재의 문제로서 계급은 매우 다양한 사회적 문제에 감춰진 내용들을 새롭게 드러낸다. 그래서 마이라와 돌리 같은 사람들이 일반적인 원칙들에 대해서 논쟁을 벌이고 있는 것처럼 보이지만, 사실 그들은 상대방이 자기 자신의 가치를 어떻게 인식하고 있는지의 문제로 서로 싸우고 있다는 점을 알 수 있다.

이 차원에서 계급 정치학은 너무 복잡해서 둘 중 어느 한쪽에 책임을 전가하기는 어렵다. 전쟁 반대 시위자들과 중산층 진보주의자들의 행동은 마이라가 그런 것처럼, 진심으로 선의에서 우러나온 것이다. 이 논쟁에서 마이라는 그녀의 친구들이 자신을 그들의 차원으로 '끌어내리려고' 하는 것을 정말로 두려워했다. 그녀는 인종 차별주의가 잘못된 것이라는 점을 알고 있고, 인터뷰 진행자가 있는 자리에서 평등에 대한 돌리의 생각은 그녀를 부끄럽게 했다. 그럼에도, 그녀는 돌리 같은 동료들이 필요하다. 자신이 그들과 다른 사람이라는 점을 보여주기 위해서라도 그들이 필요하다.

계몽주의 철학자들은 모든 인간에게는 존엄성이 있으며, 이른바 '보편적 인간성'이 존재한다는 사실을 알려주었다. 이러한 이상에 대한 믿음이 있는, 그러나 또한 그 이상이 계층적 등급으로 나뉘어 배치되어 있는 사회에서 모든 인간이 공유하고 있는 인간성을 주장하는 것은 당신을 서로 다른 두 갈래 방향으로 이동시킬 수 있다. 첫 번째 갈래에서 당신은 자기보다 상층에 있다고 믿는 사람들과 자신을 동등한 위치에 두려고 노력한다. 반면에 두 번째 갈래에서는 당신보다 상층에 있다고 여기는 사람들의 진실성을 공격하여 당신 자신과 그들 사이의 불평등을 파괴하려고 한다.

이 개념을 우리 미국 문화의 개인주의 신화와 연계해보자. 우리는 오래전부터 우리의 문학과 더 최근에는 영화와 텔레비전에서 묘사된 것처럼, 특히 스스로 정직하거나 용감하거나 자기 본분에 충실한 개인을 영웅으로 찬양해왔다. 그러나 계급 사회에서의 개인주의 찬양은 비록 의도한 것은 아니지만 역효과를 낸다. 계급 사회에서는 개인들이 칭송받는 순간 마음속 깊은 곳에서 배신과 수치심에 대한 두려움이 작동하기 시작한다. 마이라와 돌리 간의 논쟁, 바워스가 지적으로는 자신과 전쟁 반대의 생각을 공유하는 사람들에게 품는 분노와 같은 것들은 왓슨 학교에서의 동료애와 학업 성취 사이의 갈등이나 칼 도리언과 윌리엄 오맬리가 성인이 되어서 직면한 상황에서 나오는 논리적 산물이자 같은 계급에서의 이탈에 따른 필연적 이미지들이다. 권위자에게 인정받는 한 사람의 개인적 성취는 다른 사람들에 대한 배신이 된다.

그렇다면 배신당한 사람들에게 개인주의의 대안은 무엇일까? 당신은 보편적 인간성과 평등을 주장하고, 더 높은 사회적 지위에 있는 사람들이 당신과 공유하는 가치를 인정하기를 바라고, 그들이 당신을 불쌍한 존재로 취급하는 것을 멈추길 바란다. 그러나 당신이 자신의 사회적 지위를 부담스러워하고, 그것이 자기를 특징짓는 문제라고 믿는다면 어떻게 될까? 그러면 당신이 평등을 주장하는 것을 어떻게 정당화할 수 있을까?

마이클 바워스는 교외 주택가의 진보주의자들에 대한 자신의 분노가 정당하다고 느낀다. 그가 전쟁에 참전하여 자신을 희생했기 때문이다. 존 버틴처럼, 그는 자기희생의 행위를 통해 자신을 정당화한다. 바워스의 자기 정당화는 가족의 범위를 넘어 확장되지만, 가족에서와 같은 방식으로 작동한다. 바워스는 자신이 조국을 위해 스스로를 희생했기 때문에, 이제는 자신에게 그 안에 사는 개인들을 심판할 권리가 있다고 생각한다.

노동과 전쟁은 동일한 목적지를 향해 간다. 노동과 전쟁이 한 개인에게 타인들을 위해 자신을 희생했다는 생각을 불러일으킬수록, 그는 어느 누구의 도덕적 지배에도 종속되지 않을 자신의 권리가 더 커진다고 생각한다. 그러나 상대방과 동등한 존엄성을 가질 권리를 획득했다는 감정은 복잡하다. 버틴, 바워스, 마이라 세 사람 어느 누구도 계급 구조를 타파할 생각은 하지 않는다. 그들은 또한 수치심과 모욕감에서 **개인적으로** 면제될 권리를 찾는 데 관심이 있는 개인주의자들이다. 권위와 심판의 계급 제도는 사람들을 서로 등지고 대립하게 하면서 그 자신은 뒤로 숨어버린다. 수수께끼 같은 계급 체계의 힘에 매료된 사람들이 상대방에게서 존중받기 위해 싸우는 동안, 그 체계는 아무런 저항도 받지 않고 온전히 유지된다.

3장

상처받은 존엄성의 용도

이 책이 어떻게 시작되었는지 기억하는 독자라면, 이제 이 책이 노동자상을 짐짓 겸손한 체하는 모습으로 새롭게 그려내고 있다고 비판할지도 모른다. 처음에 우리는 노동자들 사이에 횡행하는 '허위의식' 때문에 절망에 빠져, 그리고 '체제'에 매수되거나 속아 넘어갔다는 이유로 노동자들을 내치는 급진주의자들에게 거친 언사를 퍼부었다. 하지만 희생과 배신, 자기 검증을 통한 존엄성 찾기, 재능의 불평등성 측면에서 자유를 해석하기 같은 심리학적 주제들 역시 모두 허위의식의 문제가 아닐까? 사람들은 이런 생각에 동의하기에, 그런 심리적 이미지들이 개인의 존엄성과 자유를 모두 파괴할 때도 일상생활에서 그에 따라 행동하거나 반응한다. 만일 사람들이 '참된' 의식을 가진다면, 희생을 통해 자신들의 존엄성을 검증할 수 있다고 믿기를 멈추거나, 그들이 어떻게 조작당하고 있는지를 깨달을 수 있지 않을까?

이 물음은 우리가 논의를 시작한 지점과 비교했을 때, 우리가 지금까지 살펴본 것에 대한 심각한 반론이다. 우리는 언뜻 보기에 논점을 벗어난 것처럼 보일지도 모를 현상을 언급하며 그 문제에 대한 대응을 시작하고자 한다. 지금까지 계급의 상처를 설명하면서 우리는 노동 계급이 실제로 경험하는, 즉 실존적 차원의 자유와 존엄성 문제를 다루었다. 그러나 우리는 **왜** 사회가 그런 문제를 창출하는지는 설명하지 않았다.

교실에서든, 상점에서든 책임을 지는 자리에 있는 사람들은 계급과 능력에 대한 가정에 근거해서 직접적으로 그 책임을 따진다. 그러나 그 가정은 도대체 어디서 오는 걸까? 근면한 숙련 노동자나 대가족에서 독립하려고 애쓰는 한 개인의 내적 갈등을 설명하면서, 우리는 자신의 능력을 입증하고 싶어 하는 욕구의 힘이 사람들의 감정에 영향을 끼치면서 그들의 삶에서 어떻게 '설정'되는지를 보여주었다. 그런데 과연 누가 혹은 무엇이 그 설정 작업을 했을까? 개인의 특장점으로 자신을 검증하는 것은 자발적 욕구의 문제가 아니다. 만일 오맬리, 리사로, 카르티데스 그리고 배런 부부에게 정말로 선택권이 있다면, 그들은 순전히 그 일이 좋아서 스스로를 입증해 보이려 애쓰고 싶어 하지는 않을 것이다.

하루하루 실제로 겪는 일에 대한 이런 질문들은 사람들의 일상 경험에 관여하고 형태를 부여하는 더 큰 사회에서 나오는 어떤 강요와 자석처럼 강력하게 사람을 끌어당기는 무언가가 있는 것이 틀림없음을 보여주기에 충분하다. 이 책에 등장한 사람들이 사회가 이렇게 끌어당기고 강요하는 것의 본질을 잘못 해석한다면, 분명 그들은 자신에 대한 '허위의식'을 경험할 것이다. 물론 사람들의 경험에 귀를 기울이는 것만으로 사회가 '실제로' 무엇을 하고 있는지의 측면에서 그 '진실'을 판단하기는 불가능하다. 인터뷰집의 큰 한계다. 그러나 우리는 이 남녀들과 대화를 나누면서, 그들의 말이 전혀 비논리적이지 않으며 그들의 인식에 불일치하는 점이 전혀 없다는 것을 발견했다. 실제로 그들은 더 큰 사회에서 그들의 삶으로 침입했다고 느끼는 딜레마들에 맞서면서 너무도 합리적으로 행동하는 것처럼 보인다.

그러나 우리는 사람들이 의식하지는 못하지만 그들의 경험에 실질적 영향을 끼치는 다양한 사회적 힘들을 궁금해할 수밖에 없다. 특히 공리주의라는 악마는 이러한 감정의 원천이 무엇인지 추측하도록 끈질기게 우리를 괴롭혔다. 한 개인이 자신의 유능함을 입증하는 것은 어떤 목적에 기여하고, 사회에 무슨 소용일까? 이 질문은 타인의 존중을 받는다는 것이 사람들에게 부족한 능력에 대해서 불안함과 패배감, 자책감을 느끼게 하는 것을 의미할 때, 그것이 미국 사회에 '유익하다'고 가정하고 있다. 우리가 일반적으로 아는 한에서 앞으로 보여주려고 애쓸 테지만, 인터뷰 자료를 통해 직접적으로 입증할 수는 없는 그 가정의 용도는 계급이 인간의 자유에 부과한 한계들에 맞서 싸울 사람들의 능력을 약화하기 위해서 사회가 인간의 존엄성에 상처를 입힌다는 것이다. 하지만 그렇다고 해서 우리가 만난 남녀들이 자신들을 둘러싼 계급 조건이 그들의 자유를 제한한다는 사실을 모른다고 말하는 것은 아니다. 그들이 이 사실을 알고 있다는 것은 인터뷰 내용에서 충분히 감지할 수 있기 때문이다. 오히려 계급 사회에서 능력의 배지와 희생의 용도는 그들의 주의를 자신의 자유를 제한하는 한계에 맞서 싸우는 데서 다른 데로 돌리는 것이다. 그들 스스로 계급 사회의 조건에 맞설 권리를 갖기 위해서는 **먼저** 그러한 조건에서 자신들을 정당화해야 하고 존엄성을 획득해야 한다고 확신시킴으로써 말이다.

부족한 보상

미국의 사회학자 베넷 버거는 웨스트 코스트의 자동차 공장 노동자들에 대한 연구에서, 미국의 전형적인 한 공장에서 3천 명의 노동자를 관리할 감독직 여섯 자리가 수년 동안 공석으로 있는 것을 발견했다. 감독 한 명이 관리할 노동자가 수백 명에 이르는 셈이다. 사실, 감독직은 많은 사람이 하고 싶어 하는 자리였다. 3천 명 노동자 가운데 1천 500명 이상이 그 자리에 오르고 싶어 했다.

앞으로 상당히 오랫동안 그 1천 500명 남짓의 야심 찬 노동자 가운데 적어도 1천 494명의 승진이 어렵다는 사실 앞에서, 회사는 그들이 계속해서 열심히 일하게 하기 위해서 믿을 만한 보상 방법을 찾아야 한다. 감독직 지망자 열 명 중 한 명꼴로 아주 엄격한 자격 조건을 통과한다고 가정하자. 그래도 여전히 그 여섯 자리 감독직 앞에는 자격을 갖췄지만 승진하지 못하는 144명 남짓의 지망자가 있다. 회사는 이런 상황에서 어떻게 그 출중한 능력을 지닌 노동자들이 직장에서 느끼는 만족을 유지할 수 있게 할 것인가?

이 딜레마는 앤드루 카네기 같은 기업주들이 만들어낸, 유능한 모든 이에게 열려 있는 출세 요구와 부족한 보상 사이의 전형적인 모순을 상징한다. 달리 말하면, 런던 출신의 미국 노동 운동가 새뮤얼 곰퍼스가 신봉한 노동자에 대한 미국의 약속은 노동자가 더는 육체노동을 하지 않아도 되는 날이 올 거라는 약속이다. 즉, 누구든 노력만 한다면 사무직 노동자나 소기업의 주인이 될 수 있다는 말이다. 그러나 실제로 밀도 있는 사회 연구에 따르면, 그것은 헛된 꿈이다. 예컨대 덩컨과 블라우가 공동으로 저술한 탁월한 연구서《미국의 직업 구조*American Occupational Structure*》에 등장하는 인물들에 따르면 어떤 사람의 첫 번째 직업이 직업 구조에서 그의 최종 직업과 무관하다면, 육체노동자로 시작한 사람의 52퍼센트는 사무직 노동자로 경력을 마감할 가능성이 있고, 30퍼센트는 실제로 그렇게 된다. 이와 비슷하게, 아버지의 직업이 아들의 최종 직업과 무관하다면, 확률적으로 육체노동자의 아들 가운데 43퍼센트는 사무직 직장을 얻을 가능성이 있고, 34퍼센트는 실제로 그렇게 된다.

그렇다면 보상 체계의 신뢰성은 어떻게 유지될까? 능력의 배지는 불평등을 기반으로 하는 사회에서 좋은 척도다. 왜냐하면 탁월한 능력은 소수만 가지고 있는 것처럼 보이기 때문이다. 그러나 전형적으로 보상이 턱없이 부족한 상황에서는 아무리 능력을 평가하는 기준이 있다고 하더라도 실제로 제공할 수 있는 보상의 규모보다 더 많은 적임자가 나오기 마련이다.

상처받은 존엄성이 약속한 것을 이행할 수 없는 보상 체계의 정당성을 유지하는 데 도움이 되는 것이 바로 이 지점이다. 우리는 그 연관성을 설명하기 전에 공리주의라는 악마에게서 개별적 악인의 모습은 전혀 찾아볼 수 없다는 점을 명확히 하고 싶다. 즉, 우리는 어떤 고용주가 자신의 컨트리클럽에 있는 수영장 옆에 앉아 자기 회사의 노동자들이 스스로 능력의 부족을 느끼게 함으로써 자신을 보호할 방법을 골똘히 생각하는 모습을 상상하지 못한다.

인도의 심리분석학자 수디어 카카르가 프레더릭 테일러에 대한 연구[1]에 쓴 것처럼, 현대의 노무 관리자들은 테일러가 주창한 '과학적 관리'의 실수에서 종업원이 거둔 과거 성과만으로는 미래 잠재성을 절대로 판단할 수 없다는 것을 배웠다. 더 높은 수준의 직무를 수행할 수 있는 잠재성은 종업원이 과거에 어떤 일을 어떻게 수행했는지를 통해 확인되지 않는다. 노무 관리 교과서에 나오듯이, 고용주는 직관력으로 '실적' 너머에 있는 것을 볼 줄 알아야 비로소 적격한 종업원을 승진시킬 수 있다.

고용주의 개인적 인성과 직관에 좌우되는 이 가치는 인간적인 것처럼 들리지만, 사실은 고용주가 바라는 승진이라는 보상의 규모보다 자격을 갖춘 종업원이 더 많은 난국에서 그가 벗어날 수 있도록 도와준다. 이제 고용주는 객관적이거나 명확히 정해진 판단 기준, 그가 스스로 세웠을 수 있는 기준을 뛰어넘어 부하 직원이 이해할 수 없는 신화적 수준으로 승진 자격을 끌어올릴 수 있다. 승진할 만한 자격을 보여주는 과거 실적이 있는 150명에게 제공 가능한 자리가 여섯 개밖에 없다면, 고용주는 옛 자리에서 일을 잘한 이들 가운데 누가 새로운 자리에서도 성공적으로 직무를 수행할지 '직관력'으로 살펴본다. 베버가 그려낸 초창기 신교도들의 신처럼, 조직의 권력자는 당신도 알지 못하는 당신 자신의 모습을 안다. 하위 계급에게 제대로 보상할 수 없는 지배 계급의 무능은 이런 식으로 보상받을 만한 가치가 있는 사람은 누구인가라는 질문으로 바뀌어 돌아온다. 그 자동차 공장에서 권력의 정당성은 오로지 권력자가 그렇게 매우 개인적일 수 있기 때문에 살아남는다.

그런데 도대체 무엇이 고용주의 체면을 살려주는 걸까? 하버드 비즈니스 스쿨 출신의 노무 관리 전문가들은 어떻게 자기들이 내리는 결정이 승진 대상이 되는 모든 이의 인정을 받을 거라고 바랄 수 있을까?

권위 있는 사람들은 거짓되지 않고 진실하기 때문에 그들이 결정을 내리는 과정은 믿을 수 있다고 대답할 수 있다. 교활한 자본주의의 악마라는 고용주의 이미지가 지워지는 순간, 고용주들은 그들의 조직이 요구하는 것을 자연스럽게 따르는 사람으로 바뀔 수 있다. 그들은 인간적이기를 원하고, 노동자들도 동일하게 반응한다. 결국, 왓슨 학교의 교사들은 학생들에게 상처를 주기 위해서가 아니라, 장래가 불투명해 보이는 아이들에게 약간의 도움이라도 주기 위해 훈육을 시작했다. 아이들은 교사의 선의를 믿었고 자신들이 부족하기 때문이라고 느꼈다. 그러다 학교에서 거부당한 일반 대중 집단 아이들은 뭔가 잘못되었다는 느낌이 들었고, 그들이 분노를 분출하는 방법은 오로지 교사의 총애를 받는 소수의 아이들을 공격하는 것뿐이었다.

그런데 지금 우리가 이야기하고 있는 것은 10년에서 20년 동안 열심히 일한 노동자가 그에 대한 보상을 받아야 할 때, 갑자기 그 규정을 바꾸는 심사 과정에 직면한 문제에 대한 것이다. 큰 반발을 불러일으킬 상황이 분명하다.

여기서 그 궁지를 모면하는 방법은 바로 직관적 접근 방식이다. 실제로 감독관이나 고용주는 당신 안에 비밀이 숨어 있다고 말한다. 당신의 실적이 얼마나 충분한지는 당신 자신이 판단할 수 없다고 말이다. 당신은 다른 사람들에게서 무엇을 승인받는가? 당신은 알 수 없지만, 다른 누군가는 알 수 있다. 대공장에서 일하는 나이 많은 노동자들과 이야기를 나눌 때, 우리는 일 잘하고 믿음직한 노동자인 그들이 승진하지 못한 것이 얼마나 불공정한지에 대해서 분노를 표출하는 말을 자주 듣는다. 그러나 그 분노는 "그들 나름대로 분명 이유가 있을 거야"라든가 "그들은 자기들이 필요로 하는 것을 알아"와 같은 윗사람들의 행동을 이해하는 말로 끝을 맺곤 한다.

본디 사랑이란 얻어질 수 있는 것이 아니기에, 사랑이나 우정을 얻기 위해 능력의 배지를 다는 것은 오히려 자기 패배적이다. 그 자기 패배적 모습이 공장의 세계에서 어떻게 나타나는지 살펴보자. 보상받기 위해 **당신**은 능력이 있다고 입증해야 하지만, 실제로 보상받기 위해서는 당신의 능력에 대한 모든 고려를 초월하는 수수께끼 같은 이유에 부합해야 한다. 직관에 의한 보상은 승진에서 탈락한 노동자들이 어쨌든 그 보상을 받기 위해 노력한다는 사실 때문에 그 상황에서 일어나는 일에 대해서는 **그들 자신**이 책임이 있다고 느낄 때 신뢰를 얻을 수 있다. 앞서 인용한 두 명의 노동자는 스스로 위험을 감수했다. 왓슨 학교의 아이들처럼, 그들은 심판석에 앉아 있는 권위자 앞에서 자신들이 맡은 과제를 수행하며 자기 능력이 얼마나 뛰어난지 보여주고 있다고 느꼈다. 그런데 그들은 왜 인정받지 못했을까? 학생들에게 느끼는 소원함을 말로 표현하지 않는 왓슨 학교의 교사들처럼, 고용주들도 그 이유를 말로 설명하지 않고 직관적으로 행동한다. 당신은 노력했고, 당신의 실적은 심판받지 않았다. 다만, 당신은 그들의 주목을 받는 데 실패했을 뿐이다.

이 문제는 당연히 승진 같은 문제에 국한되지 않는다. 계급 사회에서는 최하층 계급의 사람들이 명백한 보상 규칙을 준수할 때도, 또는 자신의 사회적 지위 때문에 부당하게 짐을 떠안는데도 인정받지 못하는 극히 중요한 문제가 많다. 우리는 인터뷰 과정에서 도시 재개발 문제, 과세 제도, 인도차이나 전쟁 문제들이 그러한 불공정한 부담으로 사람들에게 각인되어 있다는 점을 확인했다. 도시 재개발은 최하층 계급의 동네를 파괴했지만, 자기 집을 유지하는 데 힘쓰지 않은 흑인 동네를 재건했다. 도시 시설과 서비스에 대한 세금은 그 혜택을 풍족하게 누리는 교외 거주자들보다 그들에게 더 과중하게 부과되었다. 전쟁은 부유층 대학생 자녀들이 아니라 그들의 자식들을 데려갔다. 이 모든 측면에서, 계급은 그들에게 자유를 더 적게 부여하는 것처럼 보인다.

이 모든 불평의 바로 밑에는 심판을 내릴 수 있는 권위에 대한 수용이 깔려 있다. 그 수용은 공장 경영자에 대해서 “그들 나름대로 충분한 이유가 있겠지”라고 노동자들이 내뱉는 말과 같은 의미다. 보스턴대학교 확장으로 길을 내기 위해 평소 걸어 다니던 거리가 헐리는 것에 대해서 한 남성과 나눈 인터뷰가 특히 인상에 남는다. "대학에는 이 땅이 별로 필요하지 않다는 걸 난 알아요." 그는 새로 건물들을 짓는 데 쓸 수 있는 주차장 부지가 정확하게 몇 군데인지, 그리고 구역 내에 사람들을 자기 집에서 쫓아내지 않고도 수용할 수 있는 땅이 어디에 있는지를 설명하는 데 많은 시간을 썼다. 인터뷰 진행자에게 설명하던 도중에, 그는 갑자기 말을 멈추고는 곰곰이 생각하더니 앞서 공장 노동자가 한 말과 거의 비슷한 표현을 쓰며 말했다. "그래요, 그들은 많이 배운 사람들이니 자기들이 무슨 일을 하는지 분명 알고 있을 거예요. (…) 어쩌면 이 문제에 대해서 내가 모르는 게 있을지 몰라요." 인도차이나 전쟁에 대해 사람들과 나눈 대화에서도 반응은 이와 비슷한 방식으로 나타났다. 워싱턴 정가 사람들은 우리가 모르는 중요한 사실을 알고 있어야 한다. 따라서 우리가 이해가 안 된다고 하더라도, 그들에게는 자기들이 하고 있는 것을 할 어떤 권리가 있다. (반면 세금에 대한 우려는 이런 식으로 이해되지 않았다.)

승진에서 탈락한 공장 노동자들에 대해서와 마찬가지로, 대학 부지 확장 때문에 살던 곳에서 쫓겨나는 남성과 전쟁에 자기 아들이 징집되어 분노한 사람들에 대해서 권력을 가진 자들의 '더 높은 지식'은 곧바로 권력과 권력의 정당성에 대한 신비화를 낳는다. 머리와 지식의 분배는 심판하는 자와 심판받는 자로 나뉜다는 것을 의미한다. 거부당하는 사람들의 입장에서, 자신들이 인정받지 못하는 것은 바로 능력 부족 때문이라는 것을 절감할 수밖에 없도록 만드는 상황이다.

립셋이 이야기하는 노동자 '권위주의'라는 말이 완전히 틀린 이유는 바로 이 때문이다. 하버드대학교 때문에 살던 집에서 쫓겨나야 하는 남성이나 아들들이 전쟁터에서 죽어가고 있는 사람들은 권위자가 무엇을 하든지 옳다고 믿지 않는다. 오히려, 그들에게 그 권위에 강력히 저항할 **권리가 있다**는 것을 확신하지 못하게 막는 것은 그들이 스스로에게 갖는 의구심이다. 그들이 어릴 적 학교에 다닐 때 그랬던 것처럼, 보상하는 사람 앞에서는 위축되면서 실제로 보상받는 사람들에 대해서는 부당하다고 맹렬하게 비난하는 것이 놀랄 만한 일일까?

사르트르가 말한 계급 사회란 자기 마음대로 휘두를 수 있는 권력을 일부가 가지고 있기 때문에 부족한 자원이 불공정하게 배분되는 사회다. 여기서 말하는 상황은 심리학적 차원에서 계급이 박탈, 부당한 자원 배분, 쥐꼬리만 한 보상을 정당화하는 목적에 기여한다는 것을 보여준다.

그러나 이 책을 시작하게 된 문제는 희소성의 문제가 아니다. 프랭크 리사로나 제임스처럼 그들의 부모가 벽돌공이었거나 그들 자신이 하급 영업 관리직인 젊은 남성들은 모두 상당한 물질적 보상을 받았다. 그런데 여전히 자신을 의심하는 언어들이 삶에 끼어든다. 풍부함과 물질적 풍요가 계급의 숨은 상처를 없애지 못하는 것은 분명하다. 그 상처는 왜 끈질기게 계속될까? 풍요와 충만의 상황에서 상처의 역할은 무엇일까?

파괴적 대체

남북 전쟁이 끝나고 미국에서 수십만 달러짜리 디너파티가 성행하고 프랑스 대저택이 통째로 수입되던 대호황 시대, 미국의 사회학자 소스타인 베블런은 이런 과시적 소비가 단지 미국의 부자들은 돈을 버는 데는 귀재인데 돈을 쓰는 데는 야만인이라는 것을 의미하지는 않을까 생각했다. 그는 어느 날 밤 런던 사보이 호텔 로비가 물에 잠긴 상황에서 투숙객들이 베네치아에서 수입한 곤돌라를 타고 식사했다는 기사를 읽고는 그 일이 과연 사탕 가게 주인이나 일반 회사원에게는 무엇을 의미했을지 궁금했다.

베블런은 이런 과도함의 의미, 즉 그런 사건들이 사람들에게 널리 알려지는 이유가 부자나 가난한 사람이나 비슷하게 풍요와 부에 대해서 독특한 생각을 갖고 있기 때문이라고 최종 결론지었다. 물론 사탕 가게 주인이 가족의 중요한 행사를 위해 자기 가게를 일부러 물에 잠기게 하지는 않겠지만, 삶을 즐기는 것이 필연적으로 물건이나 돈을 **소비하는** 문제라고 믿으리라는 점은 자명했다. 당신도 무언가를 위해 과도할 정도로 마음대로 돈을 쓸 수 있다면 행복한 시간, 정말로 행복한 시간을 보낼 수 있다고 생각할 것이다.

하지만 이런 현상에 악마의 미소가 숨어 있다. 과시적 소비는 근본적으로 파괴적인 행위다. 과시적 소비는 즐거움이라는 미명 뒤에 숨어 수완가들이 돈을 벌기 위해 발휘하리라고 생각되는 자제와 절제의 미덕을 파괴한다. 따라서 생산 질서가 세상일에 부여한 가치에 대한 감춰진 적대감을 반영한다. 밤중에 벌어진 손 큰 접대는 사업을 하는 데 가장 중요한 돈의 가치를 얻기 위해 노심초사하는 모습을 폄하한다. 더 나아가, 그 적대감은 생산 활동이 그 자체로는 얼마나 인간의 욕구를 충족시키지 못하는지를 암시한다. 만일 생산 활동만으로 욕구가 충족된다면, 과시적 소비는 존재할 수 없을 것이다.

부자 입장에서 과시적 소비는 한 사회의 모든 사람에게 적용되는 기준을 정한다. 모두에게 무엇을 즐길지가 아닌, 어떻게 즐길지를 알려준다. 부자들이 보여주는 호화로운 과시들이 어리석고 분별없을수록, 그 과시는 그런 소비를 전혀 꿈도 꿀 수 없는 하층 계급 사람들에게 파괴를 은유하는 상징으로써 더욱 눈길을 끌게 된다.

풍족한 부에 느끼는 상반된 감정에 대한 베블런의 탐색은 지난 수십 년 동안 점점 더 커진 경제적 불평등에 의해 가려져왔다. 경제가 10년마다 더욱 풍족해진다는 것은 사실이다. 모든 가정에 자동차가 두 대씩 있고, 1인당 텔레비전이 한 대꼴로 있다. 흘러넘칠 정도로 많은 상품이 이처럼 공평한 방식으로 분배되지는 않지만 말이다. 부자들은 점점 더 많이 소유하고, 가난한 사람들의 소유는 점점 더 적어진다. 부는 정부가 균형을 바로잡는 데 쓸 수 있는 공공 부문보다 민간 부문으로 더 쉽게 흘러간다. 무엇이 잘못된 걸까? 존 케네스 갤브레이스는《풍요한 사회》에서 문제는 근본적으로 분배의 문제라고 주장한다. 공공 부문이 재화와 용역의 산출, 부자와 가난한 사람 간의 균형을 바로잡기 위한 직접 분배를 주도해야 한다. 갤브레이스의 계획에 따르면, 생산 방식은 누가 무엇을 얻는가보다 훨씬 덜 중요하다. (갤브레이스는 이후 군사 부문과 관련해서는 이 주장을 수정했다.)

마르크스 경제학자 폴 배런과 폴 스위지는 공저《독점 자본*Monopoly*

Capital》에서 민간재의 생산과 분배는 분리될 수 없다고 주장한다. 실제로 재화와 용역의 총체적인 풍요를 생산하는 경제생활의 제도는 재화와 용역을 불평등하게 분배할 것을 요구한다.

배런과 스위지는 풍요란 안락함의 기준을 만들고 재설정하는 것을 통해서 생산을 끊임없이 확대하는 문제라고 주장한다. 일단 모든 사람, 적어도 대부분의 사람들에게 먹을 것과 잠잘 곳이 충분하고 생존에 필요한 것들이 갖춰진다면, 공장이 계속 가동되기 위해서는 오로지 재화와 용역이 나머지 다른 사람들보다 더 안락해 보이는 소수에게 불평등하게 할당되어야 한다. 그런 재화와 용역은 돈을 주고 살 수 있기 때문에, 하층 계급 사람들은 안락함을 누리는 것의 불평등 격차를 줄이기 위한 노력으로 더 많이 소비하기 위해 일한다. 그러면 공장은 대량 수요를 위해 생산한다. 그러나 그 결과 최상층 계급 사람들은 훨씬 더 많은 재화와 용역을 얻거나 새로운 것을 요구하면서, 불평등 분배의 순환이 다시 시작된다. 따라서 산업 생산 제도의 생존은 풍부한 자원의 불평등한 할당에 달려 있다. 그 흐름을 재분배하기 위해서는 자원의 본질적 특성을 바꿔야 할 것이다.

이것은 풍요가 불평등 패턴을 지속하는 이유에 대한 갤브레이스의 분석보다 더 설득력 있는 깔끔한 표현이다. 그러나 인적 요소가 빠져 있다. 두 번째 승용차를 사기 위해 빚을 지는 사람은 자본가 지배 계급의 권력을 지키는 것이 자신의 의무라고 생각하지 않는다. 그가 부러워하기 때문이라고 말하는 것은 그가 왜 그러한지를 설명하지 못한다. 그가 점점 더 많은 것이 필요하다고 생각하게 만드는 이유가 광고나 홍보, 선전 때문이라고 답하는 것은 겸손하지 못한 태도이며, 여전히 그의 수용성을 설명하지 못한다. (칭찬받아 마땅하게도 배런과 스위지는 경제적 측면을 고수하고, 빤한 동기에 대한 설명보다는 답이 없는 질문을 선호한다.) 보통의 사람이 역할을 하도록 자극하는 것은 무엇일까? 배런과 스위지의 접근 방식에서 추론컨대, 파괴적 대체라는 개념이다. 사람들이 소비하는 기존의 재화나 용역이 파괴되고, 더 높은 수준의 안락함을 위해 새로운 재화와 용역이 그들을 대체한다. 베블런이 과시적 소비에서 구현되었다고 본 파괴성과 비슷한 것이 여기에도 있다. 두 경우 모두, 소비자로서 인간이 생산자로서 얻은 이익을 뒤집는다. 그러나 파괴적 대체라는 개념 또한 **자기** 파괴적이다. 한 개인이 물질적으로 어떤 수준의 안정을 이루었든 간에, 그 안정은 자기보다 높은 계급에 있는 사람들의 안락함과 비교하면 여전히 부족해 보인다. 그는 그들과 같아지기를 원한다. 그래서 점점 더 많은 것을 소비하는 쪽으로 간다. 사람들이 흔히 '생활 수준'이 낮다고 하는 말에는 어쩌면 우리가 지금까지 설명해온 계급 심리가 작용하고 있을 수도 있다. 우리가 그동안 살펴본 계급과 개인적 가치의 구조는 파괴적 대체를 통해 사람들의 소비를 자극하는 데 도움을 주었을지도 모른다.

공장 노동자 댄 버텔리는 정규직과 임시직을 둘 다 하면서 1년에 약 1만 달러를 번다. 그는 소형 주택 한 채와 커다란 폰티악 세단 자동차 한 대의 할부금을 지불하기 위해 녹초가 되도록 일하고 있다. 자기 자신을 위해 쓰는 돈은 거의 없다. "때때로 맥주를 두 잔 이상 마시면 잘못했다는 생각이 들어요. 또 때로는 왜 계속 일하지 않고

술을 마시나 하는 생각도 해요." 그는 아내를 위해 더 많은 돈을 쓰고 좋은 옷도 사주고 싶어 하지만, 아내도 자신을 위해 돈을 낭비하면 안 된다고 생각하기에 참는다. 하지만 버텔리 부부는 가족 여가에 돈을 많이 쓰는데, 여름의 주말에 케이프 코드에서 아이들과 함께 지낼 작은 오두막집과 고무보트에 큰돈을 쓸 준비가 되어 있다. 보통 주말에는 아이들이 도시를 벗어날 수 있도록 일을 쉰다. 지금 그는 아들과 함께 낚시를 가기 위해 모터 달린 소형 보트 한 척을 살까 고민 중이다. 이 역시 자기 자신을 위한 것이 아니다. 그는 이민자 출신 아파트 수위 리카 카르티데스의 정서를 연상시킨다. "나 자신을 위해서 이 일들을 원하는 게 아니에요. 내가 원하는 것은 가족들이 즐겁게 사는 거죠."

버텔리의 지출 가운데 일부는 물질적 소유가 개인적 무력감을 보상하기 위해 어떻게 나타날 수 있는지(예컨대, 그의 승용차)를 직설적으로 보여준다. 그에게 왜 더 싼 차를 사지 않았는지 물었다. "그 차로는 정말 맘대로 움직일 수 있기 때문에, 힘이 절로 나요. 당신 차처럼 작은 차(인터뷰 진행자의 폭스바겐 스테이션왜건*)로는 맘대로 할 수 없어서 도로에서 다른 차한테 밀릴 거예요."

그러나 버텔리의 말을 듣다 보면, 동기 부여에 대한 이런 솔직한 생각이 왜 그가 자신을 위한 소비가 전체적으로 보아 즐거움의 문제가 아니라고 생각하는지, 또 그가 왜 '나 자신을 위해 돈을 쓰면 잘못이다'라고 생각하는지를 설명하지 못한다는 점을 알 수 있다.

* 뒷좌석에 짐을 실을 수 있는 승용차

바로 앞 장에서 우리는 개인적으로 부족하다고 느끼는 결과가 어떻게 다른 사람들을 위해 희생하겠다는 다짐이 되었는지를 보여주려고 했다. 특히, 자기 자식들이 언젠가 자신보다 더 나은 생활을 누리기를 바라면서 말이다. 그러나 그 다짐은 자신이 희생한다고 생각하는 당사자를 취약한 상황에 빠뜨린다. 그 희생이 의미가 있으려면, 수혜자들이 여간해서는 하기 어려울 정도로 자신을 낮추고 감사를 표시해야 한다. 그리고 그 희생을 통해 어린 자식들이 더 나은 다른 삶을 산다고 해도, 그들은 자신을 희생한 부모를 뒤에 남겨두고 떠난다. 희생은 또한 버텔리 같은 사람을 파괴적 대체의 힘에 취약하게 만든다.

희생은 미래를 생각하게 한다. 그가 사랑하는 사람들이 미래에는 그와 다르게 살 것이고, 그들은 자신과 다른 욕구와 바람을 가질 것이다. 예컨대, 그는 백과사전 판매원이 자식들에게 '언젠가' 필요할 거라고 구매를 권유하는 말에 귀가 솔깃해 살까 말까 망설이기 쉽다. 더 나아가, 자기 자식들에게 맞는 것이면 자신에게도 맞는 것이 된다. 경제 성장의 과정을 통해서 부자들의 안락함에 대한 새로운 상징이 옛 상징을 대체(자가용 한 대가 아닌 두 대에 고속 모터보트 소유, 자식들을 위한 백과사전 세트 개인 소장)할 때, 그는 그런 것들에 대한 구매 설득에 어떻게 할지 몰라 애를 먹는다. 왜냐하면 그 모든 것이 자신은 아직 거기까지 이르지는 못했지만 '정말로' 존경받는 삶을 살고 싶은 사람에게는 필요할지도 모르기 때문이다. 버텔리는 날마다 술집에서 한잔하기 같은 현재의 즐거움을 위해 시간을 허비하기보다 새로운 미래의 자신이 원하는 것을 사야 한다는 쪽으로 기운다. 자식들이 자기 집 잔디 마당에서 뛰어놀 수 있도록 집을 사야 한다는 것이 그에게는 타당해 보인다. 자신은 비록 그 집값을 감당하기 위해 아이들이 깨어 있는 모습을 거의 보지 못할 정도로 장시간 노동에 시달려야 할지라도 말이다. 따라서 자기 자신의 삶을 자기희생으로 규정한 미래의 꿈은 그가 자신을 무엇보다 먼저 취약한 상황에 몰아넣게 하고, 생산 질서에 저항하는 게 아니라 항복하게 한다.

계급은 사람들이 자기 자신을 새로운 물질적 재화를 통해 욕구를 충족하는 존재가 아닌 그 재화를 멀찌감치 떨어져서 바라보는 관중으로 인식하게 만든다. 버텔리가 자기 가족이 번듯하게 살기 위해서 소유해야 하는 것이 무엇인지 생각할 때, 그는 자신이 가족을 위해 한 일에 대해서 '모든 미국인'의 존경을 받을 마법의 장벽을 뛰어넘을 때가 언제인지도 모르면서 그때를 기다리는 사람처럼 보인다. 택시를 모는 한 베트남 참전 용사는 자식 없이 아내와 둘이 사는데, 언젠가 숲속 작은 판잣집을 사기 위해 2교대로 택시 운전을 하고 있다고 이야기한다. 그 또한 소비를 희생의 관점에서 생각하고 있다. 그는 아내와 함께 보내는 시간이 적더라도 지금은 참아낼 것이다. 언젠가 두 사람이 "아무도 우리에게 간섭할 수 없는 곳"으로 함께 떠날 수 있도록 말이다. 샘과 애나 배런 부부는 리카 카르티데스처럼 스스로가 자리를 잡았다고 느끼기 위해 자기 집 마련을 꿈꾸면서, 현재 단순히 생존만을 생각하면 필요하지 않은 것을 사고 언젠가 그들의 자식들이 자유롭게 성장할 수 있도록 현재의 즐거움을 희생하고 있다.

따라서 현재의 생존에 필요한 것 이상을 소비하게 만드는 압력에 대한 이러한 취약성은 불확실한 미래를 위한 희생 의식 때문에 생겨났고, 소비 만능주의를 통해 즐거움이 침식당하는 현상은 모든 사회 계급에 널리 번져 있다고 말할 수 있다. 일반적으로 이 말은 사실일 가능성이 있다. 그러나 노동 계급 소비의 역사에서 일어난 특이한 변화는 생산직 노동자의 불안정한 소득 누적 방식과 함께 노동자들을 특별한 사회적 지위로 몰아넣었다.

19세기 매사추세츠 뉴베리포트의 육체노동자에 대한 한 연구는 그들이 자기 힘으로 집을 사기 위해 종종 사무직으로 일할 기회를 희생한다는 점을 보여주었다.[2] 이러한 '수평적 이동'을 위해서, 부모들은 그들의 자식들이 육체노동을 할 수 있게 되면 곧바로 학교를 그만두게 하곤 했다. 지난 세기에 자식들의 미래가 이런 식으로 희생된 일이 얼마나 흔했는지에 대해서는 역사가들 사이에 많은 논쟁이 있었다. 확실한 것은 오늘날 이러한 자식들의 희생이 더는 만연하지 않다는 사실이다. 매우 광범위하고 다양한 연구들은 오늘날 육체노동자에게 자기 집 마련이 여전히 강렬한 꿈으로 남아 있지만, 그들이 간절히 원하는 것은 자식들이 교육을 통해 직종 간 이동이 가능해지는 것이라는 점을 보여준다.

이런 이중적 바람은 오늘날 노동자들이 무엇을 정말 기대하고 있는지를 보여주는데, 그 이중적 꿈은 사실 노동자가 벌어들이는 임금을 짜내어 나오는 것이기에 그의 욕망을 이루려면 가계 재정에 큰 짐이 된다고 할 수 있다. 그러나 이 또한 과거의 연속선상에 있다. 자가 소유와 자식들의 교육을 위한 희생은 둘 다 보상 유예를 수반한다. 노동자는 이 두 가지를 위해 성실하게 돈을 모으며 수년의 세월을 기다려야 한다. 이 꿈들은 그가 10년, 15년, 20년 동안 거의 매달 돈을 모아 주택 구입 할부금이나 자식들의 대학 등록금을 낼 계획을 세우고, 필수 생계비를 제외한 돈을 정기적으로 저금할 수 있을 때**만** 실현 가능하다.

그러나 보통 품삯을 받는 임금 노동자가 정기적으로 저축하는 생활을 유지하기는 월급을 받는 사무직 노동자보다 더 힘들다. 우리가 인터뷰한 사람들은 시간 단위로 일하기 때문에, 수입에 매번 큰 차이가 있었다. 따라서 한 기능공의 연간 수입은 1만 1천 달러에서 7천 880달러로 떨어졌다가 9천 달러, 1만 4천 달러로 오르는가 하면 다시 8천 달러로 떨어졌는데 그가 얼마나 많이 일하고 초과 근무를 하느냐에 따라 수입이 크게 달라졌다. 이에 비해 공장 노동자의 수입은 6천 달러에서 8천 달러 사이에서 소폭으로 오르락내리락했다. 게다가 미국이 전반적으로 호황기였던 1963년과 1968년 사이에도 수입의 변동 폭은 여전한 현상이었다. 연간 고정급의 임금을 받는 소수의 노동자도 자기 집과 자녀 대학 등록금 마련이라는 보상 유예를 위한 돈을 모으려고 추가로 시간제 부업을 하는 경우가 많았다. S. M. 밀러와 패멀라 로비가 《불평등의 미래*The Future of Inequality*》에서 지적한 것처럼, 그런 직업들은 경제적 수입 창출이 가장 불안정한 일이다.

수입 변동 폭이 불안정한 현실과 한 개인이 자기 돈을 쓰고 싶어 하는 방식 사이의 이러한 괴리의 결과로 과연 무슨 일이 일어날까? 우리가 인터뷰한 사람들은 경기 침체로 자신들의 임금이 타격을 받았을 때, 기업이나 정부에 분노했다. 하지만 그들이 자기 돈을 어디에 쓰고 싶은지는 다음에도 정할 수 있다. 미래에도 정부와 기업이 존재할 수 있을지 없을지 모르지만, 그는 결국 자기 집을 소유할 것이고 자식들은 대학을 졸업할 것이다. 정부가 그를 망가뜨리고 있을지 모르지만, 그 사실을 알고 불평하는 것은 그가 활기차게 살고 계획대로 인생을 꾸려나가는 데 도움이 되지 않을 것이다. **그**는 중요한 무언가를 해야 한다. 바로 이것이 그가 정한 목표들이 그에게 요구하는 바다. 아무도 그에게 돈을 모으라고 훈계하지 않을 것이다. 아무리 호시절이라고 해도 그에게 가해지는 압박은 있다. 지금은 여유가 있고 가계가 흑자일지라도 그의 수입은 영원히 그에게 큰 짐이 된다.

한 식자공은 이렇게 말한다. "지금 당신 같은 대학생들의 문제는 돈의 가치를 모른다는 거예요. 당신은 돈을 저축한다는 것이 어떤 건지 몰라요."

"음, 현재 자금 사정이 몹시 안 좋다는 말인가요?"

"그래요. (…) 자, 보자고요. 나는 약간의 초과 근무와 부업으로 1만 2천 달러를 벌어요. 그 정도면 벌이가 괜찮은 편이죠. 몇 년 전에는 7천 달러 정도밖에 벌지 못했거든요. 하지만 그 돈으로는 일상적 지출, 세금, 이것저것 아이들에게 필요한 것들을 도저히 감당할 수 없어요. 또 언젠가 학교에 보낼 돈도 있어야 하죠. (…) 벌면 벌수록, 점점 더 멀리 뒤처지는 것 같아요. 돈이 중요하긴 한데 어쩔 도리가 없어요. 무슨 말인지 알죠?"

"빚을 지고 있나요?"

"아뇨. 다만 저축할 돈이 없을 뿐이죠. (…) 날마다 다 써버려요. (…) **내가** 쓰고 싶은 데다 말이에요. 참아야 하는데, 잘 모르겠어요."

따라서 미래에 초점이 맞춰진 소비는 자신의 현재 욕구에 대한 불확실성을 높인다. 돈을 버는 것은 (그 느낌을 위한 것은 아니지만) 개인에게 즉각적인 보상의 느낌을 주지 못하고, 갈수록 자신의 대처 능력에 대한 믿음을 주지 못한다. 돈은 언젠가 자신이 원하는 것을 이루었다는 성취감을 줄 수 있지만, 그 '언젠가' 때문에 지금 그는 자신이 더 강해졌다는 것을 느끼지 못한다.

허버트 마르쿠제는《일차원적 인간》에 이렇게 썼다.

> 노동자와 사장이 똑같은 텔레비전 프로를 보고 똑같은 휴양지에 가서 쉰다면, 타이피스트가 자기 고용주의 딸만큼이나 매력적으로 화장을 한다면, 흑인이 캐딜락 자동차를 소유하고 있다면, 또 그들이 모두 같은 신문을 읽는다면, 그러한 동화同和는 계급의 소멸을 가리키는 표식이 아니라 기득권층 유지에 필요해서 하층 계급과 함께 공유하는 욕구와 만족의 수준을 의미할 뿐이다.

이런 사고방식은 중요한 한 가지 측면에서 버텔리나 카르티데스 같은 노동자들의 실제 경험을 놓친다. 그들은 어떤 보상을 바라고 돈을 쓰지 않는다. 그들은 심지어 현재의 욕구를 만족시키겠다는 생각으로 돈을 쓰지도 않는다. 훨씬 더 복잡한 무언가가 그들에게 돈을 쓰도록 지시한다. 바로 그들이 반드시 하기를 원하는, 내면 깊은 곳에 도사리고 있는 자신에 대한 의구심으로 시작되는 무언가가 말이다. 이런 소비 방식이 '기득권층 유지에 필요'한 것이 명백하고, 그 방식에 공리주의라는 악마가 확실히 개입되어 있다면, 버텔리와 카르티데스가 자기들이 지출하는 돈이 언젠가 그들에게 기득권층에 맞서 싸울 무기, 자신들의 존엄성을 지키기 위한 무기를 준다고 생각하는 것은 당연할 수 있다.

파괴적 대체는 돈을 쓰는 소비 과정을 설명하는 것 이상을 의미한다. 파괴적 대체는 또한 계층 상승을 통해 존엄성을 추구하는 위대한 아메리칸드림을 갉아먹는 힘이기도 하다.

의자 놀이

윌리엄 오맬리가 선임 감독관으로 승진했다고 하자. 경영진은 오맬리가 공장의 어느 누구보다 기계를 잘 다룬다는 것을 안다. 그는 근면하고 장기근속자다. 승진한 첫날, 오맬리는 조립 라인에서 게으름을 피우고 있는 생산직 노동자들 가운데 한 명의 문제에 직면한다. 오맬리는 그 일을 어떻게 하는지 잘 알고 있다. 그리고 그 생산직 노동자가 어떻게 그 일을 하는지도 잘 알고 있다. 그러나 그가 기존에 가지고 있던 기술은 이 남자가 문제라고 알리는 것 말고는 자신이 맡은 새로운 역할에 전혀 도움이 되지 않는다. 이제 그에게 필요한 것은 회유와 위협, 인사 관리 같은 기술이지만, 오맬리가 과거에 한 일 중에는 그런 기술을 휘두를 수 있도록 그를 준비시킨 것이 아무것도 없다. 그가 잘할 줄 아는 일은 이제 더는 그에게 소용이 없다. 그렇다면 그의 승진과 성공이 정말로 의미하는 것은 무엇일까?

이 질문은 실제로 직무가 바뀔 때마다 반복해서 나타난다. 승진은 수년 동안 쌓아온 기술에 대한 현재적 의미를 파괴하여 불합리하다는 느낌을 증가시킬 수 있다. 승진하면 불안함을 느낀다. 사회적 계층 상승은 부유함의 한 형태로 기본적인 생존의 차원을 넘어 또 다른 단계로 도약하는 것을 의미하는데도, 미래에 초점이 맞춰진 소비만큼이나 자기를 부정하고 희생하는 것으로 드러날 수 있다.

이런 모순이 오맬리에게 일어나는 이유는 단순하다. 직무에 필요한 기술이 바뀌기 때문이다. 시간이 지나면서 오맬리가 요령을 익히면 그 모순을 해결할 수 있을 것이다. 하지만 요령을 터득했는데도 현재의 위치가 자기 자리가 아니라고 느끼는 프랭크 리사로와 조지 코로나 같은 사람들에 대해서는 어떻게 생각해야 할까? 사무직 일을 시작하기에 충분한 교육을 받았지만 스스로에게 만족을 못 느끼고, 부모들이 몸을 써서 했던 기술 노동을 동경하듯 바라보는 공장 노동자들의 자식들은 또 어떻게 생각해야 할까? 이들은 모두 새로운 지위에서 어떻게 행동해야 하는지 요령을 터득했지만, 또 새로운 지위를 향해 끊임없이 이동해야 한다는 압박에 시달린다는 느낌을 받는다.

이러한 역설은 우리가 계급의 상처에 대해서 얼마나 많이 알거나 모르는지를 평가할 수 있는 좋은 준거점을 제공한다. 계급 사회는 그 안에 있는 모든 사람이 다른 사람은 물론이고 그들 스스로도 자신의 존엄성이 확고하게 인정받지 못하고 있다고 느끼게 한다. 이 느낌은 두 가지 방식으로 나타난다. 첫 번째는 왜 어떤 사람은 높은 계층에 속하고, 또 어떤 사람은 낮은 계층에 속하는지 보여주는 이미지들(궁극적으로 개인의 능력에 따른 성과물)을 통해서다. 두 번째는 모든 계급의 사람들이 자신의 존엄성, 다시 말해서 작동하지도 않고 작동할 수도 없기에 원초적 불안을 강화하는 자기 정당성을 입증하기 위해 취하는 행동들에 대해서 사회가 내리는 정의를 통해서다.

그 결과, 우리는 계급 사회 안에서 사람들을 계속해서 이동하게 하는, 즉 더 많은 돈과 더 많은 소유, 더 높은 신분을 찾아 움직이게 만드는 활동들이 물질적 욕망 또는 심지어 감각적 이해에서 비롯된 것이 아니라, 계급 구조가 그들의 삶에 초래한 심리적 박탈감을 회복하기 위한 시도에서 나온 것이라고 생각한다. 다시 말해서, **계급 사회가 사람들에게 끊임없이 신분 상승을 추구하게 만드는 심리적 동기는 외부 세계의 사물과 사람을 지배하는 더 큰 권력을 갖겠다는 데서 비롯한 것이 아니라, 자신을 믿지 못하는 의심을 치유하려는 의도에서 나온 것이라고 봐야 한다.**

혹자는 이것이 그 동기가 극도로 바람직한 인간적인 모습, 즉 무언가를 소유하고 지배하기보다는 그들 스스로를 회복하려는 행위라고 말할지도 모른다. 그렇다면 우리는 인간의 삶에서 개인을 존중하는 의식을 확립하는 것보다 더 긴급한 일은 없다고 대답할 것이다. 만일 개인의 통제 범위를 넘어서는 힘이 초등학생 때부터 개인의 존엄성에 의문을 제기한다면, 그 힘은 권력과 소유의 문제보다 선결해야 할 문제가 아닐 수 없으며, 실제로 어쨌든 권력과 소유를 추구하는 이유가 되기도 한다. 홉스는 인간의 지배 욕구를 기정사실로 간주했다. 하지만 사회적 환경을 지배하려는 시도(현대 세계에서 다른 사람들의 권력에서 자유로워지고 자족하기 위한 시도)와 그러한 노력이 불안과 거북함을 야기할 때, 우리는 과연 그것들을 인간의 궁극적이고 자연 발생적인 욕구로 받아들일 수 있을까?

로크는 사회란 개인들의 집합체라고 믿었다. 따라서 개별 인간의 심리 구조를 안다면, 사회가 전체적으로 조화롭게 작동하도록 동기를 부여하는 힘이 무엇인지 알 수 있다고 봤다. 그러나 이 장에서 설명한 상처받은 존엄성의 용도는 이런 공식화에 역시나 문제를 제기한다. 그들 또는 그들의 자식들이 완전체가 되는 미래의 시간을 위해 돈을 쓰는 동안, 그들은 자본주의를 지키려고 애쓰고 있지도 않으며 마르쿠제가 그린 기득권층과의 동화에 이르지도 않았다. 오히려 이 사람 저 사람, 이 가족 저 가족, 이 도시 저 도시를 통해 쌓이는 개인적 회복을 위한 다양한 행동이 존엄성을 훼손하는 사회를 굳건하게 유지시키는 힘으로 변환되는 일이 일어날 뿐이다.

이런 측면에서 계급의 상처를 막스 베버의 프로테스탄트 직업윤리 개념과 대조해보자. 베버는 초기 청교도들이 신이 자신들의 가치를 불확실하게 본다고 생각하고는 자신들이 존경받을 만하다고 생각하는 자기희생의 행동을 통해 서로를 확신시키려 했다고 썼다. 베버는 초기 자본주의 기업가들이 이런 사고방식에 완전히 젖어 있었다고 믿었다. 벤저민 프랭클린이 필라델피아에서 쓴 여러 격언을 통해서 분노의 신은 마침내 무대에서 사라졌지만, 무일푼으로 시작한 근면한 소년 프랭클린은 언젠가 자신의 사회적 지위를 높이기 위해 현재의 즐거움을 거부함으로써 스스로 존경받을 가치가 있는 존재가 될 거라고 여전히 믿을 수 있었다.

베버는 프로테스탄트 윤리를 300~400년의 산업 자본주의와 동일시할 의도가 전혀 없었다. 그는 단순히 돈 모으기 같은 미래에 초점을 맞춘 활동으로 잉여 자본을 개발하기 시작한 사람들이 존경을 '얻는다'는 특이한 도덕률을 통해 어떻게 그렇게 행했는지 보여주고 싶었을 뿐이었다. 이러한 도덕률은 이후 자본을 취득하는 기업가들이 그들의 권력이 정당하다고 느낄 수 있게 해주었고, 그 정당화는 결과적으로 그들이 더 많은 자본을 획득하도록 독려했다.

프로테스탄트 윤리는 지금까지 우리가 검토한 존경, 개인적 재능, 계급 뒤에 감춰진 차원들과 어느 정도 유사성이 있지만, 두 가지 측면에서 다르다. 첫째, 베버는 엘리트 권력 집단이 지닌 경제 권력의 정당성에 대해서 이야기하고 있었다. 둘째, 계급의 도덕률은 자기 패배적인 반면 프로테스탄트 윤리는 자기 확인적이었다. 프로테스탄트 윤리는 잉여 자본을 축적하기 위해 물질적 보상을 유예해야 했던 사람들에게 도덕적으로 자축할 만한 근거를 제공했다.

따라서 오늘날 계급이 짊어진 짐은 기이한 현상이다. 사회적 불평등은 불안의 도덕률을 만들어냄으로써 유지되는데, 좌파는 이 불만을 조직해내기 어렵다. 불만의 논리가 사람들을 제도나 체제 같은 '시스템'이 아닌 상대방 개인에게 향하도록 이끌기 때문이다. 이러한 주장의 한계는 지금까지 이 책에 등장한 계급 개념이 경제적으로 낙후된, 근본적으로 교육을 많이 받은 사무직이나 전문직 노동에 반대되는 육체노동 혹은 생산직 노동의 문제라는 점이다. 직업 구조는 확실히 이보다 더 복잡하다. 실제로 이 책에서 지금까지 주장한 것에 대한 좋은 지적은 이 책이 사회의 양극단에 있는 노동을 이야기하고 있기는 하지만, 그 중간에 있는 대다수 노동자의 심리와 관련해서 '계급'이 의미하는 것은 아무것도 보여주지 않는다는 비판이다. 또 한편으로 계급의 경계는 정태적이지 않은데, 노동의 형태가 끊임없이 변하고 있다는 비판도 가능하다. 기술 사회에서 육체노동이 점점 사라지고 있다면, 이러한 계급 분석은 사실상 기세가 꺾이면서 불안에 휩싸인 상황에 있는 사람들에게 초점이 맞춰진 것은 아닐까? 이 문제는 앞으로 우리가 다뤄야 할 질문들이다.

인구 조사 자료에 따르면, 1900년 미국 노동 인구의 3분의 1은 농부였고, 절반은 농촌이 아닌 곳에서 공장 생산직과 서비스직 두 직종에서 일하는 노동자들이었다. 사무직에 종사하는 사람은 6분의 1에 불과했다. 1950년에는 농업 인구가 크게 줄었고, 약 절반의 인구가 육체노동자로 남은 반면에 사무직 노동자는 크게 증가했다. 이러한 변화는 통상적으로 지난 반세기 동안 노동이 더 고도화되면서 정신노동은 늘고 육체노동은 계속해서 감소했다고 해석된다.[3]

이런 총체적인 변화는 사람들이 자기가 속한 계급이 사회에서 어떤 위치에 있는지를 분석할 때 왜 마음속에 능력을 먼저 떠올리는지를 설명하는 것처럼 보인다. C. 라이트 밀스가 지적한 것처럼, '사무직, 존경할 만한, 천하지 않은' 등의 용어는 전통적으로 몸을 써서 하는 일과 반대되는 '책상'에 앉아서 하는 일이 훨씬 더 복잡하다는 생각에서 나왔다. 하지만 보이지 않는 그 이면에서는 더욱 이해할 수 없는 일들이 일어나고 있다.

위의 인구 조사에 따르면, 지난 반세기 동안 가장 크게 증가한 사무직 일자리는 서류를 정리하고 입력하고 문서를 처리하는 일처럼 틀에 박힌 일상적인 업무였다. 이런 낮은 수준의 사무직 업무는 대개 여성에게 '적합한' 일로 여겨졌는데, 이 업종은 현재 단일 노동자 집단으로는 가장 큰 규모를 차지하고 있다. 더 나아가, 동일 기간 전문직에서도 특이한 증가 추세가 있었다. 특수 능력이 생산적인 업무에서 더 중요해지고 있다면, 사람들은 전문직이 늘어나고 더욱 다양해질 거라고 예상할 것이다. 그러나 인구 조사 자료는 대체로 초등학교 교사와 같은 낮은 수준의 전문직만 늘어나고 있다는 점을 보여준다. 이러한 변화는 전문직 업무가 비례적으로 늘어나고 있는 이유를 거의 완벽하게 설명해준다. 그리고 그러한 일자리들 또한 대부분 여성으로 채워졌다. 이와 대조되는 예로, 전체 노동력에서 의사의 비율은 실제로 1920년 이후로 약간 감소했다.

달리 말해, 이바르 베르그가 설명하듯 '머리를 쓰는 직업'이 노동력 증가를 선도하는 것이 아닐진대, 인간 머리의 중요성이 증대했다고 설명하기는 어렵다. 게다가 사무직 노동이 기본적으로 지위가 낮고 반복적인 기능직 직업군에서 증가한 반면에, 육체노동은 1차 세계대전 이후로 점점 고도화되었기 때문에 문제는 더욱 복잡하다. 전체 노동력에서 비숙련 노동자 비율은 지속해서 감소했지만, 숙련 육체노동자의 수는 반숙련 노동자의 수보다 현재 더 빠르게 증가하고 있다. 더 나아가 오늘날 많은 육체노동 업무에는 과거보다 더욱 정교한 직무 교육이 필요하다. 수습 기간과 전문 기술자에게 할당되는 업무는 점점 더 길어지고 까다로워졌다.

낮은 수준의 사무직 업무, 즉 많은 경우 기술력을 그다지 요구하지 않고, 독립적인 업무 처리를 별로 허용하지 않으며, 숙련 육체노동자보다 임금도 낮은 직무의 증가는 공장 현장에서 사무실로 이동하는 '승진'의 전통적인 상징적 의미를 부분적으로 와해시키고 있다. 19세기와 20세기 초, 생산직 노동자와 사무직 노동자의 구분은 오늘날보다 훨씬 더 이해하기 쉬웠다. 1910년에 사무원은 비숙련 육체노동자 임금의 두 배 정도를 받았다. 사무원은 대체로 직업 안정성도 더 높아서 대다수 다른 노동자와 비교했을 때 자신이 그들보다 더 숙련되고 특권적인 일을 하고 있다고 굳게 믿으면서 자기 위치를 확인할 수 있었다. 그러나 이제는 상황이 바뀌었다.

그럼에도 사무직 노동은 여전히 육체노동과 중요한 신분 차이를 유지하고 있다. 서류 정리와 문서 처리 같은 직무 그리고 그와 유사한 관리 업무들은 단순하고 반복적이어서 쉽게 익힐 수 있지만, 그 직무에 요구되는 교육 수준은 점점 더 정교해졌다. 미국노동력위원회의 표현에 따르면, "타자를 잘 치기 위해 필요한 기술은 십 대 청소년도 금방 익힐 수 있는데도, 타자 치는 일에 고용되는 젊은 여성의 입사 조건을 대학 졸업자로 한정하는 경우가 점점 늘어나고 있다". 컴퓨터 분야처럼 순수한 '기술' 산업의 성장을 지켜본 평론가들도 동일한 점을 지적했다. 기술 발전이 가져다준 생산의 효율성은 수준이 낮고 반복적인 직무들을 없애기는커녕, 그 직무를 주변으로 확산시켜 아마도 전체적으로는 오히려 더 늘어나게 했을 수 있다. 하지만 고용주들은 이 단순한 직무를 수행하는 데도 더 높은 수준의 교육을 받은 노동자가 필요하다고 상정한다. 새로운 노동 유형에서 머리를 쓸 일이 점점 없어지는데도, 직장에서는 거꾸로 정신적 활동 요소를 여전히 더 중시하는 꼴이다.

이러한 역설은 낮은 수준의 사무직 노동에만 한정되지 않고 육체노동 부문에서도 마찬가지로 증가하고 있다. 다섯 개 산업의 지배적인 생산직 업무에 대한 한 연구는 1940년부터 1965년까지 업무 성과를 충족하는 데 요구되는 직무 기술에 거의 변화가 없는데도, 고용주들이 그런 업무를 수행할 노동자에게 요구하는 자격 조건은 상당히 높아졌다는 사실을 발견했다.[4] (이런 상황이 인구 조사에서 나타나는 육체노동의 고도화에 얼마나 많은 영향을 끼칠까 하는 궁금증도 들지만, 이 궁금증을 논하는 것은 문제를 더 크게 확대할 뿐이다. 여기서 중요한 것은 왜 사무직 노동과 생산직 노동이 모두 업무의 본질적 특성과는 전혀 상관없는 고용 자격 조건만 높이는 결과를 낳았는지의 문제다.)

미시시피에 있는 한 직물 공장의 생산직 노동자 중 교육 수준이 낮은 노동자가 더 생산성이 높고 이직률도 낮으면서 결근도 덜 하는 경향이 있다고 보여주는 연구가 있다. 또 다른 조사에 따르면, 교육 수준과 직무 성과 사이의 역관계는 저숙련 사무직 노동과 심지어 관리직에 있는 사람들에게서도 나타났다. 이바르 베르그는 이런 자료들을 분석하면서, 프랭크 리사로와 똑같은 결론에 이르렀다. '좋은' 노동자의 자질을 갖추고 있는 것과 그 사람이 학교에 다닌 햇수는 반비례한다는 결론 말이다.

그리고 전통적으로 근면하고 성실하면 더 많은 수입과 승진이라는 보상이 저절로 굴러 들어온다는 말은 많은 육체노동자에게 지금도 여전히 해당하지 않는다. 왜냐하면 고용주들은 일반적으로 앞서 밝혀진 내용과 정반대의 가정을 상정하고 있기 때문이다. 그 가정은 바로 인간의 머리가 생산력을 좌우한다는 생각이다. 그러나 미국의 경제학자이자 교육자 허버트 긴티스가 지적하는 것처럼, 대부분의 연구가 문과 대학의 교과 과정이 졸업 후 직장에서 하는 일이나 업무 성과와 거의 관련성이 없다는 점을 보여주지만 학위가 있느냐 없느냐는 직무 적합성을 판단하는 주된 상징으로 남아 있다. (관련 질문을 받은 고용주들은 대체로 교육 수준이 높은 사람들이 자신감도 충만하고, 조직에 대한 책임감도 크며, 조직 내에서 사회적 통합 능력도 더 뛰어나다고 대답하는 경우가 많다.)

교육을 많이 받은 사람들이 생산 능력이 더 크다는 믿음이 너무 강하기 때문에, 고용주들은 자신이 가지고 있는 생산성 척도를 무시하고 다른 직장을 그만두고 나온 더 젊고 더 교육 수준이 높은 노동자를 고용하는 경향을 자주 보인다. 또한 봉급과 관련해서도, 교육 수준이 높은 사람들은 다른 직장에서 과거 업무 실적의 좋고 나쁨은 불문으로 하고, 대신에 그들의 학력을 기준으로 봉급이 책정될 가능성이 크다.

교육을 더 많이 받은 사람을 외부에서 영입해서 고도의 숙련을 요하는 자리에 앉히는 대기업의 이런 관리 행태는 교육 수준이 낮은 노동자의 승진 가능성의 상한선을 정한다. 이런 노동자들이 받을 수 있는 승진을 통한 보상은 대개 현장 감독이 되거나 낮은 직급의 사무직으로 이동하는 데 한정된다. 따라서 교육 수준이 낮은 노동자들이 자신들보다 자리 이동이 잦고 교육 수준이 높은 노동자들이 오를 수 있는 자리보다 낮은 직급에 오르는 것도 맡은 업무를 끊임없이 열심히 해야만 가능하다. 이게 다 그들의 학력 때문에 일어나는 일이다.

논리적이지 않은 것처럼 보이는 이런 변화들이 일어나는 이유는 왜일까? 우리가 보기에 자격증으로 인증되는 지식과 생산성의 간극은 특정 계급임을 정의하는 직무 범주들이 바뀌어도 계급 경계선의 유지를 가능하게 해주기 때문에 존재한다. 이 말은 계급의 불평등이라는 것이 생산 기반인 '하부구조'가 새로운 형태로 진화하더라도 그대로 유지될 수 있다는 것을 의미한다.

새로운 노동 양식의 발전이라는 측면에서 생산성과 인증받은 지식 간의 간극이 무엇을 의미하는지 생각해보자. 첫째, 그러한 생산 질서는 단조롭고 반복적인 업무를 하는 새로운 무리의 사람들을 양산하고 있다. 즉, 그들에게 부여된 직무 선택의 자유는 극도로 제한되어 있다. 둘째, 이러한 사무직 노동자 무리는 자기 모순적인 사회적 신분 상징에 휘말려 있는 상황이다. 블라우와 덩컨 같은 분석가들의 조사에 따르면, 확대된 사무직 직무에 입문한 새로운 구성원 대부분은 부모가 대체로 생산직 노동자로 일한 집안의 청년이다. 1950년대와 60년대에 일한 그 부모들은 상당수가 물자 부족과 지속되는 경제 불안정의 삶부터 어느 정도 풍요로운 삶까지를 통과한 1세대 육체노동자였다. 그들에게 그 경계선을 넘는 것은 더 많은 자유와 인생의 질적 변화, 즉 소수 민족 동네 밖 사람들에게 존경받을 수 있도록 자기 삶을 정리할 기회로 보였고, 실제로 그렇게 되기를 바랐다. 그러나 우리가 지금까지 보여주려 애쓴 것처럼, 그 장벽을 넘는 것은 사실상 그들이 기대한 정서적 만족을 주지 않았다. 그리고 그들의 아들딸 가운데 그 장벽을 넘어 사무직 일자리를 얻는 이들 또한 자기 부모들이 느낀 것과 동일한 정서적 좌절감을 경험했다.

사무직 일자리를 얻으려면 당신은 학교를 중도에 포기하면 안

된다. 학교 교육은 당신의 내적 능력을 계발하고, 사회의 생산 질서와 관련해서 당신을 더 강력한 사람으로 만들 의무가 있다. 사무직으로의 이동은 이렇게 당신이 지적으로 더 성숙한 인간이 된 결과다. 그러나 사무직으로 유입된 대다수 사람들은 실제 현실이 매우 다르다는 사실을 발견한다. 사무직의 업무 내용이 사실은 머리를 쓰는 지적인 부분을 거의 요구하지 않기 때문이다. 신발을 팔거나 서류에 날인이나 하는 일에 만족을 느끼지 못하는 사람이 자기 아버지의 고된 육체노동과 그보다 더 '좋다는' 자신의 직업을 비교하면서 과연 그 상황을 어떻게 이해할까? 도널드 워런이 언급하는 것처럼, 말 잘 듣는 착한 아이로 학교를 끝까지 다녔는데 계급의 경계선을 넘어도 밑바닥에서 다시 시작해야 한다고 느낄 수밖에 없다면, 그 상황은 그 청년에게 무엇을 의미할까?

2장에서 보았듯이 역사적 전환에 얽매인 사람들은 이러한 질문에 답하며 자기 자신의 인성 문제로, 자신의 대처 능력 부족의 문제로 결론을 내린다. 우리는 이제 그런 느낌에 어떤 효용이 있는지를 이해할 수 있는 위치에 도달했다. 비록 낮은 수준의 사무직 업무에 필요한 지식을 인증하는 자격 증명서가 업무 성과와 거의 관련이 없다고 할지라도, 그 증명서는 일과 관련된 특정한 도덕적 상징을 창출하는 데 유용하다. 이런 상징들은 사람들이 새로운 대중 집단에 속해 있다는 것이, 과거 노동 계급에 속해 있던 그들의 부모들이 그랬듯, 개인의 부족한 자질 탓이 아닌가 의심하면서 모두 개인의 책임으로 돌리게 하는 논리적이고 합리적인 근거로 쓰인다. 그럴 경우, 정규 교육을 통한 지적 능력의 자격 증명서는 끊임없이 변화하는 생산관계 속에서 계급 불평등을 지속하는 필수품일 수밖에 없다. 하지만 그보다 훨씬 더 중요한 사실은 자격증이 사람들로 하여금 자신이 해당 업무에 필요한 수준의 교육을 받은 사람이어야 한다는 것과 그들이 직접 겪는 새로운 일 사이에 격차가 있다고 느끼게 하여 그 책임이 그들 자신에게 있다고 이해하게 만든다는 점이다.

이런 책임의 짐을 지는 것은 구세대 육체노동자들에게는 절망이 아니라 더 나은 미래를 만들기 위해 자기희생이라는 특이한 훈육을 실행하겠다는 결의다. 그런 부모 밑에서 새로운 사무직 일자리를 채우고 있는 청년에게도 그 개인적 결의는 비슷하게 계속된다. 끊임없이 일자리를 이리저리 옮기는 사람들과의 첫 번째 인터뷰 이후에, 우리는 그들의 말을 듣고 잠시 어리둥절했다. 사람들이 인생이란 치열한 경쟁이라고 느낀다 해도 그들이 그럭저럭 먹고살 형편이 된다면 왜 달리기를 멈추지 않고 계속할까? 그 말에서 우리가 깨달은 것은 성공하지 못했다는 불평 뒤에 숨은 가정이었다. 만약 **자신**이 계속 달리고 있다고 느끼는데(비록 강요에 의한 것일지라도) 이길 수 없다고 해서 경주를 포기한다면 치욕적인 일이다. 사무직이 상징하는 사회적 지위와 그 일의 내용이 서로 충돌한 결과, 조지 코로나 같은 사람들은 이전보다 훨씬 더 미래에 초점을 맞춰 생각한다. 그들은 바로 지금까지도 자신들의 새로운 사회적 지위를 최대한 활용하지 못하고 있다. 이런 상황이 자신의 능력 부족 탓이라고 느끼는 것은 사회에 대한 저항보다는 자기 훈육을 자극하는 결과를 낳는다.

일반적인 형식으로 말한다면 이렇게 표현할 수 있다. 계급 사회는 사람들의 존엄성에 대한 이의 제기를 통해서 구계급의 소멸과 함께 제한된 자유를 가진 신계급을 창출할 수 있다. 계급의 변화는 사회에서 향상, 성공, 계층 상승의 문제로 묘사된다. 약속된 보상과 지속적인 자유 제약 사이의 간극으로 발생하는 좌절과 분노는 어느새 개인 자신의 문제로 전환된다. 앞서 1장과 2장에서 인용한 젊은 신발 판매원은 자기 삶에서 발생한 일에 분노를 느끼지만, 속으로는 자신이 기회를 제대로 활용하지 못한 탓으로 돌리는 까닭에 '시스템'에 대한 그의 분노는 힘을 잃고 만다. 우리는 왓슨 학교를 살펴보면서 제기된 **정당화** 개념으로 다시 돌아왔다. 그러나 이제 여기서 그 개념은 겉으로 드러난 계급 구조의 경제적 특징 변화라는 미명 아래서 실제로 은밀하게 진행되고 있는 자유의 제한에 대한 정당화 문제를 가리킨다.

그러나 왓슨 학교의 학생들이 학교에서 권위 있는 몇몇 인물의 손에 전적으로 운명이 좌우되는 인질이 아니었던 것처럼, 이런 구조에서 어른들도 수동적인 피해자는 아니다. 우리가 보스턴에서 인터뷰한 사람들은 사회에서 정의가 무엇인지, 특히 계급을 갈아탈 기회의 평등성이라는 측면에서 정의가 무엇을 의미하는지에 대해서 매우 명확한 생각을 가지고 있었다.

흥미롭게도, 우리가 들은 바로는 평등한 기회의 본질에 대해 백인 소수 민족 노동자들이 표현한 견해가 우리 말고 다른 연구자들이 발표한 흑인 노동자의 사고방식과 매우 유사하다. 평등한 기회란 단순히 다른 사람들과 동등한 출발선상에서 경쟁할 수 있는 기회가 아니다. 평등한 기회란 당신의 인성을 바꿀 기회를 의미한다.

한 흑인 정비공은 "어디에 구속되어 매인 상태가 아니라면 자신에게 가장 좋은 것이 무엇인지 누구나 찾아낼 수 있어요"라고 말한다. 한 백인 재단사는 "모든 사람에게 인생을 출발할 기회가 똑같이 주어진다면 누구든 자기가 원하는 것이 무엇인지, 자신이 할 줄 아는 것이 무엇인지 알아낼 수 있어요"라고 말한다. 이와 마찬가지로, 18세기 말 '재능만 있다면 출세할 수 있다'라는 말은 하층 부르주아 계급에게 단순히 부자가 될 기회를 넘어서는 중요한 의미를 함축하고 있었다. 만일 재능 있는 사람들에게 출세의 길이 열린다면, 상류층으로 태어난 사람들이 가진 것과 동일한 풍요로운 감정과 문화를 그들도 스스로 창조할 수 있을 것이었다.

기회의 평등성은 모든 사람에게 자신의 사회적 지위에 대해 스스로의 책임을 떠맡게 할 것이다. 예를 들어, 백인 재단사는 나중에 이렇게 말했다. "모든 사람에게 좋은 기회가 온다면 그다음 일은 당사자 하기에 달렸죠. (…) 일이 제대로 풀리지 않는다면 그 사람이 문제인 거예요." 1870년대 미국에서 기업가 시대가 정점에 이르렀을 때, 허레이쇼 앨저가 발표한 가난한 청소년의 성공담이 담긴 소설들은 동등한 기회를 변함없이 호소했다. 하지만 주인공이 원하던 것을 할 수 있는 기회를 갖는 순간, 즉 그가 행동할 준비를 다 끝낸 순간 그가 성공하느냐 실패하느냐는 전적으로 그 개인의 문제라는 점을 줄기차게 보여주었다. 그러자마자 웬일인지 배경이 되었던 사회는 무대에서 사라지고, 이후에 펼쳐지는 주인공의 운명은 개인의 역량과 성격의 문제로 바뀐다.

우리는 보스턴에서 기회라는 것에 대해서 어떻게 생각하는지 사람들과 이야기 나눌 시간이 있을 때마다, 서로 다른 두 가지 입장이 맞부딪치는 것을 느꼈다. 겉으로 보면, 그들의 말은 중산층 사람들이 누리는 이점들이 자신에게도 있었다면 원하던 삶을 살 수 있었을 것이라는 고백으로 들릴 수 있다. 만일 그들에게 기회가 주어진다면, 다른 사람들과 마찬가지로 강하고 자유로운 삶을 살 수 있다는 선언이었다. 하지만 겉으로 드러난 감정 아래 숨겨진 뭔가가 있을 것이다. 결국 이들은 좌절을 경험하고, 통렬한 무력감에 시달리고, 삶의 대부분을 별 볼 일 없는 인생으로 취급받으며 살아온 사람들이었다. 계급 구조와 관련이 있는 그 모든 경험은 그들에게 자신의 성격 구조의 문제로 보였다. 따라서 겉으로 드러난 것 이면에는 말로 표현되지 않은 의구심, 자기 자신에 대한 불신이 깔려 있었다. 가족 내의 한 구성원이 그 장벽을 넘어 더 나은 일자리를 얻고 자수성가할 기회를 잡을 때, 그가 자라온 문화적 환경은 노동 구조 그 자체의 문제를 더욱 강화한다. 그의 과거 이력은 그가 자신을 성장시킬 충분한 능력이 없을 거라고 느끼는 현재의 공포심을 더욱 고조하는 역할을 한다.

실패의 가능성은 미국인의 삶에서 가장 불편한 현상이다. 대공황처럼 거대한 재앙과 같은 사건의 결과로 실패가 발생한 것이 아닌 한, 미국 사회에는 다른 사람들의 존경을 받기 위한 구도에서 실패를 받아들일 공간이 전혀 없다. 더는 앞으로 나아가지 못하는 사람들에게도 사정은 마찬가지다. 실패한 낙오자와 정체된 사람들(새미 글릭*

* 미국인 소설가 버드 슐버그의 대표작《새미는 무엇 때문에 달리나*What Makes Sammy Run*》에 나오는 주인공으로 미국인의 전형성을 상징하는 인물

이 그렇게 두려워한 보잘것없는 존재의 사람들)은 개인의 능력을 계발하지 못했다고 간주된다. 기회가 왔을 때 '성공하지' 못하는 사람들에 대한 불편한 감정은 어떤 식으로든 사람들의 눈에 띄어 일반 대중과 구분되게 두각을 나타낼 때만 타인의 존경을 받을 수 있다는 가정에서 나온다.

따라서 기회의 평등은 좌절감과 패배감에 빠져 있고 자신감을 상실한 사람들에게 용기를 주기 위해 짜 맞춘 이상적인 생각이 아니다. 기껏해야 사회가 공정하다면 누구나 '보잘것없는 존재'가 되는 것을 피할 수 있는 기회가 주어질 거라는 메시지일 뿐이다.

그러므로 '동등한 기회'라는 공평성은 개인의 가치에 대한 딜레마에 다시 빠져들기 마련이다. 이전에 느꼈던 무력감을 어느 정도 지울 더 많은 교육이나 더 나은 일자리 같은 기회가 사람들에게 왔을 때, 사회는 갑자기 모습을 감추고 개인만 계급을 갈아타기 위한 씨름판에 동그마니 내던져지는 것처럼 보인다. 마치 그가 직면하는 모든 문제를 개인 역량으로 홀로 감당하는 것이 마땅하다는 듯이 말이다.

최근 몇 년 사이에, 프랑스 사회학자 세르쥬 말레 같은 저자들은 또 다른 맥락에서 '새로운 노동 계급'의 진화를 설명하려고 노력했다. 말레는 알랭 투렌의 탈산업 사회 이론에 담긴 견해를 이용했다. 투렌의 주장에 따르면, 우리가 알고 있는 계급은 사라지고 있다. 생산의 원천이며 경제 기구를 작동시키는 에너지가 자본에서 머리(지식)로, 은행에서 실험실과 교실로 바뀌었기 때문이다. 말레는 아마도 그릴 거라고 인정하지만, 은행에서 자금을 공급받은 공장의 철강 노동자들이 노동력을 착취당한 것처럼, 실험실과 교실에서도 억압받는 새로운 노동 계급이 성장하면서 그들의 땀 흘린 노동의 과실을 착취당할 것은 분명했다고 지적했다. 말레와 앙드레 고르는 오늘날 교육-연구 복합체의 학생과 기술자들이 과거 노동자들이 늘 그래왔던 것과 동일한 사회적 지위에 있기 때문에 노동자-학생 연대가 가능하다고 믿는다.

이런 생각에는 나름 합리적인 면들이 있다. 하지만 이 이론들은 머리를 쓰는 일이 현재 생산을 하는 데 중요한 역할을 하고 있으며, 한때 수많은 탄광 노동자의 육체적 노고가 영국 산업계의 거물들이 사보이 호텔에서 곤돌라를 띄우고 만찬을 즐길 수 있도록 착복되었던 것처럼, 오늘날 자본주의 국가는 새로운 기술과 상품, 서비스를 생산하기 위해 노동자들의 생각을 직접적으로 착복하고 있다고 가정한다.

하지만 우리가 지금까지 설명한 상황은 그와 달리 신발 판매원이나 사무직 노동자가 업무를 시작하자마자 그들의 머리와 지적 수준을 인증하는 자격증이 무용지물이 된다는 것이었다. 2년 동안의 '문과' 교육 과정은 아마도 청년들이 그것 없이는 취직하기 힘들다는 사실 빼고는, 근본적으로 생산 기능이 없는 일종의 통과 의례다. 우리가 아는 천박한 공리주의의 측면에서, 이러한 장벽의 용도는 기대와 현실이 서로 충돌하게 만들어 결국 신발 판매원이나 사무직 노동자가 자신의 기회를 활용하지 못하고 있으며, 따라서 아무런 성과도 내지 못하고 있기 때문에 계속해서 노력해야 한다고 자책하게 만드는 데 있다. 이러한 충돌은 노동자들을 착복하기 위해서가 아니라, 그들을 훈육하기 위해서 쓰인다.

몇 년 전, 민주 사회를 위한 학생 연합이라는 단체가 신발 판매원, 비서직, 사무원 같은 '새로운 노동 계급'과 관련해서 학습 모임을 조직했다. 어려운 상황에 처하기 전이었다. 1964년, 리처드 세넷은 새로운 노동 계급을 이런 식으로 이해하는 시카고에서 열린 공개 모임에 여러 차례 참석했다. 당시 외부에서 그 모임이 문제를 이해한 방식과 세넷이 생산직 가정 출신으로 이 새로운 계급의 일부가 된 사람들과 오랫동안 대화를 나누고 난 지금 그 문제가 그에게 어떻게 보이는지 사이의 변화는 매우 주목할 만하다.

당시 문제는 모두 육체적 억압에 대한 것처럼 보였다. 비서, 문서 담당자 같은 사무직 노동자들의 업무는 고단하고, 육체적으로 단조롭고 반복되는 일이 끊임없이 이어지고, 임금은 형편없이 적다. 사무실은 노조가 강제할 수 있는 기본적인 안전장치조차 없는 쇄신의 의지가 없는 공장이다.

오늘날 그러한 비난들은 여전히 바뀌지 않았지만 정작 중요한 핵심을 놓치고 있는 것처럼 보인다. 사람들은 누구나 자기가 하는 일이 가치 있다고 생각하면 아무리 힘든 육체적 박탈도 참고 이겨낼 수 있다. 한편으로, 생산직 가정 출신의 사무직 노동자들은 자신이 하는 일이 가치 있다고 믿는다. 양복을 입고, 넥타이를 매고, 도심에 있는 사무실로 출근하는 등의 그 모든 일은 동료와 가족 사이에서 선망의 대상이다. 그러나 자존감이 계급 시스템과 얽힌 감정의 깊이는 이보다 훨씬 더 깊다. 온갖 꿈을 실현할 기회를 가진 스물한 살

청년이 있다. 주위에서는 모두 그가 성공할 사람이라고 바라본다. 그런데 그는 회사에서 사무를 보는 일에 좌절하거나 신발을 파는 일을 따분하게 느낀다. 새로운 노동 계급에 대한 진정한 억압이 시작되는 지점이 바로 그곳이다. 왜냐하면 사회의 모든 것이 그 청년에게 내면이 엉망진창이 되었다고 느끼게 하기 때문이다. 이런 연유 때문에, 공리주의가 말하는 유용성이 인간의 존엄성을 해치는 가장 사악한 부분은 아마도 그 청년이 해당 직무를 맡을 자격을 갖추기 위해 한두 해 대학을 다녔을 거라는 사실이다. 만일 교육이 그를 자립할 수 있도록 만드는 도구라면, 만일 그가 자신을 '계발'하도록 되어 있는 그 통과 의례를 마쳤다면, '그 시스템'이 얼마나 많이 썩었는지 그가 **아는** 것과 상관없이 그는 세상과 전면적으로 싸우기 위해 먼저 자신을 불신하는 마음과 싸워야 한다.

우리가 이 문제를 이토록 강조하는 이유는 비록 노동자들에게 부과되는 모든 세금이 폐지되고, 인종 갈등이 사라지고, 전쟁 때문에 노동자와 가난한 사람들의 자식들이 더는 군대에 끌려가지 않는다 해도, 계급의 언어 속에 감춰진 연속성은 일반 대중의 비통함과 좌절감을 계속해서 고조시킬 것이라고 믿기 때문이다.

우리가 인터뷰한 노동자들에게 가족생활의 모든 것은 자식들이 계급의 장벽을 넘어 이동하는 데 초점이 맞춰져 있다. 전형적인 말이 있다. "우리 아이는 반드시 교육받아야 해요. 아이를 다그치고 싶지는 않지만, 그 아이가 원하는 것을 할 수 있는 유일한 방법이 교육밖에 없거든요." 한 가족은 부모가 태어났고 지금도 그들의 모든 가족과 친구가 살고 있는 이탈리아계 이민자 동네에서 멀리 떨어진, 주로 하층 중산층에 속하는 유대인들이 거주하는 교외로 이주했다. 그들이 그곳에 대해서 아는 것이라고는 '유대계 학교들'이 자기네가 살던 이전 지역 사회 학교들보다 훨씬 더 좋다고 알려져 있다는 사실 말고는 없었다. 그러나 대부분의 부모는 학교 그 자체보다 학교 교육에 대한 올바른 태도를 아마도 더 중요하게 생각하는 것으로 보인다. "제임스나 캐시에게 학교가 무얼 하는 데인지 잘 알려주면, 어딜 가든지 최선을 다할 거예요." 한 부모가 말했다. 그 말은 학교의 질이 중요하지 않다는 것이 아니라, 자식들이 학교 교육을 대하는 올바른 태도는 일차적으로 부모 책임이라는 의미다.

그 책임에는 특별하면서도 한심한 구석이 엿보인다. 한 쓰레기 청소부는 "만일 너희들이 자식을 대학에 보내지 못하면 그 아이들은 너희를 하찮은 존재처럼 취급할 거야"라고 자식들에게 말한다. 한 전기 기사는 이렇게 말한다. "난 셀라에게 그래요. 지금 숙제하지 않으면 넌 나 같은 처지가 될 거라고. (…) 네가 공부해야 하는 이유는 다 너 자신을 위해서라고."

지금까지 살펴본 것처럼, 교육은 그저 자식들이 부모와 다른 삶을 살게 하려는 것이 아니다. 교육은 부모들이 젊은 시절 되고 싶었지만 그렇게 못 된 인물과 대조될 것이다. "그땐 어리석었죠. 그런 건 신경도 쓰지 않았어요." 한 부두 노동자가 말했다. "하지만 우리 애들은 다를 거예요." 또 다른 남성은 "벼락부자가 되려고 학교를 그만두지 않았다면, 지금처럼 되지는 않았을 텐데 말이죠"라고 말했다.

그러나 우리가 오늘날 직업 구조의 변화를 제대로 읽는다면, 이와 같은 부모의 간절한 바람은 앞으로 점점 더 큰 좌절의 아픔을 겪을 것이다. 평생에 걸친 부모의 헌신은 자식들만큼이나 그 부모들에게도 좋은 결말에 이르지 못하는 듯 보일 것이다. 미국의 사회학자 존 가농이 언급한 것처럼, 노동 계급의 어린 자식들은 엄청나게 큰 '기대감이라는 짐'을 어깨에 짊어지고 있는데, 그 기대감은 그들도 어찌할 수 없는 환경 때문에 언제라도 쉽게 무너질 수 있기 때문이다. 노동 계급 가정 출신의 청년들을 인터뷰한 사람들[5]은 이들 사이에서 뭔지 확실치는 않지만 1960년대의 활기찬 청년들보다 더 큰 불만감이 팽배해 있다는 점을 발견했다. 이 불만은 그들을 어디로 이끌 것인가? 우리가 파괴적 대체를 머리에 그릴 수 있는 이유는 그것이 노동 계급에게 언젠가 '자수성가'의 결의를 고취하는 훈육의 효과를 줄 수 있기 때문이다. 하지만 어쩌면 그 뒤에 감춰진 계급 시스템이 이런 기능을 유지할 만큼 충분히 강력하지 못할지도 모른다. 우리는 지금까지 상처받은 존엄성의 유용성에 대해서 이야기했다. 하지만 현재 유용하고 질서를 유지하고 있는 것이라고 해서 앞으로도 계속해서 그럴 것이라고는 말할 수 없다. 새로운 일반 대중의 탄생으로 더 많은 청년이 '신념을 잃는', 감지할 수 없는 저항에 직면할 수 있다. 이 말은 상반된 두 가지 결과를 낳는데, 제임스 같은 청년들은 성공할 수 있는 기회가 왔는데 자신이 그 기회를 제대로 활용하지 못했다고 느끼는 동시에 자신의 가능성에 대한 믿음을 버렸다.

레비스트로스는 어느 부족의 신을 상징하는 가면 이미지는 신이 가면으로 묘사될 수 없다는 것을 사람들이 깨닫기 전까지 별로 바뀌지 않는다고 말했다. 아마도 마찬가지로, 소유나 더 나은 직업 같은 존엄성을 상징하는 것들도 그런 상징적 거래를 통해 존엄성을 얻을 수 있다는 생각이 사라지기 전까지 다른 것으로 거의 바뀌지 않을 것이다. 이런 식으로 우리는 청년들의 어깨에 너무 많은 '기대감의 짐'을 지우고 있는지도 모른다. 하지만 아메리칸드림에 대한 믿음은 그들의 삶에서 고갈된 것처럼 보인다. 그들이 성인으로 성장해서 자신들이 희생할 가족이 생긴다면 상황이 바뀔까?

미국 자본주의는 스스로 끔찍한 시험대에 올라섰다. 미국 자본주의는 사람들에게 자기 자신을 계발해야 한다는 의무를 부과하지만, 그 경제 구조 자체를 유지하기 위해서는 계발을 상징하는 것들을 끊임없이 대체해야 한다. 사람들은 풍요를 좇아 알 수 없는 미래에 초점을 맞춘다. 하지만 미래를 바라보는 그런 의식은 파괴적이기도 하다. 부모와 다르게 자라고 있는 아이는 부모와 공유할 공통된 배경이 없다. 만일 경제적 이유 때문에 새로운 사회가 생겨나자마자 파괴되어야 한다면, 사람들은 끊임없는 자기 정당화의 노력이 궁극적으로 인간의 존엄성을 가져올 거라는 믿음을 얼마나 오래 지속할 수 있을까?

2부 꿈과 방어

4장

분열된 자아

지금까지 설명된 자유와 존엄성과 관련된 수수께끼들은 사람들을 화나게 할 것이 분명하다. 존엄성은 음식이나 섹스만큼이나 강렬한 인간의 욕구다. 하지만 지금 우리 사회는 사람들을 불확실한 상태에 빠뜨려 존엄성에 대한 그들의 갈망을 전혀 충족시키지 못하면서도 오히려 너무도 노골적으로 그들을 착취한다. 그럼으로써 존엄성을 증명하는 일이 터무니없이 힘들어져 사회에 맞서 저항하는 것만이 유일한 대안인 듯 보인다. 그러나 이 책에 등장하는 대부분의 사람들은 신경 쇠약에 걸릴지도 모를 위험한 상황에 있지도 않고, 저항의 불길이 붙기 시작하는 절망의 지점에 있지도 않다. 그와 반대로, 그들은 계급과 계급 의식의 문제들과는 어느 정도 거리를 두고 균형 감각을 유지하며 하루하루를 헤쳐 나가고 있다.

사회로부터 자기 자신을 보호하고, 환경에 종속된 피조물 이상의 존재로서 삶을 살아나가는 인간의 능력은 종종 인간 정신의 타고난 '본질적' 요소로 설명되는 심리적 힘이다. 다시 말해서, 빌헬름 딜타이 같은 학자들은 사람들이 자기 자신과 자신의 사회적 문제들 사이에 두는 거리를 사회가 인간의 내면으로 들어오지 못하도록 자기 안으로 도망가기 위해 사람들이 가지고 있는 힘이라고 설명한다. 이 설명은 논리적으로 매우 완벽하지만, 너무 단순화한 측면이 있다. 만일 사회가 내면의 매우 깊은 곳까지 인간의 감정에 상처를 입힐 정도로 강력하다면, 즉 인간의 존엄성을 심하게 훼손할 정도로 영향력이 크다면, 사회가 인간의 내면에 들어오지 못하게 막기 위한 힘은 초월적인, 거의 기적과 같은 경이적인 힘이어야 할 것이기 때문이다.

사람들은 결코 사회**에 대한** 의식을 잃지 않는다. 인간의 의식이 할 수 있는 것은 사회가 주입하는 정보에서 새로운 사고 패턴, 즉 그 정보가 인간의 감정에 끼치는 영향을 줄이거나 거리를 두게 하는 사고 패턴을 창출하는 것이다. 적대적이거나 억압적인 사회가 제공하는 정보의 영향이 이러한 특별한 사고 패턴을 통해 중립적으로 될수록, 인간은 더욱 균형 잡히고 분별력 있는 사고를 하게 된다. 우리는 이 책 전반에 걸쳐, 사회가 제공하는 정보를 저장하는 보관함이나 용기와는 다른 더 중요한 무언가로 개인의 의식을 다루었다. 우리가 생각하는 의식이란 능동적인 인간의 활동 능력이다. 지금 우리가 하고자 하는 것은 사회가 인간 존엄성의 본질에 제공하는 정보를 재배치하여, 인간을 사회로부터 지키기 위해 의식이 어떻게 작동하는지 구체적으로 보여주는 것이다. 우리는 이러한 방어가 어째서 단순히 나쁜 사회를 '차단'하는 것보다 더 복잡하고, 자기 밖에서 일어나는 일들을 일부러 무시하여 그냥 회피하는 것 이상의 의미를 담고 있는지를 보여주고자 한다. 또한 아주 특이한 종류의 소외 현상에 주목하여 이러한 방어가 어떻게 또 얼마나 성공적으로 작동하는지도 보여주고자 한다.

니체는 한때 "권력과 사랑을 합치면 상처받는 일은 결코 없다"고 했다. 범상치 않은 생각이다. 그 말에 따르면, 인간은 권력을 소유할 때까지 진정한 사랑이 없다는 것을 안다. 권력 없는 사랑은 언제나 폭력과 배신과 경멸의 대상이 된다. 니체는 순수한 사랑이란 세상에 없다고 했다.

그러나 당신이 무력감을 느낀다면 어찌 되는가? 그렇다면 당신은 사랑을 권력에 어떻게 연결**할 수** 있을까?

이런 질문들은 계급의 감정적 상처, 즉 동료애와 개인 능력 사이의 갈등, 희생이라는 사랑의 행위를 명분으로 권력을 만들어내고 영향력을 행사하려는 시도에 반영되어 끈질기게 나타난다. 하지만 이 두 영역을 합치려는 시도는 오히려 무력감을 증폭시킬 뿐인 것처럼 보인다.

그렇다면 사랑과 권력은 따로 떨어져 있어야 할까?

만일 사랑과 권력이 서로 떨어져 있고, 인간이 자신을 둘러싼 환경을 뛰어넘을 수 있도록 사랑이 순수하게 유지된다면, 인간은 스스로를 소외시킨다. '소외시키다alienate'라는 말은 라틴어로 두 영역을 서로 떼어 놓아 낯선 관계로 만든다는 의미가 있는 'alienare'의 과거분사 'alienatus'에서 유래했다. 사랑과 권력을 떼어 놓는다는 말은 사람들이 외부의 힘에 의해서 소외되기보다는, 오히려 그들 스스로 내면에 있는 두 영역을 서로 소외시켜 내적으로 겪는 두 가지 경험 형태를 일부러 낯선 관계로 만든다는 의미다. 그렇다면 사람들은 자신을 방어하기 위해 스스로를 소외시킨다는 말인가? 이 질문은 오랫동안 문화적 병리 현상의 징후로 간주되었던 것이 사실은 인간의 정상적인 내적 작용은 아닌지를 묻는다.

한 젊은 배관공은 잘못된 건축 설계를 바로잡은 자신의 공로를 설명하기 위해 "남쪽 벽에 생긴 문제가 해결되자 그들은 내 급료를 올려줬어요"라고 말한다. 배관공은 자신이 한 일에 크게 만족하는 것이 분명했지만, 실제로 자신이 한 일을 설명하면서 '내가 했다'는 말을 쓰지 못했다. 대신에 "남쪽 벽에 생긴 문제가 해결되었다"고 했다. 마찬가지로, 조지 코로나도 부하 직원이 두 명인 데서 아홉 명인 직위로 '이동되었고', 윌리엄 오맬리도 작업 공정에서 가장 복잡한 기계 장치를 다루는 일에 '투입되었다'. 학력이 낮은 프랭크 리사로는 간단치 않은 사무직 업무를 수년 동안 맡을 정도로 '운이 좋았다'. 이 모든 경우에서, '나'라는 존재는 그 상황을 주도하는 사람인 것처럼 보이는데도 수동태로 표현된다.

한 측면에서, 이런 상황을 수동태를 써서 표현하는 것은 단순히 외적 존재가 있다는 점을 반영한다. 지금 일하고 있는 사람이 배관공일지라도, 그는 다른 사람의 통제 아래서 일한다. 배관공이 마주한 '문제'는 또 다른 사람 때문에 생겼다. 다른 사람들이 받은 보상은 고용주가 그들에게 준 것이다.

그러나 수동태 사용은 책임 소재를 분명히 밝히는 것 이상의 의미를 가지고 있다. 리사로가 자신의 성공을 신분 사칭을 통해서 또는 다른 사람들이 자신이 '진짜' 누구인지 몰랐기 때문에 얻은 것이라고 이야기한 것을 상기해보라. 그는 자신이 교육을 제대로 받지 못했고 '가난한 집안' 출신이라는 사실을 아내가 알았다면, 그녀가 자신과 결혼하지 않았을 거라고 말한다. 리사로가 그런 말을 하는 걸 들으면, 그가 뭔가 착각하고 있다는 생각이 제일 먼저 떠오른다. 그는 자기 자신에게 속고 있다. 그의 말투와 행태는 누가 봐도 소수 민족 빈민가 출신 사람의 것인데, 어떻게 그가 자신에 대해서 다른 모든 사람을 '속였다'고 생각할 수 있을까?

그 대답은 그가 그들을 속이고 있는 한, 그가 자신을 신분 사칭자라고 생각하는 한, 그의 내면에 있는 진짜 자아는 또 다른 자아가 남들의 존경을 얻기 위해 애쓰는 것과 상충하지 않는다는 것이다. 육체노동을 좋아하는 남자이자 자식들과 즐거운 시간을 보내는 아버지 프랭크 리사로는 가장으로서 자식들에게 복종할 것을 요구하는데, 야심 많은 직장인 프랭크 리사로와는 전혀 다른 사람이다.

리사로의 의식은 한편으로 개인의 능력을 통해 자신을 돋보이게 하여 그에 따른 물질적 보상과 함께 타인에게 존경을 불러일으키는 감정적 보상을 얻으려고 하고, 또 다른 한편으로는 진짜 자아를 의식하여 사회라는 무대에서 배우가 되고 조정자가 된다. 그는 다른 사람에게서 눈에 띄는 개인으로 인정받고 싶어 하는 능동적이고 성과를 내기 위해 행동하는 자아와 그냥 자기 존재에 만족하면서 가족, 친구들과 즐겁게 지내며 사랑하고 싶어 하는 수동적 자아를 멀리 떨어뜨려 놓는다.

지역 사회 환경 정화 사업으로 상을 탄 한 청년이 그 일을 어떻게 묘사하는지 보여주는 사례가 있다. "우린 정말 훌륭히 임무를 완수했어요. (…) 모두 열두 명이었는데, 한 사람이 네 구역씩 맡아서 깨진 병과 쓰레기 같은 것을 수거했어요. (…) 아시다시피, 우린 키와니스 클럽*이 주는 시민상을 받았어요." 인터뷰 진행자가 이 청년에게 나중에 그 일의 결과로 같은 단체에서 받은 장학금에 대해서 묻는다. "음……. 거기서 여기저기 장학금을 많이 나눠주는데 그중 하나를 제게 줬어요."

인터뷰 진행자가 다시 "그 장학금은 당신이 벌인 지역 사회 사업 때문이었나요?"라고 묻자, 그는 "네, 거기서 행해진 지역 사회의 일, 아마도 그 영향을 받았을 수 있어요"라고 답한다. 개인에 대한 내용이 전면에 등장하자, 당사자는 다시 능동적인 태도에서 수동적인 태도로 바뀌면서 무대에서 모습을 감춘다. 다음에 소개할 한 여성의 졸업 회상에서처럼, 마치 두 번의 삶이 한 번에 공존하는 것과 거의 같다.

"고등학교 졸업식을 너무도 선명하게 기억해요. 난 그날 흰 드레스를 입고 무대 위에 있는 좌석에 앉아 있었어요. (…) 학업 성적이 우수한 학생들에게 학교가 상을 주고 있기 때문에, 학교에서 그 자리에 나를 앉혔어요. (…) 그래요, 아시다시피, 학교에서는 모든 사람 앞에서 그들에게 상을 주고 있었고, 학생들은 겸연쩍어했어요."

"당신도 그 학생들 가운데 한 명이었나요?"

"네. (…) 객석 밖에 있는 남자친구를 본 게 기억나요. 그는 정장 차림이었는데 모든 솔기가 터져나갈 것처럼 너무 낯설어 보였어요.

* 실업가와 지식인 중심의 국제 민간 봉사 사교 단체

(…) 무대 위에 있는 사람들을 쳐다보고 있는 축하객들, 행진, 매우 아름다운 음악을 비롯한 모든 것, 무대 위에 있는 사람들을 먼저 행진하게 하고 그 뒤를 축하객들이……."

"먼저 행진하는 것 때문에 당황했나요?"

"오, 그건 멋진 일이었어요. 괜찮았어요."

메리는 무대 위에 있지만, 그녀에게 일어나고 있는 일은 그런 자리에 자신이 서 있다는 명예로운 사건이다.

'나'라는 존재를 무대에서 사라지게 하는 것은 두 가지 위협에서 자신을 방어한다. 가장 먼저, 사회적 고립을 막는다. 만일 내 '진짜' 자아가 권위가 높은 사람들이 좋아하는, 상황을 잘 처리하는 사람과는 동떨어진 존재인 것처럼 행동한다면, 만일 내 능력이나 대응력이 마치 인간적으로 감당할 수 있는 범위 밖에 있는 것처럼 기대에 못 미치게 보인다면, 고위 권력자에게서 새로운 지위와 같은 보상을 받을 때 나는 그런 보상받을 일을 **내가** 하지 않은 것처럼 행세할 수 있다.

타인의 인정이나 승진, 심지어 윗사람이 자신에게 의견이나 조언을 부탁하는 것 같은 일상적인 실마리들을 통해서 출세하는 것은 내가 변해서 그렇게 된 것이 아니기 때문에 주변 사람들과 우애를 나누는 데 방해가 되지 않는다. 나는 여전히 그들에게 한 친구로서, 그들을 저버리거나 불리한 상황에 빠뜨리지 않은 한 사람으로서 받아들여질 수 있다. 왜냐하면 '나'는 이런 변화가 일어나는 데 아무런 역할도 하지 않았기 때문이다. 수동성은 친구를 원하는 사람들의 삶에서 실제로 한 자리를 차지하고 그 역할을 수행한다. 그들이 살면서 소속되어 지내는 학교나 직장 같은 기관들이 그것을 가능하게 하기 때문이다.

이 자아의 언어는 또한 특별한 사람이라는 의미에서 한 개인으로 받아들여지는 것에 대한 위협의 문제를 처리하는데, 수동성은 남들 눈에 띄는 것처럼 보이는 상태에 숨겨진 상처에서 그 사람을 보호하는 역할도 한다.

진짜 자아를 무대 위에서 연기하고 있는 또 다른 자아와 떼어놓는 자기 보호 목적의 소외는 한 중년 석면 노동자의 삶에서 두드러지게 나타난다. 첫 번째 결혼한 아내를 일찍 여의고 몇 년 뒤, 그는 한때 매춘으로 유죄 판결을 받은 한 여성과 재혼했다. 친척들은 그가 자신들이 '창녀'라고 부르는 여자와 결혼하여 스스로 품위를 손상시켰다고 생각한다. 그들은 이 문제와 관련해서 병적으로 흥분한 모습을 보인다. 그래서 그는 그들이 무슨 말을 해도, 극심한 혐오감을 나타내고 질색해도 전혀 반응하지 않으며 자신을 지킨다. 대신에 철석같은 의지로 그들에게 이성적인 태도를 유지하고, 자신을 설명하고 방어하는 감정을 전혀 드러내지 않는다.

표면적으로 그러한 행동은 사랑하는 사람을 자기 내면에 드러나지 않게 숨겨놓는 자아의 분할을 수반하는 것처럼 보인다. 그러나 사실은 자기를 지키기 위한 방어 현상의 다른 형태이다. 그 남성은 친척들의 존경을 바라지 않는다. 그는 이런 조롱 앞에서의 침묵 유지가 남자로서 권력을 행사하는 것이라고 생각한다. 그는 자기 아내와의 관계를 보호하고 있다. 사랑과 권력은 이 침묵 속에서 하나로 합쳐진다. 그 침묵은 수동적인 단절이 아니다.

그가 권위를 얻기 위해 임무를 수행하고 칭찬받은 상황에서도 소외된 수동성이 고개를 든다. 해군으로 복무한 4년 동안 그는 뛰어난 공적을 올리고, 여러 차례 진급했으며, 한번은 선박의 난방 장치가 가열되어 폭발할 뻔 사건을 막은 용기 있는 행동으로 훈장도 받았다. 그는 그 상을 자랑스러워하지만, 아무것도 아닌 것처럼 무심하게 취급했다. 자신이 받은 명예나 존경에 거리를 두고 무심한 척하는 것은 군대에서 동료들과 우애를 유지하는 데 특히 중요하다. 미국의 사회학자 모리스 자노위츠가 주목한 것처럼, 일반 대중에 속한 남성이 진급하거나 훈장을 받았을 때 그 기분에 취해 무심코 기쁨을 드러내는 순간, 이후 혼자서 밥을 먹을 가능성은 극적으로 증가한다. 그러나 여기서 고려할 사항이 하나 더 있다. 누군가가 높은 권위의 사람에게서 받는 보상에 감정적으로 연루되면 될수록, 그는 자신에게 자존감을 주는 것들에 대해서 동지가 아닌 누군가에게 더욱더 **의존적으로** 된다. "해군에 대해서 **내가** 어떻게 느꼈는지 묻는 건가요? 아이고, 모르겠어요. (…) 그러니까, 잘 마쳤다는 거죠. 아시겠죠? 어디에 끼어들지도 않았고, 아무것에도 엮이지 않았어요. 절대로 잘난 체하지도 않았어요. (…) 광고에 나오는 것처럼 '해군에 입대하라'고요? 젠장, 그래서는 남을 게 하나도 없어요!"

진정한 나 자신과 기관에 속한 개인으로서 나를 분리하는 것은 '기관의 구성원'이 되는 것을 피하기 위한 하나의 방편이다. 로버트 블라우너가 〈소외와 자유*Alienation and Freedom*〉라는 논문에서 언급한 것처럼, 직장 업무에 관한 많은 연구가 소외는 업무를 수행하는 과정에서 작업자의 개성이나 독창성에 대한 의식의 상실이라는 문제로 나타난다고 말한다. 블라우너는 예컨대 작업자가 자신의 속도로, 원하면 커피 한 잔 마시기 위해서 중간에 쉬기도 하면서 할 수 있는 업무와 채플린 영화에 나오는 것처럼 정해진 공정에 따라 정확하게 시간에 맞춰 일하면서 소외감을 느끼는 업무 사이의 차이를 말한다. 그러나 이 석면 노동자 같은 사람이 소외되는 상황, 즉 인간과 노동이 분리되는 지점에서 쟁점이 되는 것은 그가 하는 업무가 아니라 권위를 가진 윗사람의 인정이다.

바로 앞 장에서 우리는 동등한 자격 요건을 갖춘 많은 종업원을 앞에 두고 고용주가 자신의 직관을 기반으로 어떻게 승진할 사람을 정하는지 살펴보았다. 고용주는 종업원이 자기 자신에 대해서는 알지 못하는데, 자신은 그 종업원에 대해서 아는 것처럼 행세하여 그들을 혼란스럽게 만든다. 직관적 느낌은 왜곡되기 쉬워서, 해당 종업원보다 상층에 있는 누군가 또는 어떤 것이 그 직원의 이해력을 뛰어넘는 방식으로 그의 삶 방향을 정하는 수단을 갖게 된다.

그러면 개인은 어떻게 반응해야 할까? '당신'이 느끼고 보살피는 것의 의미, 그리고 '당신'이 스스로를 통제하고 있다는 것의 의미를 유지하기 위해 '당신'은 신분 이동으로 기관 내 위계가 바뀌더라도 절대로 감정적으로 따라가면 안 된다. '당신'은 업무 수행을 할 때 남의 눈에 띄지 않게 몸을 낮춰야 한다. 따라서, 해군에서 복무한 석면 노동자, 졸업식에서 상을 받은 여성, 승진한 배관공이 저마다 그들에게 일어난 계층 질서의 변화로 동료들 간의 유대가 위협받을 때 보여준 반응은 인간성의 특징인 직관과 감정 능력을 잃을지 모른다는 두려움 때문에 더욱 강화된다.

사람들이 일상적으로 흘려보내는 직장 업무 상황에 너무 많은 의미를 부여하는 것처럼 보일지도 모른다. 그러나 사람들과 관련된 다양한 사건에서 사랑과 일이 서로 충돌할 때, 그 결과는 우울했다. 어떤 면에서, 평소와 다를 바 없이 행동한다는 생각은 그 결과를 설명하지 못한다.

자식이 교육 기회를 박탈당하지 않도록 하기 위해 고가의 백과사전 전집을 사주고 싶어 안달이 난 노동자들이 책값으로 수백 달러를 지불하기 위해 몇 달 동안 초과 근무를 하기로 결심한 두 건의 사례가 좋은 예다.

"그건 아무 일도 아니었어요. 모두 늘 그렇게 하잖아요. 가만히 앉아 생각해보니, 아무렴 어때, 개뿔, 단지 석 달이었어요. (…) 하지만 그동안 내내 개떡 같은 기분이었죠. 매우 우울하기까지 했어요. (…) 알다시피, 정상적인 교대 근무만 했다면 모든 게 다 괜찮았겠죠. 그런데 초과 근무를 하는 순간, 기분이 안 좋아졌어요."

이 남성이 노동자로 보낸 12년 세월은 그가 직장을 자기 아내와 자식을 사랑하는 가정적인 남자를 위한 자리가 전혀 없는 곳으로 생각하는 데 익숙해지게 했다. 그 두 세계는 머릿속에서 분리되어 있다. 또한 마찬가지로 직장 내에서도 관절염을 앓고 있는 동료 직원이 낙오되지 않도록 작업 속도를 높이지 않고 현상을 유지하고 있는 이 남성은 상사에게 좋은 평가를 받는 현장 감독으로서는 어울리지 않는 사람처럼 보인다. 그러나 그는 이제 백과사전 전집 값을 지불하기 위해 의식적으로 그 경계선을 넘나들어야 한다. 집에 있는 자식 교육을 위한 그의 배려는 일시적으로 직장을 자식을 사랑하는 행동과 직접 연관해 바라보게 한다. 사랑의 세계와 능력의 세계가 일시적으로 결합된다.

그 결과는 무엇일까? 그는 일에서 새로운 의미와 만족감을 느끼지 않고, 우울하고 불행하다고 느낀다. 왜냐하면 그는 권력과 사랑이 마치 그의 삶에서 하나의 연속체에 있는 것처럼 행동해야 할 때, 타인에게 자기 능력을 과시하기 위해 보여주는 행동과 동일한 수준에 자신이 놓이면서 사랑이 훼손되지 않을까, 다시 말해서 거의 진흙탕 속에 처박히지 않을까 두려워하기 때문이다. 그는 그 상황을 이렇게 표현한다. "그래요, 매우 우울해요. 잘 모르겠어요. (…) 책 한 권을 사기 위해 그렇게 많은 시간을 일해야 한다니, 그죠? (…) 간단해요. (…) 하지만 솔직히 말해서, **내게 이런 일을 겪게 만든 아이에게 화가 나기 시작한 것 같아요.** (…) 정말로 설명할 순 없지만 뭔가 **건드리지 말아야 할 것들을 건드린 것 같아요.** (…) 나만이 아니라 많은 사람이 때때로 초과 근무를 참을 수 없어 한다는 걸 알아요."

또 다른 남성이 나선다. "내가 한 말의 의미를 모르겠어요? 가족을 위해 돈을 벌어올 사람이 반드시 당신이어야 하는 건 아니라고 한 말의 의미를요. (…) 내 말은, 난 내가 누구인지 알아요. 더 나은 존재가 됐어야 했는데 말이죠. 은행 계좌 이상의 존재 말이에요. 무슨 말인지 알죠?"

이 남성들은 일반적으로 말하는 희생을 걱정하지 않는다. 희생은 당사자가 균형을 유지하고 내면의 보호받는 자아에 대한 느낌을 확고히 할 때, 그리고 자신을 희생하는 것이 사랑의 행위이자 권력의 행위인 사람보다 더 솔직하게 사랑할 때 작동한다. 자신이 가족을 위해 희생하고 있다고 생각하는 사람들은 저마다 가족에 대한 자신의 애정을 **보여주는** 행동과 그 애정 자체를 표현하는 행동 사이에 독특한 경계선을 긋는다. 위에서 인용된 두 남성의 경우, 초과 근무로 가정에서 멀리 떨어져 있는 것은 그 경계선을 침범하는 반면에, 버틴의 경우는 그렇지 않다. 환경미화원과 결혼한 한 여성의 경우, 자기 딸이 일하러 나갈 수 있도록 어린 손주를 돌보는 일은 비록 자신의 시간을 희생하는 것이지만 애정을 보여주는 것이었다. 그러나 너무 가난해서 양로원도 들어갈 수 없는 그녀의 어머니를 보살피는 일은 '자기 삶을 방해하는 것'이어서 그녀를 화나게 했다. 다시 말해서, 물질적으로 자유롭지 못하거나 혹은 회사나 학교 같은 기관의 환경에서 행동의 자유가 위협적으로 제한받는 사람들은 그들 내면의 진짜 자아가 다른 사람들의 요구에 **응하여** 과제를 수행할 때 반드시 편안함을 느낄 수 있도록 현실을 구성함으로써 스스로 자유로워진다. 우리가 외부 세계에 수동적으로 나타나는 것처럼 보이는 진짜 자아에 자발성이라는 개념을 연계시킨 것은 바로 이런 의미에서다.

회사나 학교 같은 기관의 세계에서 나타나는 이 진짜 자아의 얼굴, 즉 수동적인 목소리와 어조는 특히 노동자들에게 적대적인 논자들에게 노동자들은 '그들이 마땅히 받을 만한 것을 얻는다'는 사실의 증거로 채택되었다. 그들은 일상생활의 사소한 사건에 집착하는 듯하고 틀에 박힌 일에 예속된 노동자들의 모습, 새로운 직업이나 직무로의 전환이 그들의 '발전에 조금이라도 도움'이 되는데도 그런 변화를 두려워하는 태도를 이유로 들어 그런 말을 한다. 보수적인 성향의 연구들은 노동자들이 잡지 못한 변화나 발전을 위한 기회, 대규모 조직에서 놓친 온갖 종류의 기회를 그 근거로 제시한다.

앞서 본 것처럼, 희생은 사람들이 미래에 초점을 맞추게 한다. 그들은 현재에 '고정되어' 있지 않다. 실제로 우리가 인터뷰한 가정들은 가난할수록 그들이 아직 살아보지 못한 인생의 측면에서 자신의 삶을 더 긍정적으로 상상했다. 현재 쟁점은 더 나은 미래로의 이행이 수수께끼 같다는 사실이다. 사람들은 열심히 일해야 하고 최선을 다해야 한다는 것을 알고 있다. 그들은 소수만 '성공'한다는 것을 알지만, 알다시피 성공하는 사람들은 뭔가 다른 점이 있기 때문에 자신들은 성공하지 못한다는 것도 안다. 이런 수수께끼 같은 현실에도 불구하고 계속해서 살아가기 위해서는 외부 사람들에게 운명론처럼 보일 수 있는 방어 수단이 필요하다.

영국 정신과 의사인 로널드 랭은 그가 생각하기에 인간들이 성취해야만 하는 '존재론적 안전감', 즉 세상에서 어떤 일을 맞닥뜨리든 자아는 살아남을 수 있다는 느낌에 대해서 이야기했다. '존재론적으로 안전한' 사람은 새롭고, 파괴적이고, 심지어 고통스러운 경험에도 모두 열려 있다. 그는 취약해질 수 있는 힘을 얻었다. 이 생각이 우리에게 중요한 무언가를 놓치고 있는 것처럼 보이는 이유는 아마도 사회학자로서 우리가 사람들을 내부가 아닌 외부의 시선으로 바라보기 때문일 수 있다. 사회는 사람들에게 방어의 불가피성을 강제한다. 계층 구조가 있는 조직에서 그 조직이 제공하는 새로운 경험 앞에 당신 자신을 방치하는 것은 당신을 거꾸러뜨리거나 사라지게 할 위험에 빠뜨리는 것이다. 오로지 앞이 보이지 않는 맹인이거나 조직과 관련해서 자신의 대항력을 과신하는 '허위의식'에 사로잡힌 사람만이 그 위험을 감수할 것이다. 그러나 날마다 하는 것은 적어도 우리가 신뢰할 수 있는 것이다. 칼 도리언 같은 사람의 삶이 종종 표면적으로 능동적이지 못해 보이는 것은 바로 이런 자기 보호적 마음 상태 때문이다.

조직이 당신 생각과 다른 패를 내밀 때, 업무 수행에 실패한 사람으로 당신을 콕 짚어 지목할 때 어떤 일이 일어날까? 어떤 노동자가 성과를 내는 데 성공하고도 해고당할 때 그 일이 자기 일과 무관하다고 느낀다면, 그가 겪을 의식의 분열은 훨씬 더 클 것이 틀림없다. 그런 상처를 입지 않기 위해서 그는 진짜 자아와 조직을 위해 업무 수행을 하는 자아 사이의 거리를 훨씬 더 멀리 두려고 노력해야 한다.

우리가 석면 노동자를 인터뷰하기 전 두 달 동안 그는 해고된 상태였다. 경제적으로 어려웠지만, 다행히도 그는 그 기간 동안 자신과 가족을 돌아볼 수 있을 정도로 은행에 돈이 있었다. 그동안 친척들이 어떤 도발을 하더라도 금욕적인 생활을 해왔기 때문에, 사람들은 그가 최근에 닥친 경제적 위기에도 똑같은 방식으로 잘 대처할 거라고 기대했다. 그러나 그는 인터뷰 중 자신의 통제 범위를 벗어난 경제적 힘 때문에 일자리에서 쫓겨난 것에 크게 분노하고 매우 심란해했다. 그는 해고당했을 때 자신에게 "남은 것이 아무것도 없다"고 느꼈다고 말했다. 더 나아가, 비록 보잘것없는 삼류 도급업자인 고용주에게 배신감을 느꼈지만, 그 도급업자가 정말로 그동안 자신이 한 일에 대해서 인정이나 제대로 했는지 의구심이 들어 마음이 더 아팠다.

여기서 중요한 요소는 고용주가 그동안 그를 정말로 어떻게 생각했는지에 대한 그의 우려다. "당신의 고용주는 당신이 일을 잘한다고 생각했을까요?"라는 질문에 그는 이렇게 답했다. "그럼요, 아주 많이 좋아했죠. 하지만 보세요. 그가 그렇게 해야만 했을 때, 다시 말해서 내가 일자리를 잃었을 때, 그는 어느 정도 거리를 두었죠. 난 그가 경제적으로 힘들다는 걸 알았어요. 하지만 내가 그런 얘기를 할 기회를 주지 않았죠. (…) 그래요, 아주 멀리 떨어져서, 뭐랄까, 나를 피하려고 했다고나 할까."

초기 아이큐 검사에 나온 능력의 개념들을 살펴보면서, 우리는 일반 대중보다 더 점수가 낮은 사람들 또한 종 모양의 곡선 형태에서 특별한 개인으로 눈에 띈다는 것을 보았다. 그러한 발견이 가져온 과학적 충격은 옆으로 제쳐 두고, 그 발견을 이렇게 비유해보자. 사회에서 명시적으로 거부당하거나 경제적으로 불이익을 당한 사람들도 눈에 띄게 두드러진 개인이다.

석면 노동자가 지난 두 달 동안 엄청나게 고립감을 느꼈다고 말할 때, 프랭크 리사로가 문제아들을 위한 특수 학급에 들어간 시점에 아무도 그에게 관심을 보이지 않는 것 같았다고 말할 때, 교사인 아널드의 옆집에 사는 배관공이 한때 직장을 잃은 뒤 "사람들이 나를 피하고 있다는 미친 생각"을 했을 때, 그들은 모두 사실은 동료들과 우애를 나누고 배려하는 자아를 자신의 능력에서 분리하는 것이 실패에 맞서는 방어 수단으로 작동하지 않는다고 말하고 있는 것이다. 그 분리는 누구나 자기 자신을 방어할 필요가 없는 듯 보이는 외부의 인정을 받지 못했을 때를 대비한 방어 수단이기 때문이다. 그러나 실패하면, 사람들은 **모두** 그렇게 한다. 그리고 그에게 고립감을 안겨준다.

그러나 어떤 사람이 특별히 거부 대상이 되어 조직에서 개별화될 때, 그는 또한 자신에 대해서 판단을 내리는 권력에 불가해한 신비감 같은 것을 느낀다. 앞에서 본 석면 노동자는 상사가 자신을 어떻게 생각하는지 가늠할 수 없다. 마찬가지로, 리사로는 자신이 특수 학급에 배정된 이유를 이해할 수 없었다. 실제로 많은 거부 사례가 성경에 등장하는 욥의 이야기와 같은 특성을 가지고 있다. 영국의 정신분석학자 멜라니 클라인의 설명에 따르면, 어린아이들이 받아들이는 처벌의 이미지는 해고당한 노동자들이 받아들이는 이미지와 동일하다. 자신들을 처벌할 권한을 가진 권력자가 왜 그렇게 행동하는지에 대해 똑같이 당혹감을 느끼는 것이다.

우리는 이 책에서 권력을 주로 그 영향을 받는 쪽에 있는 사람들이 겪는 인간사로 이야기했다. 그러나 왓슨 학교의 교사들과 조지 코로나도 그들이 휘두르는 권력으로 골치를 썩는다. 그들이 책임지고 있는 사람들과 유사한 양면성과 자기 불신의 문제로 고민한다. 개인적인 못마땅함 때문에 누군가를 골라내는 일을 할 때, 권력자도 자기 자신을 방어해야 한다. 이런 상황에서, 그에게는 자기 수하에 있는 사람이 인정받기 위해 필요한 것과 같은 종류의 방어 수단이 필요하다. 한 공장의 감독관으로 있는 사람은 한때 사이가 좋았던 한 부하 직원을 좌천시킨 일을 되돌아보며 이렇게 말한다. "세상에, 정말 개떡 같은 기분이었죠. (…) 그때 나와 버트는 서로 약간 신경이 날카로워졌다고 해도 틀린 말이 아니죠. 그건 정말 내 결정이 아니었어요. 버트도 그걸 알고 있었고요. (…) 하지만 몇 달 뒤에 일어난 일은, 그러니까, 친구가 아닌 사이가 되는 것이 더 쉬워졌어요. (…) 그게 내 잘못이 아니라는 걸 그가 믿을 수 있는 유일한 방법은 우리가 그냥 함께 일하는 사이였을 뿐, 서로 친하지도 않았고 어떤 사적인 관계도 없었다고 생각하는 거죠. (…) 내게도 똑같았던 것 같아요. 우리 사이에 더는 개인적인 어떤 것도 없다고 생각하자, 그에게 닥친 불운이 그렇게 안됐다는 느낌이 들지 않았어요."

상급자 입장에서는 대체로 정상적인 반응이다. 만일 상급자인 내가 하급자와 개인적으로나 감정적으로 소통하기를 중단한다면, 내가 더 높은 지위에 있어서 누군가에게 고통을 야기하는 것에 대한 죄책감과 불편함은 완화될 수 있다. 오스트리아 유대인 출신 미국 아동심리학자 브루노 베텔하임이 '살아남았다는 죄책감'이라고 부르는 것은 여기서 변형된 방식으로 맞물린다. 회사 측의 노골적인 거부 의사를 전달하는 공장 감독관이 마치 인간적인 진짜 자아가 작동하지 않는 것처럼 행동하고, 이처럼 상대방에게 고통을 주는 권력 상황에 개인적으로 휘말리거나 행동을 같이하지 않는 듯 구는 것은 그의 책임에 대한 골치 아프고 해결하기 어려운 갈등 관계를 회피하기 위해서다. 감독관이나 고용주인 도급업자는 회사의 재정 상황을 통제하지 못하기 때문에 직원을 배려하는 인간적인 마음이 그 상황에 개입하지 않도록 하는 것은 지극히 합리적이다. 자신도 어떻게 살아남아야 할지 모를 수수께끼 같은 미궁에 빠져 있기에 그는 다른 사람들이 고통받는 일은 신경 쓸 수가 없다.

한 교감이 말한다. "나는 잘 살기 위해서 정말 열심히 일했지만,

운이 좋았던 것 같아요. 하지만 이 말은 할게요. 이 학교에서는 지난 일을 너무 많이 생각하지 말고 아이들을 다뤄야 해요. 그렇지 않으면, 내 일을 잘할 수 없었을 거예요. 아시겠지만 (…) 중요한 걸 말할게요. 어느 교장이든 무른 모습을 보이면 인생이 너무 복잡해져요. 사람들은 이 학교가 엄격하다고 해요. 사실이죠. 유연하고 관대해지는 순간, 당신이 누구든, 나와 같은 사람이든 아니든, 수많은 학생이 죽도 밥도 아닌 상태가 되는 모습을 보면 마음이 아파요. 난 그런 삶이 어떤 건지 알거든요. (…) 공정하고 공평하게 행동하면 되지 관대해지려고 애쓰지는 말아야 해요. 그래야 자신을 보호할 수 있거든요."

'관대함'은 일종의 암호다. 여기서 이 말은 연민, 즉 다른 사람이 고통받는 모습에 동정심을 느껴서 권위 의식을 잃는 것에 대한 두려움을 의미한다. 아이들의 반발 때문이 아니라 어른들의 인간적 배려 때문에 발생하는 혼돈 상황과 권위의 상실을 의미한다. 이 교감이 스스로를 억제하고, 자신이 하는 일이 무엇인지 느끼며 모든 일에 관여하지 않는 이유가 바로 여기에 있다. 권위가 지배하는 세상에서, 생존의 법칙은 그가 무엇이든 일을 벌이면 자기 일자리를 잃을 수밖에 없다는 의미다. 따라서 그는 자기 자신을 온전히 지키기 위해 학교에서 냉정하고 비인간적인 태도를 유지하기로 했다.

그러나 그 결과 불행이 아랫사람에게 닥쳤을 때, 즉 아랫사람을 안심시켜주는 것이 가장 필요할 바로 그때, 윗사람이 자기 자신의 감정을 보호하기 위해 세운 방어벽은 아랫사람의 아픔을 공유하고 인간적 온기를 나누는 것을 최소한으로 허용한다. 앞에서 말한 공장 감독관은 버트가 좌천될 때 그에게 미안하다고 말할 수 없었는데, 버트가 자신에게 유감을 가질까 두렵기 때문이다. 또 석면 노동자의 고용주는 자신이 해고한 사람과 거리를 두고 무심한 태도를 보이는데, 그러지 않으면 자신이 노동자에게 준 고통에 책임을 느낄 것이기 때문이다. 그가 생각하기에, 경기 침체가 온 것은 자기 탓이 아니기에 그 문제를 자기가 책임질 수는 없는 노릇이다. 죄책감을 느끼는 권력자들의 연민이 야기하는 역설적 상황은 한 노동자가 불행을 겪는 동안 이러한 사랑과 권력의 분리 때문에 그의 모든 것이 완전히 파괴된다는 점이다. 고용주와 종업원의 마음속에 숨어 있는 두 자아는 서로 접촉하지 않는다.

이런 방어는 정신 분열적 현상일까?

한 사람이 진짜 자아와 조직을 위해 업무 수행을 하는 자아로 나뉘는 것은 얼핏 보기에 심리학자들이 정신 분열증이라고 부르는 분열된 자아와 가장 흡사해 보인다. 도널드 랭의 《경험의 정치학*The Politics of Experience*》에 따르면, '정신 분열적'이라는 꼬리표가 붙은 소수의 사람만이 아니라 사회 전반에 걸쳐 자아의 분열을 설명하는 정신 분열적 사회 구조를 이야기하는 것은 이제 일반화되었다. 칭찬, 선택과 사회 분열에 대한 계급 역학을 고려할 때, 꽤 합리적인 주장으로 보인다. 선택의 규칙은 모든 사람이 '독특한 성격'을 갖지 못하게 하는데, 그런 불공정에 대한 인간의 반응은 그 영향을 받은 당사자들이 자신의 성격 자체를 분열시키는 것이다.

그러나 이런 접근 방식에는 여러 문제가 있다. 무엇보다 겉으로는 새로운 관점을 더하는 것처럼 보이지만, 실제로는 중요한 사회적 차이들을 씻어 없앤다. 전통적으로 제정신이 아니라는 꼬리표를 단 사람은 사회 질서의 모순에 더 민감해질 수 있다. 그렇다면 '온전한 정신' 상태로 서성이며 걷고 있는 다수를 무감각하게 만드는 것은 무엇일까? 그들은 모두 같은 방식으로 무감각할까?

오늘날 자아의 분열은 온전한 정신을 의미하는 것과 관련해서 다루어지지만, 이런 분열 현상은 훨씬 더 풍부한 역사적 관점을 가지고 있다. 개신교 종파의 대부분에서 개종은 분열된 자아의 경험에서 시작되는데, 세속적인 감정과 전혀 무관해 보이는 간절한 충동이 마음속에서 생겨난 것을 발견하면서 두 개의 다른 준거 틀이 내면에 존재하게 된다. 수 세기 동안, 그런 자아의 분열은 인간의 삶에서 일종의 고상한 사건으로 간주되었다. 19세기 급진주의자 알렉산드르 게르첸의 자서전을 보면, 정치적 개종 과정도 종교와 마찬가지로 동일한 종류의 자아 분열을 수반한다. 사람은 자신이 혐오하는 세계를 비추는 빛을 따라 어울려 지내기도 하고, 자신이 미처 알지 못하는 세계에 대한 통찰력을 내면에 품고 그에 따라 행동하기도 한다. 실제로 우리가 모든 도덕적 이상은 온전한 정신 상태와 제정신이 아닌 상태 사이의 경계선에서 만난다고 말하는 것이 아닌 한, 이러한 자아의 분열은 정신과적 맥락에서만 다루어져서는 안 된다.

진짜 자아가 조직을 위해 업무 수행을 하는 자아와 분리되는 독특한 방식은 정신 분열적 차원에서 거론되는 자아 분열의 문제와는 다르다. 《분열된 자아》*, 《온전한 정신, 광기 그리고 가족*Sanity, Madness and the Family*》(영국 심리학자 에런 에스터슨과 공저) 같은 로널드 랭의 초기 저작들은 한 인간 내면의 감정과 그 감정을 표현하는 언어가 서로 단절되어 있다는 것을 통렬하게 전달한다. 자아를 분열시키는 행위는 끔찍한 고통과 괴로움을 낳는데, 그것을 진정시킬 수 있는 것은 아무것도 없다. 반면에, 마치 노동 상황이나 상사의 인정이 자신의 진짜 자아와 전혀 무관한 것처럼 행동하는 육체노동자의 삶에서는 그런 내면의 분열이 **수그러진다**. 자기 능력을 의식적으로 '외부로' 분리하는 태도는 자신의 사회적 지위에 대한 책임감에 얽매이지 않으면서 자유롭게 느낄 수 있는 한계선을 제공한다. 자신의 사회적 지위를 취약하고 불안으로 가득하게 만드는 사회에 아무 저항없이 복종해야 하는 경우, 자아를 분열시키는 것은 그러지 않으면 자신이 느껴야 할 고통을 막아낸다. 이런 의미에서, 진짜 자아와 조직을 위해 업무 수행을 하는 자아의 분리는 정신 분열을 겪을 때 수반되는 고통과는 거의 관련이 없다.

또한 이와 관련해서 구조에 대한 문제도 있다. 정신 분열증 환자를 말하는 대중적으로 알려진 개념은 두 개의 삶을 사는, 말하자면 지킬과 하이드처럼 자아가 둘인 사람을 가리키는 데 쓰였다. 실제로 의학적으로는 매우 드문 현상이다. 정신 분열증의 더 자세한 의미는 미국의 문화인류학자 그레고리 베이트슨과 그의 동료 학자들에게서

* 국내 번역 출간된 책 제목은 '분열된 자기'이다. 'self'를 '자아'가 아닌 '자기'로 번역한 이유에 대한 역자의 자세한 설명이 해당 서적에 나와 있지만, 여기서는 '자아'로 통일해 표기했다.

나왔는데, 이들은 정신 분열증 환자들이 스스로 느끼는 것을 설명하기 위해 사용하는 언어를 집중적으로 연구했다. 베이트슨은 분열된 자아 또는 서로 모순되는 유형이 혼재하는 자아의 감각은 정신 분열증 환자의 삶에서 발생하는데, 이는 그가 '이중 구속'이라고 부르는 것에 환자가 걸려들었기 때문이라는 결론에 이르렀다.

이중 구속은 일련의 상호 모순되는 명령을 동시에 받은 개인이 그에 복종하려고 애쓰지만 그중 어떤 명령도 '포기할' 수 없는 상황을 가리킨다. 만일 아버지가 내게 잡일을 하라고 해서 그 일을 하고 있을 때 숙제를 안 했다고 화를 낸다면, 나는 이중 구속에 걸려든다. 내가 순종적인 아이인지 아닌지에 따라 아버지의 사랑이 결정되고, 나는 그의 사랑이 필요하기 때문에 아버지가 내린 명령 가운데 어떤 것도 '포기할' 수 없다. 그렇다면 난 무엇을 해야 할까? 베이트슨의 이론 체계에 따르면 동시에 두 가지 명령에 복종하려고 할 때, 즉 책을 읽으면서 설거지하거나 정원용 원예 용구에 문학 교과서에 나오는 유명한 시인 이름을 갖다 붙일 때 정신 분열증 상황이 된다. 베이트슨은 정신 분열증 환자들의 일상생활에 나타나는 그런 모순적 또는 단절적 행동을 그들이 필요로 하는 사랑을 얻기 위해서 서로 충돌하는 명령을 받아들인 결과라고 설명한다.

얼핏 보기에, 이중 구속 개념은 여기서 설명한 권위와 관계에 실제로 적합한 것처럼 보인다. 능력을 발휘하고 윗사람에게서 인정받는다는 것은 주변 사람들에게 거부당할 위험을 의미한다. 왓슨 학교 학생들이 받는 명령, 칼 도리언이나 윌리엄 오맬리, 프랭크 리사로가 직장에서 받는 명령은 복잡하지 않고 단순하다. 시키는 대로 최선을 다하라는 것이다. 내가 요구하는 것에는 모순이 전혀 없다. 나는 당신이 이 문제를 풀거나, 선반을 만들거나, 바닥을 청소하기를 원한다. 모순은 명령받는 사람이 만들어낸다. 그는 명령과 보상의 관계를 다른 사람에 대한 자신의 느낌과 우애에 대비시켜 평가하여 상황을 더욱 복잡하게 만든다.

인간은 행동주의 심리학 관점에서 체스 게임을 맹목적으로 따라가는 불행한 희생자가 아니고, 인간의 인식은 사회적 정보를 배열하는 능동적 과정이기 때문에 사람들은 위협을 느낀다. 명령을 받는 사람은 학교나 회사 같은 기관이 요구하는 것 너머에 무엇이 있는지 보고, 기관에 대한 자신의 의무를 인간적 가치들과 대비시키는데 그 대비가 바로 그에게 문제를 만든다. 이중 구속은 인간이 직면하고 있는 불가능성(일을 해야 하기도 하고 하지 말아야 하기도 한 상황)을 나타내지만, '일로 너를 증명하라!'는 단순하고 실제적인 명령에 마음속으로 '그 일은 하겠지만 **난** 거기 없을 거야'라고 응답하는 사람은 명령과 계급의 경계선 앞에서 스스로 모순을 만들어냈다.

달리 말하자면, 계급은 사람들을 정신 분열증에 걸리게 강요하는 제도가 아니다. 이러한 자아 분열은 오히려 인간이 자신을 지배하는 시스템보다 더 위대한 존재이기 때문에 일어나는 반응이다.

정신 의학적 접근 방식이 사람들이 '자신'이 근본적으로 유능하지 않다고 느낄 때 무슨 일이 일어나는지를 놓치고 있다면, 독특하게도 '노동 계급'에게 이런 현상이 일어나게 하는 무언가가 있는 걸까?

다양한 자기방어

정신 질환과 무관하면서 학습 의욕이 강하고 '열정적인' 학생들이 있는 여러 대학에서 약간 흥미로운 인터뷰가 진행되었다. MIT, 시카고대학교, 하버드대학교의 학생들은 모두 학교 공부와 교수들이 그들을 두고 내린 평판을 오로지 그들의 일부일 뿐이라고, 즉 그들이 '자연스럽게' 행동했다고 느끼는 활동 영역으로 여기지 않는다고 이야기했다. 하버드대학교에서 인터뷰를 진행한 조사자는 학생들을 밀도 있게 인터뷰했을 때, 진정성 유무의 차이를 느낄 수 있는 반응들이 나왔다고 표현했다. 진정성이란 누구도 자신들에게 이러니저러니 재단할 수 없다고 느끼는 상황에서 그들을 대변하는 감정과 행동 상태를 의미한다. 따라서 진정성 있는 반응은 하버드대학교라는 기관에 속한 사람으로서의 임무 수행, 즉 학교 공부나 연구, 교수의 평가를 배제했다. 반면에 진정성 없는 반응은 그들이 자신의 감정을 밖으로 드러내는 위험을 감수할 순 없지만 그냥 있을 수는 없어서 하는 행동이다. 나름대로 의미 있고 즐겁고 만족스러운 측면도 있지만, 내적으로는 불확실하고 취약하고 민감한 모든 것, 달리 말해서 그들을 인간화하여 단순히 '공붓벌레'나 성공만 추구하는 사람 이상의 존재가 되게 하는 모든 것에 '눈감고' 있도록 요구하는 기관에 속한 사람으로서의 반응이다. 마찬가지로, MIT 학생들을 대상으로 연구를 진행한 벤 스나이더는 대학 신입생들에게 가장 큰 문제가 MIT 대학 기관이 그들의 능력에 대해 내린 판단을 결코 판단되어서는 안 되는 그들 삶의 일부로 해석하기를 그만두는 법을 배우는 것이라는 점을 알아냈다.

중간 직급 정부 관리자들의 사회적 성공과 신분에 대한 생각은 계급 차원에서 이러한 분열 상태에 대한 또 다른 관점을 제공한다. 그들은 대체로 경쟁과 성공 추구가 '유해하기보다는 유익하고', '사회적으로 이롭다'고 본다. 무엇보다 중요한 것은 강력한 경쟁력이 '훌륭한 인성'을 가진 사람들의 특성이라고 믿는다는 점이다. 민간 부문의 중간 직급 관리자들도 당연히 이와 다르지 않을 것이다. 이러한 태도의 흥미로운 점은 그 이면을 들여다보면 그들에게 성공과 경쟁이 목적이 아닌 수단이라는 사실에 있다. 이들은 경쟁을 통해서 자신의 삶에서 그 경쟁과는 완전히 무관한 많은 것을 할 수 있는 권력을 가질 수 있다는 것을 잘 알고 있다. 스스로 자신의 능력을 입증하는 순간, 가족에게 좋은 가정을 제공하고 직장에서 한자리를 차지하는 동시에 전에는 허용되지 않았을(위험하지만 개인적으로 의미 있는) 많은 일을 할 수 있을 것이다. 그러나 만일 그렇다면 관리자들은 그 수단, 즉 경쟁력과 추진력 그 자체는 어떻게 느낄까? 밝혀진 바에 따르면, 그들은 인생을 살아가는 방식으로써 일을 밀어붙이거나 경쟁하는 것에 대해서 많이 생각하지 않는다. 자신의 가치를 남들에게 과시하거나, 그렇게 함으로써 다른 사람들을 보잘것없게 만들기를 즐기는 사람은 거의 없었다. 직장에서 살아남기 위해서 경쟁을 벌이는 것이 필요했던 것일까? 중간 직급의 정부 공무원들은 경쟁력이 오로지 그날그날의 생존을 위해 필요한 것은 아니었다고(아마도 민간 업체의 중간 직급 관리자들과는 다르게) 대답했다. 그들에게 경쟁력은 **자신**이 정말로 원하는 것을 할 수 있는 지점으로 데려다주고, 그것을 성사시키는 용도로 쓰였다.

당신이 다른 사람들을 위해 업무를 수행할 때 진정성이 결여되었다고 느끼는 것은 육체노동자만의 특징이 아니다. 이 수동적인 느낌은 누구든지 외부의 다른 누군가나 기관에 자신의 능력을 입증할 때마다 필연적으로 마음속에서 생겨나기 마련이다. 언제나 현 상황 너머를 보는 인간 행동의 주위에는 아마도 계급적 권위, 즉 자기가 아닌 다른 사람이나 윗사람의 판단이 맴돌고 있을 수 있다. 그러나 어떤 사람이 자신의 능력을 입증하기 위해 수행하는 특정한 행동은 그의 의식에 새겨진 방어 패턴들과 어느 정도 관련이 있는 게 틀림없다.

과거에 철로 침목을 까는 일을 했고, 지금은 가정집 마룻바닥에 광을 내는 일을 하는 남성 조지 오모라를 예로 들어보자. 그에게 이러한 변화는 많은 것을 의미한다. 그는 마룻바닥에 광을 내는 일이 과거에 했던 일보다 더 좋은 직업이라고 생각한다. 회사의 다른 노동자들이 해고되거나 스스로 그만둔 반면에, 오모라가 지금도 그 일을 계속하는 까닭은 그가 일을 제대로 하기 위해 늘 신경 쓰는 근면한 노동자이기 때문이다. 그러나 또 다른 차원에서 그는 직장에서 그의 성공이 자신**에게** 일어난 일일 뿐, 자신의 능력과는 관련이 없는 일이라고 느낀다. 이 느낌은 그에게 어떤 도움이 될까? 오맬리 같은 사람에게 일어난 일처럼, 그 느낌은 오모라에게 그가 자기 동료들과 여전히 우애를 유지하고 있다는 느낌을 갖게 해준다. 왜냐하면 그는 자기 동료들을 팔아넘기지 않는 것에 대해서, 그리고 "그들이 누구든, 거기서 무슨 일이 일어나든 상관없이" 직장에서 다른 사람들이 일을 제대로 하는지에 대해서 정말 걱정하기 때문이다.

이것은 대학생이나 정부 관리를 괴롭히는 문제가 아니다. 권위를 가진 높은 자리에 있는 사람의 명령에 따라 업무를 수행하다가 감정이 상하는 일은 그들에게 순전히 개인적 문제일 뿐이다. 그들도 노동계급처럼 능력의 입증이 결코 마음에 들지는 않지만, 노동자들이 직면하는 계급에서의 이탈 문제는 그들 마음속에 존재하지 않는다.

계급 사회에서 노동자들은 자신들이 '보잘것없는' 일반 대중으로 취급받는 존재이며, '지극히 평범한 미국인'이라는 사실에 직면한다. 이러한 자기 인식은 육체노동자들이 끈질기게 스스로를 규정하는 것들이다. 하지만 만일 '보잘것없는 존재'가 되는 것이 이 사회에서 그다지 위신이 서지 않는 일이라면, 그것은 그 모든 아무것도 아닌 사람들이 함께 받아들이도록 길들여진 조건이다. 일반 대중의 범위 안에 있는 사람들은 자기 주변과 자기 내면 양쪽 모두에서 인간에 대한 우애를 본다. 계급 피라미드의 정상에 더 가까운 사람이 처한 상황과 대조적으로, 피라미드 바닥 근처에 있는 사람은 상층부 사람들에게 인정받는 순간 진짜 존엄성을 잃을 상황에 직면한다. 그가 자신의 성공으로 다른 동료들이 자신과는 더 이상 함께할 가치가 없다는 듯 행동해도 괜찮다고 생각할까? 그가 이러한 계급 이탈 문제를 걱정할 때, 사람들 간 우애의 유대감이 그를 붙잡는다.

토크빌에서 오르테가 이 가세트에 이르기까지, 보수주의 사상의 전반적 맥락은 '일반 대중'이 다양성과 개인의 차별성을 용납하지 않는 것은 수치심을 두려워하기 때문이라고 주장한다. 하지만 여기서는 일치나 순응을 요구하는 일반 대중의 심리적 압박의 문제가 아니다. 한 개인이 스스로 남과 구별되는 어떤 일을 할 때, '지극히 평범한' 누군가의 삶에서 미묘한 감정의 변화가 일어나기 마련인 지금 같은 매우 불평등한 사회에서 '아무것도 아닌 존재'가 되는 것은 어떤 확실한 낙인 효과를 동반하기 때문이다. 따라서 자신이 이룬 성취가 자기 능력과 무관하다고 거리를 두는 행태는 이런 이유 때문에 나오는 시도 가운데 하나다. 자신의 의식 속에 있는 사회적 정보를 쪼개서 단편화하는 것은 그와 아주 밀접하게 관련된 또 다른 방어적 행동이다.

국외자와 처음 만났을 때, 조지 오모라는 자기가 겪은 일과 아무런 관련성이 없는 사람처럼 보인다. 국외자 입장에서는 곧바로 연결될 일인데도 말이다. 한번은 그가 자기 아이들에 대해서 이렇게 이야기했다. "내가 바라는 것은 이래요. 그 아이들은 자기 원하는 걸 무엇이든 할 수 있어요. 난 절대 그들의 길을 가로막지 않을 거고, 결코 그들을 밀어붙이지도 않을 거예요. 음, (…) 그들은 자유인이거든요." 십 분 뒤, 그는 부모가 아무리 관대하다고 해도 젊은이들이 일의 측면에서 자신들이 원하는 일을 하기가 얼마나 어려운지를 이야기했다. 그가 청년들에게 돌아가야 할 사회적 기회가 고갈되었다고 믿기 때문이다. 이런 식의 방어벽을 치는 태도는 조지 오모라의 이야기에서 반복적으로 나타난다. 실제로 그의 태도는 이 책에 등장하는 거의 모든 인물에게 어떤 식으로든 나타나는 특징이다.

한 인간의 삶이 파편화된 모습을 보이면, 사람들은 그 모습이 그 사람을 무너뜨린 어떤 사회적 해체의 결과라고 생각하는 경향이 있다. 그러나 조지 오모라의 이야기나 윌리엄 오맬리, 프랭크 리사로의 말을 들으면서 우리는 거대한 존재감과 견고함 같은 것을 느낀다. 개인이 사회 속에서 익명의 존재라는 사실을 감안할 때, 그리고 계급이 야기하는 존엄성의 은폐와 모순을 고려할 때, 자신의 행동들을 마음속에서 서로 연결하지 않고 분리할수록 그가 총체적으로 어떤 행동 때문에 존엄성을 잃는 것에 책임져야 할 가능성은 줄어든다. 오모라 같은 이는 이런 모순의 한가운데에 있는 대표적인 사람이다. 왜냐하면 그는 자신의 모든 부분을 깔끔하게 서로 연결할 생각이 전혀 없기 때문이다.

자아의 파편화와 분열은 주위에서 존중받을 가능성이 없는 환경에 대응하여 의식이 고안해낸 처리 방식이다.

살아남기 위한 방어?

우리는 사람들이 삶의 평정을 유지하기 위해 어떻게 스스로를 소외시킬 수 있는지 보여주기 위해 노력했다. 그러나 우리는 이 현상으로 고통받는다. 우리가 듣고 있는 것을 확실히 이해하지 못했기 때문이다. 더 알아보지 못한 무언가를 넌지시 내비치는 듯한 또 다른 중요한 암시의 말들, 즉 세상에 대한 배려와 사랑은 오랫동안 순수하게 유지될 수 없다고 암시하는 말들이 인터뷰 중 계속해서 쏟아져 나왔다.

이 암시들은 앞서 인용한 니체의 경구가 의미하는 바를 되돌아보게 한다. 한 대형 발전소의 노조 간부는 "내가 직원들에게 일을 잘하고 있다고 말하면, 다음날 십중팔구 그들은 일을 엉망으로 해요. 정말 웃기는 일이죠"라고 말한다. 이 말은 만일 어떤 사람이 꽤 논리적인 근거를 바탕으로 스스로 진짜 자아와는 관계없다고 간주하기로 한 능력에 따라 보상받는다면, 그 보상은 그가 받지 말아야 할 어떤 거짓되고 불법적인 것처럼 보일 수 있다는 의미인가? 프랭크 리사로는 하나의 극단적 사례에 해당한다. 그는 다른 사람들에게 거짓말했기에 자신에게 성공이 왔다고 스스로에게 거짓말한다. 만일 그 스스로가 자신이 받은 보상에 자격이 있다고 느낄 수 없다면, 그가 성취한 것은 부정직한 것이 틀림없다. 만일 계급 사회에서 수행된 행동을 개인과 무관한 것으로 이해한다면, 그 행동을 한 사람에게 주어지는 혜택과 보상은 자존감의 영역에서 고려의 대상이 되지 않을 수 있다. 사람들은 이미 그 행동을 개인과 관련지어 생각하지 **않기로** 정했기 때문이다.

우리 인터뷰 중 가장 서글픈 사례 가운데 하나는 철학적 심성을 가진 자동차 정비공과의 인터뷰였다. 한 친구가 말했듯이, 그는 자신이 생각이 '깊다'는 사실을 받아들인다. 하지만 자신이 지성인이라는 사실은 정말로 수용하지 못한다. 그렇게 하면 외부 세계의 신분 질서가 끌려올 것이기 때문이다. 그가 지적인 사람이라면 왜 '기름칠 범벅의 정비공'밖에 못 하는가와 같은 반박이 나올 게 뻔하다. 그는 미국에서는 왜 주유소에서 근무하는 사람이 철학 교수가 되지 못하는지에 대해서 비판적이지만, 자기 자신에 대해서 이야기할 때면 그런 생각을 멈춘다. 자신의 지성을 높이 평가하는 것보다 스스로를 '그냥 나무로 만든 물건의 일부처럼 보잘것없는 존재'라고 생각하는 편이 마음이 덜 아프기 때문이다. 그는 날마다 그렇게 자신을 해체하는 동시에 그 상태에서 빠져나오지 못한다.

이보다 더 일반적인 경우는 야구 선수의 타율 계산을 빠르게 하는 등 스포츠 통계에 남다른 백과사전적 지식을 가지고 있지만, 자기 아내가 그의 능력을 자랑하면 화를 내는 한 공장 노동자의 말에서 엿볼 수 있다. "아내는 잘 몰라요. 그러니까, 난 그렇게 못해요." 왜 사람들이 "난 어떤 걸 잘해"라고 말하기가 그렇게 힘들까? 여기에는 칭찬받는 일이 어색하다는 것 말고 그 이상의 뭔가가 있다. '나'가 가지고 있는 능력은 사회적으로 유용한 능력의 영역에 들어가면 안 된다. 자기 능력이 그 영역으로 들어가는 순간, 진짜 자아인 '나'는 더 이상 그들과 함께하지 못하기 때문이다.

사랑하는 것과 능력을 보여주는 것 사이의 연결 관계가 끊어진다면, 사랑의 힘이란 도대체 무엇을 의미할까? 사랑은 확실히 강력한 감정이지만, 능력이 인간의 삶에 지대한 영향력을 끼치는 세상에서 가족에 대한 사랑은 또한 온갖 종류의 행동의 문제다. 사랑만으로는 자식들을 먹여 살리지도 못하고, 휴가비를 마련하지도 못하기 때문이다. 내 능력과는 무관한 존재로서 '나'에 대한 의식은 자신이 단순히 기관에서 시키는 일을 하는 존재일 뿐이라는 느낌에서 벗어나게 하지만, 자신이 보유한 사랑의 힘이 세상을 다룰 수 있는 어떤 능력도 주지 않는다고 느끼게 할 수도 있다. 그렇게 되면, 주위 사람들을 보살피는 진정한 나, 그들의 기분을 헤아릴 줄 아는 세심한 진짜 나는 취약한 피조물이 된다. 인간의 감정은 표출되는 것이 아니라 보호되어야 하는 자아의 영역이다. 이런 약점이 세상에 노출되어

멍들거나 상처입지 않도록 하려면 말이다.

칼 도리언의 삼촌은 이 문제에 대해서 우리보다 훨씬 더 말을 잘 한다. "음, 그래요. 내 수입은 거의 해마다 인플레이션과 세금보다는 약간 더 많이 증가해요. 가정도 더 안정을 찾아가고, 좋은 일도 더 많아지는데 (…) 하지만 두려운 게 있어요. 내가 이런 좋은 일 가운데 어떤 것이라도 원하면, 마치 모든 좋은 일이 다 사라져버릴 것 같단 말이죠. (…) **보세요, 당신이 어떤 것에 마음을 쓰면, 보나 마나 당신은 마음의 상처를 입을 거예요.** (…) 그래서 난 뭘 바라지 않아요. 그런 거 있잖아요, 나는 직장 일이나 우리 애들이 하는 일이 얼마나 잘되고 있는지에 관여하지 않으려고 몇 번이고 참아요. (…) 난 그런 걸 좋아하지 않아요. 하지만 까놓고 말하자면, 내가 어떤 일에 너무 많이 신경을 쓰면, 그러니까 내 말은, 내가 모든 일에 끼어들고 내가 원하는 대로 모든 것이 돌아가도록 하려고 나설 때면, 솔직히 겁이 나요."

사람들이 방어적인 태도를 취하는 것은 애초에 자신의 존엄성을 지키고 인간성을 보존하기 위해서다. 하지만 그런 인간성은 연약하고 취약한 것, 따라서 밖으로 표현되어서는 안 될 것처럼 보이기 때문에 결국 사람들은 주위에 대한 관심을 끊는다.

현대 세계에서 권력과 사랑이 부당하게 분리되었다는 니체의 말이 맞다면, 그 잘못을 저지른 원흉은 바로 계급 제도다. 한 개인이 자신이 속한 기관에서의 역할 너머를 보기 위해서는 권력과 사랑을 격리해야 한다. 그렇다면 사랑은 비밀이 유지되어야 하는 의식의 상태인 것처럼 보인다. 비밀은 사람들이 말하지 않을 때 가장 잘 지켜진다. 의식이 사회적으로 실재하는 계급에서 만들어내는 그러한 행동 양식은 사랑을 사람들의 마음속에서 진행되고 있지만 그 밖의 다른 사람들은 전혀 알지 못하는 **잠재적 경험**으로 바꾼다. 따라서 사랑은 겉으로 드러나지 않고 그들의 내면에 잠재된 상태로 남는다.

노동자에 대한 대중적인 이미지 가운데 하나는 추측건대 그들이 사로잡혀 있다고 보이는 '남성성 숭배', 즉 강인함을 강조하고 '유약한' 사람들을 증오하는 이미지와 관련이 있다. 우리는 그런 대중적 이미지가 대체로 영국의 소설가 데이비드 허버트 로런스식의 고결한 야만성을 찬미하는 것이라고 생각한다. 우리가 보스턴에서 만난 노동자들은 확실히 뉴욕의 광고 업계 사람들처럼 거칠게 이야기하지 않는다. 그 이미지는 여러 요소를 빼고 응축한 것이지만, 또한 비록 왜곡된 형태이기는 하나 실제로 맞는 내용도 보여준다. 즉, 권력을 가진 사람들에게 종속되어 있다는 자유의 제한 때문에 자신의 존엄성이 제대로 인정받지 못한다고 느끼는 사람들은 자신을 외부에 드러내는 것을 극도로 두려워한다. 세상은 그들에게 무엇을 하라고 노골적으로 지시를 내리기보다는, 그들이 우려하는 것들을 자기 목적에 맞게 왜곡하여 그들에게 더 잘 다가갈 줄 안다. 관련된 한 예가 바로 앞 장에서 살펴본 승진 문제다. 다시 말해서, 계급은 사람들이 상처를 입지 않을 거라고 확신할 때까지 자신들의 '유약한' 감정을 밖으로 드러내지 않고 간직하는 것이 합리적이라고 생각하게 만든다. 그러나 그런 확신을 위한 시간이 오랫동안 지속되면, 애정을 표현할 수 있는 모든 기회(국외자의 눈에 안전한 것처럼 보이는 기회)를 모두 날려버리게 될지도 모른다.

우리가 보기에, 사랑을 자기만의 비밀로 간직하는 것은 우리가 만난 보스턴 노동자 가운데 중년층에서 나타나는 현상인 것 같다. 특히 젊은 공장 노동자들은 기꺼이 더 취약해지려고 하는 것처럼 보였다. 우리가 수행한 인터뷰는 '명백한 데이터' 분석을 통해 나온 결론이라기보다는 그런 진술을 통해 상황을 추측하는 것이라 할 수 있지만, 이러한 견해를 뒷받침하는 한 신발 공장에서 받은 인상을 여기서 소개하겠다.

신발 공장의 나이 든 노동자들은 서로 친밀감을 나누는 모습이 젊은 노동자들에 비해 더 적어 보였다. 중년층 노동자 대다수가 그 공장에서 10년 이상 함께 일했는데도 말이다. 나이 든 노동자들이 함께 나누는 것은 아주 사소한 것들이었는데, 예를 들면 모닝커피를 마시면서 주고받는 형식적인 말들이었다. 그러나 나이 든 노동자들이 커피를 마시며 나누는 대화의 내용은 대개 공장 이야기였다. 자기 가정과 가족 이야기 같은 사적인 관심사는 절대 언급하지 않았다. 이들은 공장 내에서 동료들에 대한 우애를 무엇보다 존중하지만, 공장을 떠나 지역 사회로 들어가는 순간 그 우애는 서로 무관해지는 상호 고립에 대한 존중으로 대체된다. "그는 좋은 이웃이군요, 당신 일에 간섭하지 않는 걸 보니까요"라는 말은 그들과의 인터뷰에서 반복해서 나오는 주된 내용이었다.

공장의 젊은 남성과 여성 노동자들이 이제 막 피어오르기 시작한 그들의 공동체에 대한 열망을 실현하기 위해 이 지점을 뛰어넘고자 하는 바람을 보이는 것은 이제 세대가 바뀌고 있다는 의미다. 세월이 흐르면 나이 든 남성 노동자들의 모습이 완전히 사라질지 알고 싶다면, 더 큰 범주에서 질문을 던져야 한다. 과연 우리는 훗날 어떻게 해서든 주변 동료에 대한 사랑을 그렇게 세심하게 신경 써야 할 문제로 만드는 사회를 바꾸거나 무너뜨림으로써, 노동자들이 동료애의 감정을 자연스럽게 표현할 수 있는 날이 오게 할 수 있을까?

분열된 자아는 인간이 자기 자신을 지키기 위해 의식적으로 세우는 다른 수많은 방어물 가운데 하나다. 분열된 자아는 단기적으로는 사람들의 고통을 완화하지만 애초에 방어가 필요하게 된 전제 조건들은 제거하지 않는다. 만일 그 방어가 인간을 행복하게 하는 데 실패하거나 심지어 그 상황을 받아들이지도 못하는 결과를 초래한다면, 그 실패는 최악의 경우 니체의 신들처럼 세상을 초월하는 힘이 사람들의 내면에 없으며, 사람들이 자신의 감정을 아무리 절묘하게 다시 균형을 맞춘다고 할지라도 파괴적인 사회 질서의 영향력에서 벗어날 수 없다는 것을 의미한다.

5장

자유

계급 사회에서 자유롭다는 것은 무엇을 의미할까? 앞서 본 것처럼, 자유가 없는 신세가 되는 것에는 두 가지 의미가 있다. 간단하게는 계급 사회의 환경이 사람들을 가두기 때문에 원하는 것을 할 수 없다는 의미다. 복잡한 의미는 강요라는 개념을 수반하는데, 학교나 기업, 정부 같은 기관에 속한 사람으로서 개인들은 자신의 능력을 외부에 입증하여 존엄성을 증명해야 한다는 압박감을 느낀다. 이러한 자기 검증의 책임에 대한 압박감은 의식의 흐름을 희생과 배신의 길로 돌린다.

앞 장에서 설명한 방어는 이런 족쇄들에 맞서기 위한 의식적 투쟁 수단이다. 한편으로 사람들이 계급의 상처에서 자유로워지기 위해 시도하는 행동이라고 말할 수 있을 것이다. 그러나 자유는 단순히 어떤 것으로**부터의** 자유, 즉 구속의 부재를 의미하는 것만이 아니다. 자유는 또한 그보다 더 긍정적인 개념, 즉 특정한 것을 할 수 있는 자유 또는 특정한 방식으로 살 수 있는 자유를 의미한다. 이 장에서 우리는 계급 사회가 사람들에게 제시하는 긍정적인 의미의 자유를 보여주고자 한다. 다시 말해서, 사람들이 계급 사회에서 절망하지 않을 수 있게 하기 위한 구제 수단은 무엇이 있을까?

이 질문에 답하기 위해, 일반적으로 믿기 어려운 자료를 먼저 살펴보는 것에서 시작하자. 상대적으로 명망 있는 미국인들과 관련된 장기간에 걸친 연구 프로젝트는 다양한 종류의 직업에 대한 선호도가 세월이 흐르면서 어떻게 바뀌었는지를 살폈다. 국가 여론 조사 회사(NORC)의 조사원들은 1947년에 이 주제와 관련해서 첫 번째 여론 조사를 수행하고, 1963년에 여론의 변화를 알기 위해 동일 주제로 재조사를 실시했다. 더 나아가 그 결과를 1925년에 실시한 직업 평판 조사 결과와도 비교했다. 그 결과는 놀라웠다. 그들은 다양한 직업에 주어진 상대적 명망도의 순위가 크게 바뀌었을 것이라고 예상했지만, 두 세대에 걸친 극심한 불경기와 직업 구조의 근본적 변화에도 미국인들이 생각하는 명망 있는 직업 순위는 상대적으로 안정된 모습을 유지했다. 그러나 이러한 비교를 통해 확인된 내용 중에는 미국인들의 '좋고' '나쁜' 직업에 대한 생각이 거의 반세기 동안 바뀌지 않고 동일한 형태를 유지했다는 넓은 의미의 사실 관계보다 훨씬 더 흥미로운 발견이 존재한다. 다음은 NORC가 발견한 내용을 요약한 것이다.

가치 있는 직업은 무엇입니까?

직업	1947년 3월 순위	1963년 6월 순위
연방 대법원 판사	1	1
의사	2.5	2
핵물리학자	18	3.5
과학자	8	3.5
정부 과학자	10.5	5.5
주지사	2.5	5.5
연방 정부 국무 위원	4.5	8
대학교수	8	8
하원 의원	8	8
화학자	18	11
변호사	18	11
외교관	4.5	11
치과 의사	18	14
건축가	18	14
지방 판사	13	14
심리학자	22	17.5
장관	13	17.5
대기업 이사	18	17.5
대도시 시장	6	17.5
목사, 성직자	18	21.5
주 정부 장관	13	21.5
토목 기사	23	21.5
항공사 비행사	24.5	21.5
은행가	10.5	24.5
생물학자	29	24.5
사회학자	26.5	26
신학교 강사	34	27.5

직업	1947년 3월 순위	1963년 6월 순위
미국 상비군 대위	31.5	27.5
대기업 회계 담당	29	29.5
공립 학교 교사	36	29.5
종업원 100여 명의 공장 소유주	26.5	31.5
건설업자	34	31.5
갤러리 전시 화가	24.5	34.5
심포니 오케스트라 단원	29	34.5
소설가	31.5	34.5
경제학자	34	34.5
국제 노동조합 간부	40.5	37
철도 기술자	37.5	39
전기 기사	45	39
지방 정부 농업 담당관	37.5	39
도장 공장 자영업자	42.5	41.5
숙련된 기계공	45	41.5
자작농	39	44
장의사	47	44
시청 후생 직원	45	44
신문 칼럼니스트	42.5	46
경찰관	55	47
일간 신문 기자	48	48
라디오 아나운서	40.5	49.5
경리	51.5	49.5
가축, 농기구를 소유하고 농장을 관리하는 소작농	51.5	51.5
보험 설계사	51.5	51.5
목수	58	53
도시의 소규모 점포 관리인	49	54.5

직업	1947년 3월 순위	1963년 6월 순위
노동조합 지역 간부	62	54.5
우체부	57	57
철도 차장	55	57
도매 업체 외판원	51.5	57
배관공	59.5	59
자동차 수리공	59.5	60
유원지 감독관	55	62.5
이발사	66	62.5
공장 기계 기술자	64.5	62.5
점심 좌판 자영업자	62	62.5
미국 상비군 상등병	64.5	62.5
차고 기술공	62	62.5
트럭 운전사	71	67
어선 소유 어부	68	68
상점 점원	68	70
우유 배달원	71	70
전차 운전사	68	70
벌목꾼	73	72.5
음식점 주방장	71	72.5
나이트클럽 가수	74.5	74
주유소 종업원	74.5	75
부두 노동자	81.5	77.5
철로 보선공	79.5	77.5
야간 경비원	81.5	77.5
광부	77.5	77.5
식당 종업원	79.5	80.5
택시 운전사	77.5	80.5
농장 노동자	76	83

직업	1947년 3월 순위	1963년 6월 순위
수위	85.5	83
바텐더	85.5	83
세탁소 직원	83	85
소다수 판매점 점원	84	86
가축이나 농기구가 없고 농장을 관리하지 않는 소작인	87	87
쓰레기 청소부	88	88
환경 미화원	89	89
구두닦이	90	90

이 순위는 직업적 지위가 직접적인 경제력이나 다른 사람에게 명령을 내리는 권력의 크기와 동일하지 **않다**는 것을 명확하게 보여준다. 대기업 이사는 변호사, 치과 의사, 대학교수보다 순위가 훨씬 낮지만, 각종 사회 자원을 통제할 수 있는 권력은 그들보다 훨씬 더 크다. 기업 구조에서 대기업 이사와 비슷한 권력을 가진 은행가는 순위가 훨씬 더 낮은데, 종업원이 100명인 공장주는 명망 높은 직업 순위 상위 3분의 1에도 들어가지 못한다. 정치인도 어느 정도 이와 같은 수준이다. 대학교수는 시장보다 더 명망이 높고, 과학자도 하원 의원보다 더 높다. NORC의 조사 결과가 왜 이렇게 나왔는지 그 이유를 계급의 상처라는 관점에서 설명해보겠다.

해석하는 일과 능력 육성

일반적으로 선호 순위가 상위 3분의 1에 속하는 직업은 사회를 다양하게 해석하고 설명하는 일을 하는 사람들이 차지하고 있다. 전문가란 흔히 어떤 일이 일어나는 방법과 이유를 해석할 줄 아는 전문 지식을 가지고 있는 사람으로 알려져 있다. 그들의 지식은 기업의 사활이 걸린 분쟁이나 공직 선거 운동을 성공적으로 벌일 줄 아는 능력과는 차원이 다르다. 사람들이 자기가 순순히 따라야 할 이들 대부분을 존중하지 않는 이런 사회적 지위의 순서는 지난 40년 동안 또는 산업 자본주의 시대에만 해당되는 것이 결코 아니다. 인류 역사의 매우 다양한 시간과 공간에서, 우리는 능력 육성의 가치를 권력보다 더 높게 평가했다.

예컨대, 예수의 탄생보다 1천 년이나 앞서 카스트 제도의 기원과 정당성을 설명하기 위해 탄생한 고대 인도의 신화에도 이와 거의 동일한 위계질서를 갖춘 가치 체계가 나타난다. 이 신화에 따르면, 우주는 신이며 인간인 푸루샤의 희생으로 시작되었다. 그의 몸이 나뉘어 인도 사회를 구성하는 주요한 사회적 계층 질서가 되었는데 푸루샤의 입은 사제, 입법자, 사상가, 재판관, 국가 관료가 되었고, 두 팔은 귀족, 대세력가, 신하, 전사가 되었으며, 두 넓적다리는 지주, 상인, 대금업자, 두 발은 노동자, 장인, 농노가 되었다.

중세 시대 유럽의 사제처럼, 고대 인도의 사제는 그들이 살던 시대에 글을 읽고 쓸 줄 아는 유일한 사람들이었다. 다른 사람들에게는 신비였던 그들의 통찰력과 지식은 그들에게 성난 신들을 달래고,

다양한 자연의 힘에 영향력을 끼칠 수 있는 능력을 부여하는 것으로 알려져 있었다. 따라서 신들과 인간을 중재하는 역할을 수행하는 성직자들은 다른 일반 사람들보다 높은 지위에 있으면서 신에게 더 가까이 다가갈 수 있는 사람으로 여겨졌다.

오늘날 사제의 역할에 대응하는 일을 하는 사람들이 바로 전문가다. 러시아 출신 미국 소설가 블라디미르 나보코프는 지그문트 프로이트를 '빈 출신의 주술사'라고 불렀는데, 정확한 단어 선택이었다. 의사는 당신의 몸을 해석해서 당신에게 설명한다. 그는 당신이 가지고 있지 않지만, 살아남는 데는 필요한 지식을 가지고 있다. 화학자나 생물학자, 물리학자 등의 과학자도 마찬가지로 인간 사회의 생존을 결정하는 자연의 힘을 해석하는 사람들이다. 심리학자와 성직자는 인간의 심리와 정신의 힘에 대해서, 즉 당신 자신이 어떤 사람인지에 대해서 다른 사람과 신들에게 해석하고 설명하는 사람들이다. 재판관, 변호사, 입법자는 사회 질서를 부여하고 해석하고 규정하는 사람들이다. 따라서 모든 전문가는 사제다. 그들은 자신들이 이해하지 못하는 사람들의 삶에 영향을 끼치는 신비한 일을 해석하기 때문이다.

전문가의 권력은 지식을 주거나 주지 않을 수 있는 능력에 있기 때문에, 그들은 대체로 다른 사람들이 의문을 제기하지 않는 지위에 올라서 있다. 그들은 스스로가 '권위자'이며, 외부와 독립된 '권위자'다. 그들에게 경제 권력을 가진 사람들보다 더 높은 지위를 부여하는 것은 바로 자체적으로 충족된 내면의 능력을 가진 전문가로서의 자질이다. 왜냐하면 그가 자기 주위의 다른 사람들에게 무슨 일이 일어나든 상관없이 역할을 수행할 수 있다는 점에서, 자율성이 그를

'시장성이 입증된' 사람처럼 보이게 하기 때문이다.[1] 사랑으로 보살피는 그의 능력은 그가 다른 사람들**에게** 가져다주는 능력으로 나타난다. 사람들에게 그가 필요한 만큼, 그는 사람들이 필요하지 않다. 이런 측면에서 그는 계급 사회에서 유일하게 진정한 독립적인 사람이다. 그에게 필요한 것 이상으로 사람들은 그를 필요로 한다.

조직력보다 해석력에 더 큰 가치를 두고 오늘날 계급 사회를 바라보면, 능력을 육성하는 전문가의 현실 권력은 미국에서 지난 산업의 세기 동안 엄청난 중요성을 획득한 시장 교환에서의 독립과 자유 같은 가치들과 맥락을 같이 한다.

독립적인 미국인들은 전통적으로 자영업자거나 자작농이었다. 19세기 초 미국이 소농과 상점 주인들의 나라였을 때, 실제로 누구든 스스로 사장이 될 합당한 기회가 있었다. 그러나 이러한 꿈을 실현할 가능성은 시간이 흐르면서 사라졌다. 지난 세기 초, 고용된 백인 인구의 80퍼센트가 자영업자였다. 1870년, 그 비율은 41퍼센트로 크게 떨어졌다. 그러다 1940년에는 겨우 18퍼센트만이 자영업자였고, 1967년에 이르러서는 그 절반인 9퍼센트만이 이 방식으로 독립했다.[2]

그럼에도 육체노동자 사이에서 자영업자가 되는 것은 그들이 항시적으로 부딪히는 긴장감을 제거할 자유의 이미지로 끈질기게 남았다. 1950년대 미국 중서부 중간 규모 도시의 자동차 노동자를 연구한 미국 사회학자 엘리 치노이에 따르면, 자동차 공장에 일하러 온 사람들 가운데 많은 이가 자신의 직업을 임시직으로 생각했고, 스스로 사업체를 차려 독립하기 전에 거치는 일종의 간이역 같은 거로 여겼다. 하지만 그들 가운데 다수가 이십 대 후반이나 삼십 대 초반에 이르면 자기 직업을 더는 임시직으로 바라보지 않았다. 그러나 그 염원이 사라진 것은 아니었다. 중년 노동자들 사이에서 주유소나 소규모 상점이나 농장을 자영하고 싶어 하는 특별한 꿈이 지속된 이유는 아마도 정규 교육을 거의 받지 못한 그들에게 유일하게 열려 있는 자영업 형태가 바로 그런 일들이었기 때문이라고 설명할 수 있다. 하지만 지나간 꿈이었다. 우리가 그들의 자녀가 무엇이 될 수 있을지에 대해 인터뷰했을 때, 그들이 바라는 새로운 이상이 설득력 있게 제시되었다.

우리가 인터뷰한 중년층 사람들은 자녀들의 행복한 삶에 대해서 대화할 때, 자신들이 한때 꿈꿨던 소규모 자영업자 이야기는 더 이상 하지 않았다. 그들 대다수는 자기 자식이 지적 능력을 발휘하는 직업군, 즉 의료 분야나 대학에서 학생을 가르치는 일, 건축 분야에서 전문가로 일하는 것이 행복한 삶이라고 믿는다. 앞서 인용한 NORC 연구는 모든 사회 계층의 사람들을 대상으로 하는 인터뷰를 포함했다. 능력을 육성하는 일을 가치 있는 직업으로 여기는 태도는 우리 인터뷰에서 매우 강력하게 표출되었는데, 육체노동자 대다수가 그렇게 생각했다. 그러나 이 소망은 자영업자나 자작농이 되고자 하는 노동자들의 소망보다 실현될 가능성이 훨씬 적다. 육체노동자의 아들 1천 명 중 열여덟 명 정도만 전문직에 취업한다.[3] 이러한 현실 앞에서, 그 꿈이 사라지지 않는 이유는 무엇일까?

그 꿈이 그렇게 강력한 이유는 오로지 그 직업들에서만 자기 능력을 발휘하는 사람이 진짜 자아와 결합되어 나타나기 때문이다. 오로지 전문직만이 사랑과 권력을 합치라는 니체의 경구를 실행할 수 있게 할 힘을 지니고 있다. 전문직은 마음의 상처를 입는 것을 두려워하지 않고 다른 사람들에게 자신의 관심을 표현할 수 있는 것처럼 보인다. 왜냐하면 사람들에게는 자신의 능력을 육성해주는 전문가의 관심과 배려가 필요하지만, 전문가 본인은 자신의 의지에 복종하는 것 말고는 자기 능력을 발휘하는 대가로 어떤 보상이나 행동도 원하지 않기 때문이다. 그는 치료가 필요한 환자든, 범죄 혐의로 기소된 고객이든, 지식이나 성적이 필요한 학생이든 가리지 않고 자기 의지에 따라 그들에게 필요한 능력을 제공하는 일을 한다. 이렇게 자기 마음대로 할 수 있다는 것이 바로 자유로운 사람이라는 증거다.

컴퓨터 판매원이라는 '전문직'에 취업하는 것에 대해서 이야기하는 한 청년이 이와 같은 자기 통제의 개념을 어떻게 생각하는지 구체적인 예를 들어보겠다. 그가 생각하는 통제의 개념이 그가 그 일을 전문직이라고 생각하는 이유를 보여주기 때문이다.

패트릭 플래너건은 보스턴의 아일랜드계 노동 계급 동네 출신 청년으로, 고향의 반대편 서부에 있는 대학으로 진학했다. 한 운송회사 직원의 아들인 그는 지금까지 그가 이룬 성취를 자랑스럽게 생각하는데, 특히 자신이 다닌 학교를 동네 또래 친구들과 비교할 때 더 큰 자부심을 느낀다. 우리와 대화를 나눈 처음 한 시간 동안, 그는 자신이 오랜 시간 공부와 인내를 통해서 학년이 올라갈 때마다 어떻게 부모의 공동체와 점점 멀어졌는지를 자세하게 설명했다. 플래너건은 자기 성공을 매우 개인적인 차원, 즉 자기 해방이라는 측면에서 새로운 즐거움과 통찰력을 얻은 기회, 스스로 자기만큼 유능하다고 생각하는 사람들이 자신을 알아본 기회였다고 평가한다. 이 모든 기회는 그가 상류층 가정 출신의 "정말 유능한 사람들"과 당당하게 어울리며 진보적 정치 성향을 함께 공유할 수 있도록 이끌었다. 그는 베트남 전쟁에 반대하고, 학생 운동과 관련된 새로운 생활 양식에 대해서 이야기한다. 그는 장발에 깔끔하게 차려입은 대학생 인터뷰 진행자에게 "여러분이 느끼는 것과 같이요"라고 말했다.

그는 자신이 무엇보다 "따분하고 둔감한 유형의 사람들"에게 이래라저래라 지시받거나 그런 사람들을 상대하는 일에서 자유로워져야 하고, "그런 멍청한 사람들"에게서 벗어나야 한다고 말한다.

플래너건은 매우 냉소적인 청년이라는 인상을 주지만, 사회에 대한 환멸에 완전히 사로잡힌 모습은 아니다. 장래 계획이 무엇인지 묻자, 그는 "컴퓨터에 관심이 아주 많아요. 사람들을 설득하는 수단 같은 것들을 생각하는 것도 좋아해요"라고 대답했다. 그의 꿈은 판매 대행사를 설립해서 사업을 시작하는 것인데, 그는 남다른 열정으로 여유 시간을 이용해서 친구와 제휴관계를 맺고 프리랜서로 일했다. 맹목적인 권위가 그에게 채운 족쇄에 항변하는 긴 시간과 학교와 가족, 미국 문화가 총체적으로 그에게 가했다고 생각하는 조작에 대해서 자신이 알게 된 것과 그에 저항한 사연을 이야기한 후, 플래너건은 조작을 자신의 필생의 사업으로 만드는 일을 금방 말한 것과 전혀 도덕적 모순이나 불일치한다는 느낌 없이 이야기하기 시작했다.

첨단 기술 제품을 판매한다는 것의 매력은 도대체 뭘까? "애그뉴*

* 스피로 애그뉴는 닉슨 대통령 당시 부통령이었던 인물이자 베트남 전쟁을 지지한 열렬한 반공주의자로 탈세 혐의로 기소되어 중도 사퇴함

처럼 괴물 같은 자가 나를 짜증나게 할 수 없는 일을 하는 자리로 가고 싶어요. 아무도 내게 무엇을 하라고 지시할 수 없는 전문 지식을 얻고 싶어요." 플래너건은 자립에 대한 자신의 꿈을 설명하기 위해 "누구의 지배도 받지 않는 것"이라는 표현과 높은 권위의 지배에서 벗어나는 것을 함축하는 비유를 자주 쓴다. 여기서 그의 감정은 엘리 치노이가 인터뷰한 자동차 노동자들의 소망, 즉 주유소 체인점을 소유하고 싶어 하는 마음과 일맥상통한다. 플래너건도 마찬가지로 오늘날 어떤 종류의 일이 위에서 지시받아야 하는 일에서 탈출할 수 있게 해줄지를 생각하고 있다. 과거에 그가 살아야 했던 "극도의 어리석음"으로 가득한 아일랜드계 노동 계급 지역 사회에 대해 그가 내놓는 대답은 **그**가 자기 일을 통해 **다른 사람들**을 조작해서 기존의 권력 상황을 역전하는 것이다. 왜냐하면 그가 남들이 모르는 특별한 어떤 것을 알고 있기 때문이다. 그는 이런 조건들로 총명해지는 것과 지배력을 갖는 것을 확실하게 연결한다. "다른 사람들이 무엇을 느끼고 있는지 확실히 이해하고 강력한 영향력을 끼치기 위해서는 똑똑해져야 해요."

그러나 플래너건이 바라는 장래의 꿈은 단순히 기존의 현실을 탈출하고 싶어 하는 바람이나 복수하고자 하는 욕망이 아닌, 그 이상을 의미한다. "그런 자리에 들어가는 순간, 나는 정말로 내가 될 수 있고 정말 좋은 일을 할 수 있어요. 내가 **반드시** 일어나야 한다고 생각하는 일이 무엇이든 간에, 적어도 그 일이 일어나게 해야 할 책임이 모두 내게 있을 테니까요." 자립, 계급 사회의 표현 방식으로 하면 자유는 다른 사람에 대한 관심과 배려를 더욱 진심으로 표현할 수 있도록 하는 가능성을 활짝 열어준다. 자신의 느낌에 따라 행동할 수 있는 것은 그가 남다른 특별한 능력을 발휘할 수 있는 자리에 있을 때만 가능하기 때문이다.

패트릭 플래너건은 전문직 일을 이런 식으로 이상화하여, 앞 장에서 거론한 진짜 자아는 비밀로 감추어 마음속에 간직하고 있을 때만 안전하고 외부로 표출하면 위험하고 취약해지는 문제를 해결하려고 애쓰고 있다. 기억하겠지만, 앞서 거론한 학교 교감은 권력을 가진 인물인 자신이 학생들을 부드럽고 다정하게 대하면 그들이 자신을 이용해 먹거나 조롱할지도 모를까 두렵기 때문에 엄하게 행동한다. 만일 애나 배런이 자기 부모에게 사랑을 표현하면, 그들은 그 사랑을 그녀가 다시 옛 둥지로 돌아올 준비가 되었다는 신호라고 받아들일까? 그런 다음 그녀는 예전처럼 자기 부모의 의견을 따를까?

실제로 사회적 상호 작용을 할 때, 사람들은 그들의 앞에 있는 것을 보고 그것이 무엇인지 안다. 당신은 그 자체로 내게 완벽한 사람이며, 나는 그 기준으로 당신을 판단한다. 당신이 평소에 꽁꽁 감춰두려고 애쓰는 어떤 것을 근거로 판단하지 않는다. 어쩌면 나는 그것에 대해서 어렴풋이 알고 있을지도 모른다. 나는 내가 **나 자신** 안에서 행하는 것처럼, 당신도 **당신 자신**에게 그렇게 하고 있다고 감지할지도 모른다. 그런데도 나는 그러한 직관에 따라 행동하는, 즉 나 자신을 당신에게 노출하는 끔찍한 위험을 감수하고 있을 것이다. 우리는 한 공장에서 일하거나, 같은 교실에 앉아 있거나, 함께 노조 회의를 하고 있다. 당신은 동료들에게 우호적인 입장처럼 보이는 어떤 말을 하지만, 그 말은 모두 위장된 것이며 당신 말의 행간에서 그

점이 나타나기 마련이다. 왜냐하면 너무 노골적으로 말하는 것은 당신을 남들에게 지나치게 노출시키는 결과를 낳기 때문이다. 당신의 속내를 알 수 없는데 내가 상상하는 대로 행동하는 게 맞을까? 아니면 그냥 모른 채 상황이 흘러가는 대로 놔두는 게 맞을까? 물론 때때로 지나친 예단으로 튀는 행동을 하기도 하고, 신념에 따라 행동하기도 하고, 그러다 다른 사람들에게서 보상을 받을 때도 있다. 그러나 권력의 실체가 우리 주변의 요소요소를 관통하는 감시받는 사회에서는, 자신의 호의에 대한 거부를 몇 번만 당해보면 감정적으로 중립적인 방식으로 행동하는 것이 더 안전하다는 사실을 금방 깨닫는다. 이 점을 사회적 평등에 적용해보자. 불평등 계급 관계에 있는, 즉 학생을 대하는 교장과 교사, 현장 감독관을 대하는 노동자에게 이것이 얼마나 더 명명백백한 현실이겠는가.

이와 대조적으로, 전문직에 종사하는 사람은 어떤 것도 감출 필요가 없다. 그가 하는 일이 그가 주변에서 퇴짜를 당해 마음의 상처를 입지 않도록 해주기 때문이다. 그러나 이런 이상화는 여전히 권력과 업무 성과의 세계에 묶여 있다. 자기 안에 갇혀 있다고 느끼는 세심하고 감정적인 존재에 따라 행동하며 살기 위해 복잡하고 신비한 기계를 팔겠다는 패트릭 플래너건의 생각은 행동과 감정을 서로 분리하는 계급의 세계에서 통합된 자아의 출현을 가능케 한다. 진짜 자아는 오로지 당신이 다른 사람들에게 이익이 된다고 믿는 것을 그들도 그렇게 생각하도록 조작할 수 있을 때만 현실에 모습을 드러낼 수 있다.

우리가 인터뷰한 사람들이 전문직에 느끼는 매력은 실제로 전문직에 종사하는 사람들의 행동과는 괴리가 있었다. 의사나 대학교수 같은 직업이 매우 가치 있다고 보이게 하는 것은 그 전문직이 다른 사람들과 비교해서 상대적으로 높은 사회적 지위에 있다는 것이다. 예컨대, 우리는 세 명의 자식을 둔 한 엄마에게 왜 장남이 의사가 되기를 바라는지 물었다. 당시 그녀의 가족은 의료비 때문에 큰 빚을 지고 있었고, 그녀가 산부인과에서 의사들에게 겪은 일은 끝나지 않는 끔찍한 경험담이었다. "그건 돈 문제가 아니에요. (…) 당신이 그런 자리에 있을 수 있다면 적어도 당신이 좋은 일을 하는 걸 막는 건 아무것도 없잖아요. (…) 그게 당신이 거기에 있는 이유죠. (…) 만일 당신이 좋은 사람이라면, 당신은 좋은 의사가 될 수 있어요. 난 그런 사람을 귀중히 여겨야 한다고 생각해요, 그렇지 않나요? 내 말은, 대부분의 사람이 그처럼 행동할 수 없다는 거죠." 그 자리는 자아의 통합으로 가는 길처럼 보인다. "만일 당신이 좋은 사람이라면, 당신은 좋은 의사가 될 수 있어요."

우리가 인터뷰한 노동자들이 고용주와 정치 지도자들에게 느끼는 감정과 교수, 지식인, 대학생들에게 느끼는 감정을 왜 달리했는지 이해할 수 있는 근거가 여기 있다. 사람들은 그들의 고용주와 정치인들에게 엄격하고 냉소적인 태도를 보였다. 그들의 권력에 전혀 경외심을 보이지 않았다. "경영자는 자신들에게 필요한 사람이 누구인지 아는 사기꾼에 불과하죠." 한 남성이 말했다. 다른 사람들도 정치로 출세한 오래된 지역 사회 출신의 한 여성에게 불신을 표명했다. 요컨대, 사람들은 대개 그런 성취를 이룬 것은 인정하지만 그 성취에 존경을 표하지는 않았다.

우리는 노동자들이 지식인과 대학생에게도 마찬가지로 격렬하게 분노를 표하는 것을 보았지만, 그 분노는 고용주와 정치인들에게 향하는 것과는 완전히 다른 종류였다. 노동자들이 눈꼴사납게 여긴 것은 대학생들이 마치 그들에게 허용된 자유에 관심이 없다는 듯 처신하고, 다른 사람들이 자기 삶을 통제할 수 있는 기회를 간절히 원할 때 그들이 자기가 가진 기회를 헛되이 날리는 것처럼 행동하는 모습 때문이었다. 이 분노는 그러한 지위 자체가 이상화될 때만 존재할 수 있다. 따라서 그 자리에 있는 사람은 자신의 직분인 예배드리는 일을 하지 않는 목사와 같다. 마찬가지로 앞서 언급한 TV 수리공 프레드 고먼은 시청에서 벌어지는 교묘한 술책에는 전혀 놀라지 않지만, 대졸 출신의 수리공 두 명이 TV 브라운관을 교체하고 있는 모습을 보면 심한 모욕감을 느낀다. 그들은 선망의 대상이 되는 지위를 가졌지만, 권위 있는 자리에 앉기를 스스로 거부하는 것처럼 보이기 때문이다. 만일 **그들**이 그 좋은 기회를 거부한다면, 고먼에게 자기 삶에 뻥 뚫린 구멍을 메꿔줄 어떤 희망이나 그 어떤 탈출구가 있기나 하겠는가?

이러한 반응은 전문가 입장에서 전문직을 미화해서 바라보는 방식처럼 보일지도 모르지만, 중산층이 19세기에 시작된 예술가와 예술가의 소명을 미화했던 모습과 매우 닮았다. 두 경우 모두, 소규모 엘리트 집단은 다른 일반 사람들에게 충분히 자기 계발된 인간으로 보인다. 지난 세기 예술가가 중산 계급에게 열정을 잃지 않는 꼭 필요한 존재로 추앙된 것처럼, 지금은 전문가가 또 다른 계급에게 사랑과 권력을 합칠 수 있는 유일한 존재인 듯 보인다. 비록 이상화된 인물의 본질은 달라졌지만, 시대를 초월해서 일맥상통하는 사실은 계급 사회에서는 오로지 소수만이 충분히 자기 계발된 존재처럼 보일 여지가 있다는 것이다.

육체노동에서의 자유

누가 엘리트이고 왜 엘리트인지에 대한 이미지를 만들어내는 조건은 노동자들이 육체노동과 하급 사무직 노동에서 무엇이 좋고 나쁜지를 따질 때 자유에 대해서 보다 직접적으로 평가하는 조건이기도 하다. 잠시 NORC의 순위표로 되돌아가 보자. 그 표는 많은 육체노동자의 일이 다양한 사무직 노동자의 일보다 **더 높은** 지위를 차지하고 있다는 점을 보여준다. 도시의 소규모 점포 관리인은 목수와 거의 같은 지위에 있지만, 전기 기사보다는 훨씬 낮은 순위다. 그러나 목수는 도매업체 외판원이나 상점 점원보다 더 높은 지위에 있다.

우리는 사무직 노동과 육체노동이 이렇게 서로 혼재되는 이유가 사람들이 최상층 직업의 지위를 평가하는 것처럼 평범한 직업의 지위도 평가하기 때문이라고 생각한다. 개인에게 어느 정도의 자율성이 있는, 즉 상부 권위자의 지시나 다른 사람들의 종잡을 수 없는 요구에 따라 할 일을 정해야 하는 데서 어느 정도 자유로운 직업은 외부 사람들을 만나고 대응해야 하는 직업보다 바람직하다. 따라서 목수는 혼자서 매끄럽게 이음매 작업을 할 때도 자신이 할 일을 잘 수행하고 있다고 느낄 수 있지만, 점포 관리자는 다른 사람이 물건을 살 때만 자신이 맡은 일을 잘 수행할 수 있다. 그 관리자는 목수보다 돈을 배는 더 벌고 있을지도 모른다. 하지만 NORC의 순위표가 보여주듯이 사람들은 목수가 더 좋은 직업이라고 본다.

이러한 추론은 왜 순위표의 최하위에 공장 일이 아닌 다른 사람들을 위해 업무를 수행해야 하는 서비스 직종이 있는지를 설명한다. 바텐더는 광부보다 순위가 낮고, 택시 운전사는 트럭 운전사보다 낮은 순위다. 우리는 그들이 하는 일이 손님 등 다른 사람들의 처분에 더 많이 의존하기 때문에 이런 일이 일어난다고 생각한다.

직업에 주어지는 상대적 지위를 결정하는 가치들은 사람들이 자기가 하는 일이 무엇이든 그 일에서 느낄 수 있는 실제 만족감에 영향을 끼친다. 앞 장에서 우리는 블라우너가 알아낸 것, 즉 노동자가 자기가 할 일에 대한 시간 조절을 자율적으로 할 수 있는 권한이 클수록 그가 그 일을 수행할 때 느끼는 행복감은 더 커지고 소외감은 더 줄어든다는 사실을 언급했다. 혼자 일하는 직업과 사람을 상대하는 직업을 비교한 다른 연구에 따르면, 혼자 일하는 사람이 다른 사람을 상대해야 하는 사람보다 노동 만족도가 더 높다. 실제로 후자에 대한 연구에 따르면, 부하 직원을 관리해야 하는 사람이 홀로 일하고 다른 사람의 업무 수행에 대한 책임도 없는 동료보다 자기 직무에 대한 만족도가 낮고, 사회적 지위도 낮다고 느낀다.

일반적으로, 다른 사람의 도움이 필요하지 않거나 여기에 의존하지 않고 독립적으로 업무를 수행할 수 있는 사람의 사회적 지위 순위가 그렇지 않은 사람보다 더 높다. 따라서 미국 산업 질서에서 사회적 지위의 상승은 시장 교환이라는 경제적 관점에서 다른 사람들과 접촉하거나 마찰을 빚는 데서 탈피한 개인주의적 행동 양식의 증가로 나타난다. 여기서 거대한 역설이 발생한다. 사람들이 오로지 다른 사람과 격리될 때만, 또 그들의 능력이 재능과 교육 덕분에 '타고난' 기량이 될 때만, 그리고 스스로 상호 작용과 교환을 통해 남을 돕는 힘을 기를 때보다 다른 사람에게 도움을 줄 때만 다른 사람들을 애정으로 보살피고 도움을 제공하며 베풀 수 있다고 인식하는 것이다.

관료주의와 상호 의존성이 커지면서, 거대 기업이 중소 업체를 대체하면서, 분업이 증가하면서, 점점 더 많은 사람이 자율성을 경험할 수 있는 노동 상황을 박탈당하리라고 생각할 것이다. 그러나 바로 그 분업이 사람들이 그에 따른 전문 지식을 가지고 자신의 사회적 지위를 다른 사람들이 범접하지 못하는 섬으로 만들기 위해 수많은 독립된 틈새를 직업 구조에서 새롭게 만들어낼 가능성을 제공한다. 우리는 많은 직업에서, 특히 대기업 고위 간부와 관리직에서 '업무 전문화'의 시도가 점점 많아지고 있다고 본다. 미국의 사회학자 멜빈 콘은 기업의 고위 간부들은 고용 안정성이 더 높고, 직무 자체가 복잡하기 때문에 이런 과정이 발생한다고 주장한다. 하지만 이러한 환경은 업무를 전문화하려는 욕구 자체를 설명하지는 못한다.

컬럼비아대학교 경영 대학원 명예 교수 레너드 세일즈는 대신에 '관리자는 자신이 주도권을 잡는 유리한 구조의 자리로 이동하고 싶어 한다'고 주장한다. 그 구조에서 관리자는 다른 사람들에게 복종을 요구할 수 있을 정도로 그들에게서 충분히 멀리 떨어져 있되, 다른 사람들은 그렇지 못하다. 만일 다른 사람이 누군가의 능력을 특별하다고 인정하고, 그의 결정이 가타부타할 수 없을 정도의 전문가가 내린 결정이라고 받아들인다면, 그는 다른 사람의 지시를 받지 않아도 되는 독립적인 사람이 될 수 있다.

이런 전문화 과정은 확실히 많은 경우 자의적인 신비화를 수반한다. 단순한 것을 복잡한 언어로 표현하거나, 노동자 파업이나 시위를 유발하거나 더 많이 일어나게 할 정교한 관료주의적 규칙 같은 것들을 만드는 것이 그런 예다. 그러나 앞서 본 것처럼, 자기 부하 직원에 대한 책임감 때문에 수치심을 느끼는 감독관 조지 코로나에게 일어나고 있는 일을 피하고 싶은 관리자들에게는 이런 위장이 필요하다. 기업과 관료 조직에서 상호 의존적 작업이 증가하면 할수록 하급 생산직의 일은 행정 및 사무 처리 과정과 서로 얽히고, 사무직 노동자들이 하위직이나 공장 노동자들의 업무 수행에 책임을 져야 하는 경우가 점점 더 늘어난다. 코로나에게 일어난 일이 바로 그것이다. 유일한 탈출구는 패트릭 플래너건이 하고 싶어 하는 것을 하는 것이다. 당신이 가지고 있는 기술을 전문화함으로써, 즉 다른 사람들에게 필요하지만 그들은 당신이 하는 일을 이해하지 못하는 상황을 만듦으로써 '주도권의 저울'이 당신 쪽으로 기울게 만드는 일 말이다.

이 일을 단순히 사기라고 비난하고 말면 당사자들에게 그 상황이 의미하는 바를 놓치고 만다.

"그런데 대학교수라면 정말 똑똑해야 해요. 그렇지 않으면 일을 할 수 없을 테니까요. 당신을 봐요. 자, 당신은 교양 있는 청년처럼 보이지만, 교양 있는 사람들은 너무 앞서 가지 않아요, 그렇죠? (…) 필요한 걸 갖춰야 하고, 두뇌도 있어야 하고, 뭔가 가치 있는 사람처럼 보이게 말이죠."

"이봐요, 그건 매우 간단해요. 나도 남자고, 당신도 남자죠. 그죠? 그래서 우린 이야기를 나누고 있고 당신이 사 온 맥주도 마시면서 사람들이 흔히 말하는 것처럼 서로 소통하고 있다고요. 하지만 우리가 이 집 밖으로 나가면 사람들은 당신을 두고 '그는 뭔가 특별한 게 있어'라고 말할 테고, 나를 보고는 아는 사람이면 인사할 테고 모르는 사람이면 그냥 지나칠 거예요. (…) 그래도 난 괜찮아요. 결국 기생충 같은 인간들이 우리 모두를 찾아오겠죠. 하지만 **당신**은 이미 갖출 걸 다 갖췄으니 걱정할 필요가 전혀 없어요."

이 쓰레기 청소부는 단순히 자신을 인터뷰하는 사람이 지닌 권력에 반응하고 있는 것이 아니다. 지능은 권력 그 자체를 설명하고 이해할 수 있도록 실마리를 던져주는 능력이기도 하다. 앞 장에서 살펴본 것처럼, 좋은 것이든 나쁜 것이든 개인이 어떤 판단을 내릴 때 학교나 기업, 정부 같은 기관이 그 판단에 보이는 특징은 자신에 대한 신비화다. 그러나 의사나 건축가가 일을 잘하는지, 못하는지를 두고 그들을 '신비화'하려는 사람은 아무도 없다. 그를 판단하는 사람은 바로 그 자신이다. 왜냐하면 그가 하는 일을 정말로 아는 유일한 사람이 그 자신이기 때문이다.

다른 해석이 필요 없는 일을 하는 사람들 가운데 특히 의사의 지위를 믿는 것은 사람들이 그들에게 느끼는 절대적 의존도가 증가하는 것을 의미하는데, 일반적으로 인간에게 중요한 다른 영역인 주거, 정치적 권리, 교육 분야의 전문가들에 대한 의존도도 마찬가지로 늘고 있다. 문제가 생겼을 때 해결해주는 사람들 앞에서 자신이 비전문가라고 자처하는 공장 직공과 건물 관리인들, **그들**은 과연 누구인가? 그 노동자들은 자신의 욕구에 대한 인식을 어떻게 정당화할 수 있을까? 이것이 바로 대학 때문에 가정에서 자기 자리를 잃고 있는 중년의 전기 기사가 겪는 문제다. 그가 자신을 비하하며 분노를 가라앉힌다는 사실을 기억하라. "내 말은, 그러니까 당신은 진보의 길을 가로막을 수 없어요. (…) 이런 일이 일어나고 있는 것은 장기적으로 더 좋을 수도 있죠. 내 말은, 전문가들이 굳이 이 길을 택할 필요는 없었다는 걸 난 **알아요**. 하지만 그들 나름의 이유가 있었을 거예요." 전문가가 트랜지스터 고치는 기술밖에 모르는 전기 기사에게 없는 정당성을 가지는 이유는 그들이 일상의 삶에 보편적이고 필요한 지식을 가지고 있기 때문이다.

자율적인 노동에 대한 꿈은 계급 제도에 맞서는 저항을 수반하지 않는다. 인간이 시장에서 경매에 부쳐지고 가격이 매겨지는 불안에서 벗어나는 것은 확실히 외부로부터 자신이 심판받는 것을 피하기 위해서다. 그러나 당신의 '시장성을 입증'하기 위해서 당신은 어느 누구도 당신을 구매하는 것에 반대할 수 없을 정도로 훌륭하고 내적으로 계발되어 있어야 한다. 이런 자율적 노동이라는 개념에 교묘하게 함축된 의미는 앤드루 카네기가 철강 회사를 세우면서 쓴 전략, 즉 필수적인 생산 기능을 장악한 뒤 일방적으로 정한 조건을 따르게 하는 방식과 매우 유사하다. 전문가들이 이상화한 자율적인 노동에 대한 꿈은 물론 카네기의 기업 전략보다는 더 유익한 목적을 염두에 두고 있다. 의사가 되는 것은 인도주의적 사랑의 감정과 개인적 권력이 합쳐지기 때문에 가치 있다고 여겨진다. 하지만 그 목적을 이루기 위해 쓰는 수단들은 일종의 심리적 카르텔을 형성한다.

그러나 사회는 노동자들이 엘리트 전문가 직종에 진입할 많은 기회를 허락하지 않는다. 그리고 그 불허는 자유라는 관념에 구현된 시간 개념과 중요한 관련이 있다.

자유의 거듭남

옛날 영국의 공상 소설 중에서 한 무두장이가 하늘나라에 가서 보좌에 앉아 있는 신과 대화를 나누는 작품이 있다. 무두장이는 런던 억양으로 문법에 맞지 않게 말하고 농담도 하면서, 그가 가죽에 물들일 염료를 배합하느라 하루에 열네 시간씩 땀을 흘리며 일하던 지상 세계에서처럼 행동한다. 하지만 신은 있는 그대로 그를 사랑한다. 이 옛날이야기를 현재 상황에서 재연한다면, 노동자는 여전히 자신이 어떤 사람인지 인지할 것이고 지상에서의 개인적 특성은 그대로 유지될 것이다.

그러나 오늘날 자율성에 대한 꿈은 사람들이 자기 자신을 알아보지 못하게 한다. 의사는 배관공과 다르게 이야기하고, 더 나아가 의사가 되는 배관공의 자식도 부모와 다르게 이야기한다. 당신은 개인의 행동을 바꿈으로써, 내적 능력을 계발함으로써 이 꿈속에서 자신이 처한 환경을 바꾼다. 그러나 그렇게 하면 당신은 자유를 꿈꿔야 했던 존재에게서 단절된다.

이런 재탄생의 결과는 역설적이다. 자율성은 내면의 존재와 외부로 드러낸 존재가 하나가 되지만 자기 자신은 사라지는 상태다. 자기 자신이 되기 위해 자유로워지는 이런 위치에서 자신이 느끼는 경험의 무게는 사라질 것이다. 자신이 되고 싶어 하는 존재와 현실의 삶에 시달린 자신 사이에는 어떤 연속성도 없다.

미국의 심리학자이자 철학자 윌리엄 제임스는 저서《종교적 경험의 다양성》에서 많은 종교적 회심에서 발생하는 '거듭남'에 대해서 이야기한다. 거듭남은 도덕 감정에 따라 행동하기 시작하는 새로운 자아의 부상에 대한 느낌이다. 새로운 자아의 탄생은 성 아우구스티누스의《고백록》에서처럼, 그에 앞서 개인이 이전과 많이 다르게 행동하고 **싶지만** 자신도 어쩔 수 없는 환경에 통제되고 있다고 느끼는 충격적 외상의 기간을 거치기 마련이다. 그렇다면 자율성의 꿈은 종교적 회심과 얼마만큼 닮은 걸까?

먼저, 우리는 노동자들과의 인터뷰 중 그들 마음속에서 기성 종교의 흔적을 거의 찾지 못했고, 일이나 개인적 정당성에 대한 느낌 등과 관련해서 문제를 제기하려는 모든 시도가 완전히 실패로 돌아갔다고 분명히 밝혀둔다. 우리가 아는 한, 남녀를 불문하고 모든 노동자가 종교를 그들의 삶에서 중요한 부분이라고 생각했지만 계급의 의무와 무관한 의무적인 역할이라고 여겼다.

어떤 경우든, 계급 감정을 만들어내는 것은 기성 교회의 종교가 아니다. 오히려 자아의 급격한 변화를 통해서**만** 풀릴 수 있는, 즉 개인이 스스로 그 벽을 깨뜨릴 수 있을 때만 해결할 수 있는 긴장을 사회 제도가 만들어낸다는 의미다. 노동 계급이 짊어진 무거운 짐이 바로 이것인데, 이 짐은 이전 시대에 그리스도의 구속이나 구원이라는 말로 설명한 것들과 비교할 수 있는 자아의 탈바꿈을 통해서만 내려놓을 수 있다. 그럼에도 계급 구조는 자아의 탈바꿈이 지향하는 것으로서, 성 아우구스티누스가 추구한 이상과는 매우 다른 새로운 이상을 만들어낸다. 성 아우구스티누스는 제임스가 말한 것처럼 세상을 떠나는 것, 즉 세상'으로부터' 구원받는 것이 아니라 신과 하나가 되는 것, 즉 신으로 '향하는' 구원을 추구했다. 그러나 자율적인 노동은 사람들이 계급 없는 사회를 향해 구원받기를 꿈꾸게 하지 않는다. '전문화하는 과정에 있는' 자아가 함축하고 있는 변화란, 그 사람이 여전히 구세계에 발을 담그고 있지만 구세계 권력에 더는 상처받지는 않는다는 의미일 뿐이다.

이 변화는 19세기 초 영국의 새로운 산업 도시에서 일하던 공장 노동자에게 종교가 수행한 역할과 오늘날 통합된 자아의 꿈을 비교할 때 더 큰 의미를 갖는다. E. P. 톰슨은 대표작《영국 노동 계급의 형성》에서 초기 산업 노동자들이 집단행동을 통해 자기 몫을 더 많이 차지하려는 욕구가 증대하면서, 사후 세계에서의 구속에 대한 그들의 믿음이 약해지는 결과를 낳았다고 주장했다. 사후 그리스도의 구속은 이 세상에서의 **집단적** 구원으로 대체되었다. 그러나 현 세상에서 집단행동의 전망이 어두워지는 시기가 오자, 개인들은 사후의 삶에서 자기 혼자만을 위한 구원 약속을 찾기 위해 종교로 다시 눈을 돌렸다. 이와 대조적으로, 우리 시대의 구제는 이 세상에서 홀로 선 사람으로서 몸을 아끼지 않는 사람을 찬미한다. 신의 도움을 찾았던 초기 영국 노동자와 달리, 오늘날 구원받은 사람은 스스로 자기 자신을 일체화할 것이다. 그는 다른 사람들을 돌보기 위해 그들에게 얼마나 적게 의존할 수 있는지로 자신의 구원 정도를 측정한다.

결론

흠집 난 인본주의

베네치아와 피렌체 같은 이탈리아 르네상스 중심지의 수공예 길드에서는 일에서의 능력에 대한 독특한 생각이 강력하게 자리 잡고 있었다. 1450년경, 조각가나 궁정 화가뿐 아니라 은 세공인, 가죽 세공인, 직공 사이에서는 그들의 작품에 대한 개인적 찬사와 인정을 두고 벌이는 경쟁이 극에 달했다. 그러나 당시에 훌륭한 보석을 만들 줄 아는 능력이 품위 있는 사람의 한 요소라고 생각하는 것은 터무니없어 보였을 것이다. 수공예 장인이 작품을 완성하기 위해 많은 시간과 노력을 투여한 이유는 그와 정반대의 생각이었다. 그는 자신이 창조한 작품이 그 개인과 별개로 창조자의 명성을 확고히 할 것이고, 보석이나 은 세공품은 그가 죽은 뒤에도 그의 이름을 살아 숨 쉬게 할 거라고 생각했다. 은 세공인이나 직공으로서 그가 자신에 대해서 세상에 알리고 싶은 것을 간직하고 있는 것은 다름 아닌 물체였다.

오늘날 능력에 대한 생각은 완전히 다른 현상이 되었다. 탁월한 작품이라는 물체는 그 물체를 만든 사람의 탁월성을 측정하기 위한 수단에 불과하다. 이제 어떤 것의 가치를 입증한다는 것은 그가 만든 유형의 작품보다 더 위대한 작가 개인의 내적 능력, 즉 그가 끊임없이 상황을 뛰어넘고 각각의 상황을 제어하되 어느 것에도 얽매이고 동화되지 않는 미덕을 보여주는 것이다.

독특한 효율성 개념은 이러한 유체 이탈적 탁월성과 연결되어 있다. 다른 사람들과 협력하며 행동해야 하는 것은 그들에게 반응해야 한다는 의미다. 그리고 이러한 관계는 사람들을 서로 얽매이게 해서 그들이 함께한 일에 대해서 누구에게 보상해야 할지 정할 수 없게 만든다. 그 속에서 개인은 자신이 혼자 할 수 있는 것을 보여줄 기회가 전혀 없다고 느낄 수 있다. 만일 능력이 르네상스식으로 자기 자신을 물건에 투여하는 것이 아니라 자기 자신 자체를 보여주는 것이라면, 당신이 다른 사람들과 함께 행동해야 하면 할수록 당신이 일반 대중에서 벗어나는 것(오늘날 능력 자체에 대한 사회적인 정의)에 대해 보상받을 기회는 줄어든다. 노동은 날마다 점점 더 상호 의존적이 되고 있지만, 독립적 행동의 꿈은 사람들의 마음속에 여전히 강력하게 남아 있다. **자신**이 뭔가를 성취하는 모습을 보여줄 방법이 그것밖에 없는 듯 보이기 때문이다.

자신의 재능을 가능한 한 효율적으로 보여주고자 애쓰는 사람이 다른 사람들 때문에 발목이 잡히는 느낌을 받는 것은 역설적 상황이 아닐 수 없는데, 그럼에도 이 모든 노력은 다른 사람들의 존중을 받을 만하도록 자신의 가치를 굳건히 하는 쪽으로 집중되고 있다.

우리가 여기서 논박하는 것은 이런 형태로 구조화된 능력이다. 어떤 일을 잘하고 못하는 것이 그 자체로 무조건 악이라고 주장하는 것이 아니다. 이 책에 제시된 모든 삶에 우리가 항변하는 것은 이런 식으로 자기 자신을 증명하는 데서 벗어나 자신의 행동에 담긴 **본연의 의미**를 포착하자는 것이다. 르네상스식 능력의 개념을 탄생시킨 도시 국가 시대로 되돌아갈 수 없다면, 이제 우리는 노동 계급이 짊어진 이 무거운 짐을 어떻게 내려놓을 수 있을까?

카스트와 계급의 존엄성 거부

프랑스의 문필가 세비녜 부인은 한 친구에게 보내는 편지에 자신이 어느 날 아침 목격한 교수형 장면에 대해서 쓴다. 그녀의 기록에 따르면, 평범한 소작농에 불과한 사형수 한 명이 교수형을 집행하기 전에 절차를 진행하는 동안 몸을 떨고 있는 모습을 보는 것은 정말 충격적이었다. 그는 끊임없이 신음을 내며 흐느꼈고, 그 장관을 보러 온 신사 숙녀들은 그 모습을 즐겁게 바라보았다. 올가미에 목이 걸려 위로 끌어올려지자 그의 몸이 심하게 뒤틀렸는데, 세비녜 부인은 그 모습이 그곳에서 본 가장 놀라운 장면이었다고 언급했다.

오늘날 그 글을 읽는 사람들이 이러한 묘사의 냉혹함에서 느끼는 것은 오로지 공포뿐이다. 그러나 17세기 후반의 기준에 따르면, 세비녜 부인은 사악한 여성이 아니었다. 그녀는 자신이 속한 집단의 다른 귀족들처럼, 교수형을 그냥 흥미로운 사건으로 무심하게 구경할 수 있었다. 교수형당하는 사람의 내적 본성은 그녀 자신과 거의 아무 상관이 없는 피조물이었기 때문이다. 훌륭한 기독교인으로서, 명문가 출신의 귀족들은 물론 모든 인간이 신 앞에서 평등하다고 믿었다. 하지만 다행히도 그들의 신은 인간 사이에 있는 것들을 거의 같은 방식으로 보도록 극단적으로 요구하는 데까지 나아가지는 않았다. '카스트'라는 단어를 유럽의 '절대 왕정 체제'에 적용해보자. 이 단어가 의미하는 것은 관습과 세습권이라는 모든 장벽을 뛰어넘어 사회적 지위가 다르면 사람들은 서로 다른 종에 속하는 것이고, 공작 부인의 인간성과 가치는 일반 소작농이 가질 수 있는 인간성의 종류와는 거의 관련성이 없다는 것이다. 결론적으로, 세비녜 부인이 또 다른 편지에서 노골적으로 언급했듯이 하층민을 '겸손하게 만드는 것'은 사회 질서를 유지하기 위해서 필요하다.

그러나 '겸손하게 만드는 것'은 오늘날 가장 일상적으로 일어나는 일이다. 우리가 이 책에서 지금까지 살펴본 내용이 세습권이 없고 유한계급 귀족이나 왕도 없는 현대 사회에서 여전히 인간의 존엄성에 상처를 주는 카스트 도덕률의 이미지로 지속되고 있는 건 아닌지 의심할 수도 있다. 그러나 보스턴 노동자들이 겪은 시련을 세비녜 부인 시대의 사람들은 결코 알지 못했을 테고, 그들이 속으로 느꼈을지 모를 불편함이 자기 집단 내에서는 동정심 많고 세심한 이 여성이 평민들에게 보인 냉담함에서 비롯하지는 않았을 것이다. 그들의 문제는 불평등한 사회 계층이 존재하는 사회에서 나온다. 그러나 오늘날 이런 차별적 집단의 경계를 가르는 선은 탁월한 개인의 능력 행사를 통해서 넘나들 수 있다.

소작농이 지주와 동등하게 존중받을 만한 가치가 있다고 스스로 입증할 가능성은 루이 14세와 세비녜 부인의 시대 프랑스에는 알려져 있지 않았다. 당시에도 카스트 간 사회적 이동은 종종 있었지만, 그 이동은 계층 상승에 성공하기 전 그 사람의 존엄성에 묻어 있던 얼룩을 지운다는 오늘날 성공의 의미는 전혀 함축하지 않았다. 엘리트 권력자들에게 겸손하라고 강요받은 소작농들도 아파트 구내 잔디밭에 자기 자식들을 들어가지 못하게 한 아파트 수위 리카 카르티데스만큼이나 많은 고통을 당했을지 모르지만, 그들의 구원은 상류층 귀족과 농노가 신 앞에서 평등해지는 사후의 삶에서나 일어날 일이었다.

이제 독립된 자유인으로서의 꿈, 분노와 비난은 모두 존엄성이라는 공통된 문제를 중심으로 다루어진다. 보스턴의 노동자들이 거부당한 것은 자신들에 대한 사회적 존중의 **가능성**이 아니라 그런 것이 존재할 거라는 **추정**이었다. 그들은 다른 사람들에게 방어적 자세를 취하지 않고 경계하지 않으면서 일상생활을 꾸려나가고, 상처를 입지 않고 다른 사람들에게 마음을 열 수 있는 길을 거부당했다. 오늘날 진행되는 '겸손하게 만드는 것'은 프랑스의 절대 왕정 체제 때만큼이나 억압적이지만, 이루어지는 형태는 다르다. 덜 잔혹하지만 동시에 더 교활하다.

오늘날 하층민을 겸손하게 만드는 방식이 과거와 가장 뚜렷하게 구별되는 점은 아마도 가족애를 둘러싼 문제일 것이다. 소작농이 같은 신분의 누군가에게 자신이 가치 없는 존재라고 느낄 수 있다는 것의 근거를 공작이 농장 일꾼에게 당연히 거리감을 느낄 거라는 것에서 찾기는 어려웠다. 그러나 서로 다른 사회적 지위를 넘나들 수 있는 사회에서 윌리엄 오맬리나 리카 카르티데스 같은 아버지가 자기 가족에게 줘야 한다고 생각하는 것은 그가 외부 세계에서 얼마나 많은 인정을 받을 수 있는지의 문제로 보인다. 이들은 아내와 자식들을 사람 대 사람으로 사랑한다. 그리고 그 사랑이 자기가 했던 것처럼 계급에 구애받지 않는 방식으로 되돌아오기를 바란다. 그러나 그들은 사랑을 위해 건네줘야 하는 것이 더 큰 세상에서의 지위에 따라 달라질까 두려워한다. 한 아버지와 아들의 일상적 삶과는 거리가 먼 추상적 조건인 더 높은 사회적 계층으로의 이동 가능성은 이런 식으로 여전히 아버지의 삶 속으로 파고든다. 그래서 그는 아들에게 주고 싶을 때 자신이 취약하다고 느낀다.

계급의 불평등은 전통적으로 이미 세상은 판이 짜여 있고, 부자는 가난한 사람보다 더 많은 보상을 받을 가능성이 있고, 부의 불평등은 지나칠 정도로 과도하다는 근거로 공격받아왔다. 처음에는 이러한 비판이 계급 사회의 무엇이 이 책에서 묘사한 감정으로 이어지는지 보여주는 좋은 방법인 것처럼 보인다. 왓슨 학교 교사들은 학생들의 저항이 두려울 때, 그들의 가르침을 보상적으로 만들려고 애쓰면서 자기들이 생각하는 모범생의 모습으로 키울 소수의 학생을 '임의로' 선발한다. 자동차 공장이나 사무직, 전자 기기 공장의 관리자들은 승진할 수 있는 인원보다 그 자격을 갖춘 대상자 수가 더 많을 때, 임의적으로 승진할 사람을 결정해야 한다. 노동자들이 이런 결정에 스스로 자책하며 관리자의 조치를 이해하는 것 또한 임의적으로 보인다. 아이들은 어리석지 않다. 그들은 학교라는 기관이 인정하는 소수의 학생과 자신들을 비교하도록 강요받지 않는 한, 자신이 어리석다고 생각하지 않는다. 칼 도리언은 자기가 하는 일을 좋아한다. 윌리엄 오맬리는 자신이 일을 잘하고 열심히 하는 데 만족을 느낀다. 그들이 상사 앞에서 자기 자신을 증명할 필요가 없을 때는 그렇다.

그러나 '임의적'이라는 말은 오해를 일으킬 위험이 있다. 만일 우리가 직원 집단 치료나 번갈아 하는 여가 활동 같은 접근 방식을 통해 문제를 풀어나갈 수만 있다면, 우리는 사람들이 자신의 사회적 지위를 너무 심각하게 받아들이지 않게 할 수 있으며, 어느 경영 컨설턴트의 말처럼 "비록 대통령이 될 수 없다고 해도, 여전히 좋은 시간을 보낼 수 있다"고 느끼게 할 수 있다.

게다가 '임의적'이라는 말은 엉뚱한 개인이 보상받고 있다고 암시하기 때문에 오해의 소지가 있다. 계급 사회는 사람들이 자기가 생산한 것에 따라 마땅히 받아야 할 보상을 받지 못하는 사회다. 이 판에 박은 말은 매우 단순해 보이지만, 곡해될 소지가 크다. 왜냐하면 '마땅히 받아야' 한다는 것이 정확하게 무엇을 의미하는지 모르기 때문이다. 18세기 말, 직업이 인재들에게 개방되기 시작한 이래로 계급 사회는 이 불평등에 대한 비난에 답하는 단순하고 명쾌한 해답이 있었다. 누구든 충분한 능력만 있다면, 사회가 그 재능을 인정하는 수준까지 계급의 사다리로 올라갈 수 있다. 허레이쇼 앨저의 자수성가 스토리에 익숙한 독자들은 그 이야기 속에서 공장 지대 빈민가가 남부럽지 않은 삶으로 묘사되는 것과 가난을 정당화하는 척하는 가식을 본 적이 없다. 그런 일들은 끔찍하고 사실이지만, 적어도 일부 사람들은 여기서 탈출한다는 것을 당신은 안다. 그들이 똑똑하고 용기와 담력이 있기 때문이다. 가난이 싫은데 능력만 충분히 **있다면**, 가난을 떨쳐버릴 수 있다.

노동자들은 경쟁력 있는 사람에게 끊임없이 기회가 주어진다는 생각을 받아들이지 않는다. 하지만 계급 사회의 기관들은 노동자가 자신에게 그 생각을 적용하도록 강요한다. 만일 **내가** 목공 일에서 벗어나지 못한다면, 내가 능력을 충분히 계발하지 못했기 때문이다. 따라서 계급 사회의 보상 체계가 얼마나 임의적인가에 대한 이야기는 대부분의 사람이 동의할 것이다. 하지만 거기에는 항상 자신을 더 중시했어야 한다는 단서가 달리기 마련이다.

일단 그 단서가 추가되면, 계급 사회의 기관에 대한 이의 제기는 다음과 같은 골치 아픈 질문에 봉착한다. 그런 이의를 제기하는 나는 누구인가? 미국 노동자들이 체제에 '매수'되었다거나 교외에 사는 중산층 관리자 및 전문가들과 동일한 보수적 가치관을 채택했다고 말한다면, 우리는 그들의 침묵에 담긴 온갖 복잡한 사연을 모두 놓치게 되고 노동자들이 더 높은 권위에 이의를 제기할 때 쏟아내는 억눌린 감정의 격렬함을 설명할 길이 없어진다.

그러나 확실히 이 나라의 독특한 유산인 모든 인간은 공통적으로 존엄하다는 공공의 믿음은 계급의 모든 불평등과 거부를 질책해야 한다. 모든 인간은 똑같이 서로 존중해야 한다는 생각을 바탕으로 하는 국가의 공공 철학은 국민을 위한 믿음의 방패를 확실하게 제공해야 한다. 이러한 공공 철학이 한 인간의 존엄성을 사회적 지위로 추단하는 데 반대해야 하는 것은 당연하다.

흠집 난 인본주의

세비녜 부인 세대 말기, 작지만 영향력 있는 한 작가 집단이 낡은 카스트 사상이 인간 사회에 초래한 결과에 반발했다. 그들의 반발은 사회에서 가장 무방비 상태에 있는 사람, 즉 학교에 다니는 아이들, 감옥에 갇힌 죄수들의 방어벽 형태를 취했다. 이탈리아 법학자이자 경제학자 체사레 베카리아는 1720년대 이탈리아와 프랑스의 감옥을 조사했는데, 죄수 가운데 사소한 좀도둑질에 대한 형벌로 목에 사슬을 채운 채 20년을 갇혀 있는 사람들이 있다는 사실을 발견했다. 그는 그들의 '공민으로서의 지위'가 무엇이든 간에 이것은 용납할 수 있는 대우가 아니라고 썼다. 18세기의 많은 인본주의자가 사제들이 운영하는 학교의 문제점을 공격했는데, 당시 프랑스 철학자 디드로는 왜 채찍질이 라틴어나 기독교 윤리학 공부에 도움이 되는지 이해할 수 없었다. 이런 신체적 잔혹 행위에 대한 비난이 임의적인 법과 관습의 집행 때문에 사람들이 취약해지는 모든 사회적 상황에 대한 비난으로 바뀌는 데는 시간이 얼마 걸리지 않았다. 예컨대, 볼테르는 어떤 사람이 자기가 한 일 때문이 아니라 그가 악마일지 모른다는 암시 때문에 감옥에 던져질 수 있는 상황을 만드는 법원을 공격했다.

이들의 격노는 당시에 기이한 일탈 행동으로 여겨졌다. 당시 가장 고상하고 사려 깊은 사람들은 일반 대중 하층민에게 가혹한 조치를 취하는 데 익숙해져 있었다. 그들이 하층민의 야만적인 본성을 길들이기 위해서는 강력한 고삐가 필요하다고 생각했기 때문이다.

사람들이 그들을 비인도적이라고 비난하면, 그들은 가족을 사랑으로 대하고 하인을 엄하게 다스리고 통치자에게 충성과 경의를 표할 뿐인데 도대체 무얼 가지고 자신을 비난하는 거냐고 반문했다. 이런 상황에서 디드로나 베카리아는 분노에 대한 근거를 제시해야 했다.

인간의 존엄성과 인간에 대한 연민 사이의 관계에 대한 명확한 개념이 지금 우리 시대로 전해 내려온 공적 이상의 형태를 취한 것은 바로 이 개혁가들 세대에서였다. 계몽주의적 인본주의자들은 이 세상에서 사랑이 보이지 않는 신의 명령으로 실현되지 않고, 인간들 사이의 공통된 세속 권력의 실천으로 이루어진다고 믿었다. 인간다운 대우를 받을 권리는 인간이라는 종 전체를 관통하는 이성적 사고에서 나왔다. 그리고 사실상 그 권리가 인간이 된다는 것이 무엇인지를 정의했다. 예를 들어, 디드로의 《백과전서》에서 '예술' 관련 부분은 궁중 회화와 조각에 대한 거의 모든 논의를 배제하고, 육체노동자들이 쓰던 연장과 그들이 생산한 물건에 집중한다. 디드로와 그의 동료들은 도덕적으로 더 '고귀'하고 더 높은 카스트로 올라가려는 사람들 대신에, 사회의 모든 이 사이를 거미줄처럼 연결하는 인간적 가치들을 보았다. 르네상스 시대의 철학자 피코 델라 미란돌라는 비범한 사람들이 평범한 사람들을 뛰어넘어 문명의 업적을 이루기 위해 분투한다고 믿었지만, 볼테르 같은 계몽주의 작가들은 자연이 모든 사람의 내면에 심어준 이성의 힘을 스스로 계발할 수만 있다면 누구든 문명의 업적을 이룰 능력을 손에 넣을 수 있다고 믿었다.

대다수 계몽주의적 인본주의자는 여러 사회적 조건에서 평등의 교리를 설교할 의도가 전혀 없었다. 그들은 인간 존중의 유대감으로 낡은 카스트 제도를 거슬러야 한다고 주장하며 구체제의 권력자들 앞에서 설교했다. 실제로 우리는 프랑스 혁명 시기에 백과전서파 가운데 한 명이 교수대로 끌려가면서 "사악하고 사악한 평등주의자들이여, 너희들은 평등의 이름으로 이성을 배신했다"라고 중얼거리는 장면을 기록에서 발견했다.

그러나 오늘날 사회적 평등에 대한 믿음은 모든 인간이 이성적으로 추론하고 이해할 줄 아는 잠재력을 가졌다는 사실에 대한 인정과 인간에 대한 연민이 합쳐지면서 생겨났다. 만일 내가 평민인데 영주가 지닌 사고력과 같은 것이 내 안에 있다면, 나와 영주 사이의 사회적 구분을 과연 어떻게 이해해야 할까? 만일 인간은 누구나 존엄하다는 생각이 내 마음속에서 강하게 계속 이어진다면, 나는 특권의 장벽들이 허물어져서 그 잠재성이 현실로 이루어지기를 바랄 것이다.

계몽주의적 인본주의가 의도하지 않았던 이러한 결과는 오늘날 산업 질서의 수많은 불평등에 대한 질책으로 계속해서 이어져야 한다. 이상은 현재 힘이 없는 사람들 또는 스스로 무력하다고 느끼는 사람들에게 그들이 처해 있는 조건을 이해할 수 있도록 도와주는 단순하면서도 강력한 무기를 제공해야 한다. 나는 이 세상의 높은 분들 앞에서 약하다. 그들은 내 삶을 통제한다. 그들은 내게 분노뿐 아니라 수치심도 불러일으킨다. 그러나 이 모든 게 **그들**의 장난이자 속임수다. 나는 내 안에 그들만큼 훌륭해질 수 있는 능력이 잠재해 있다는 사실을 안다. 나는 이제 더는 참지 않을 것이다. 이것이 바로 내가 분노하는 이유다. 저항하기 위해서는 다른 사람들과 함께 힘을 합쳐야 한다……. 그럼에도 그 믿음만으로는 전혀 위안이 되지 않는다. 실제로 개인들이 처한 여러 조건이 매우 다르게 나타나기 때문이다.

공산주의를 열렬히 신봉하는 한 러시아인 환경미화원은 인터뷰 진행자에게 개인적으로 "당원만큼 중요한" 것은 없다고 말한다. 독일의 사무직 노동자들은 자신들의 복장 때문에 "창피하다"고 느낀다고 전해진다. 미국의 건설 노동자들은 아버지로서 아들에게 존경받으려면 차를 사줘야 한다고 말한다. 1790년, 프랑스 성직자이자 정치가였던 에마뉘엘 조제프 시에예스, 일명 시에예프 사제는 가진 게 없어도 모든 사람은 당당하게 걷는다고 설교했지만 오늘날 노동자들은 전혀 그렇지 않다. 그들은 단순히 인간다운 인간이 되는 것만으로는 기존의 취약한 상태를 피할 수 없는 것처럼 보인다. 러시아인 환경미화원의 말이다. "더 많은 권력과 영향력을 가진 사람들만큼 내가 위엄 있어 보이지 않는다고 생각해요."

이 노동자들이 말하고 있는 것은 인간에 대한 존엄성이 시에예스 사제가 설교했을 때만큼 **그럴듯하지 않다**는 것이다. 그들이 스스로를 신뢰하고 싶고 다른 사람들이 그들을 존중하게 하고 싶은 순간에도, 다른 사람들이 그들을 '보잘것없는 존재'로 취급하여 분노가 치밀어 오르는 바로 그 순간에도 마찬가지다. 그들에게 인간은 자신의 가치를 증명하지 않고 그냥 **존재**하는 것만으로는 여전히 취약한 피조물에 불과해 보인다.

계급이 시에예스 사제의 교리를 신뢰할 수 없게 만드는 이유 가운데 하나는 그의 인본주의, 아니 좌파와 우파를 막론하고 계몽주의 작가들이 주장하는 인본주의의 중심에 중대한 결함이 있기 때문이다. 인본주의자들은 세상 너머에 있는 항소 법원을 추방하고, 인간의 권력이 아닌 저 높은 곳에 있는 권위를 쫓아버렸다. 이 모든 낡은 관념은 사람을 노예로 만드는 미신으로 치부되었다. 인본주의자들은 인간 사이의 상호 존중과 세상 모든 사람의 **잠재적** 능력을 연결했다. 니체가 간파한 것처럼, 그 연결은 치명적이고 위험한 조치다. 사람들이 자기 안에 있는 잠재력을 모두 끄집어내 작동시킬 때 인간 사이의 상호 존중에는 과연 무슨 일이 벌어질까? 모두에게 공통된 잠재력이 서로 다른 방식으로 표출된다면 어떻게 될까? 확실히 지식이나 능력, 경쟁력이 아주 뛰어난 사람들은 모든 사람을 관통하는 잠재력을 드러내는 데 남다른 특성을 보여주었다. 그들은 마땅히 다른 사람들보다 더 많은 존경을 받아야 하지 않을까? 적어도 더 큰 권력을 위임받을 만하지 않을까? 지극히 합리적인 판단일 것이다. 그들은 실제로 모두가 똑같이 시작했을 때 일을 더 잘하는 모습을 보여주었다.

나는 '선생님'이라고 부르고 상대는 내 이름을 아무렇지 않게 부르는데 그가 나와 동등한 권력을 가지고 시작했다고 믿는다면 어떨까? 우리 둘 사이의 차이, 그를 향한 모든 예의와 관심의 표시, 그리고 그가 내 '취향'과 이해가 자기와는 다르다고 느끼는 감정은 어쨌든 그가 나보다 내적으로 더 성숙하고 계발되었다는 증거가 아닐까? 그렇지 않다면, 나는 이 불평등을 어떻게 설명할 수 있겠는가? 그가 항상 이기고 나는 항상 지도록 이미 시스템이 구조화되어 있을 수도 있다. 하지만 이것이 내 인생이다. 지금 이야기하고 있는 것은 내가 30~40년을 살아온 삶이다. 그리고 내가 학교와 직장 생활을 하며 깨달은 것은 사람들이 인생에서 일어난 일들을 자신이 자초했다고 이해하기 마련이라는 것이다. 나는 그 사람을 안다. 내가 아는 한, 그는 나보다 더 잘난 것이 없다. 그런데 다른 사람들에게 더 나은 대우를 받는다. 나조차 그를 그렇게 대우한다. 옳지 않다는 것을 알지만, 그가 허세를 부리고 거만하게 행동하려는 데 반발하지만 인간은 모두 평등하다는 바로 그 믿음 때문에 나는 속으로 은밀하게 무능력을 자책하고 만다. 우리가 비록 서로 다른 지위를 가지고 태어났을지 모르지만, 그가 지금 더 많은 것을 가지고 있다는 사실은 어쨌든 그가 '자신을 깨닫고' 우월성을 획득할 수 있는 능력, 즉 품성을 내면에 가지고 있다는 의미다.

기존의 불평등한 계급 체계가 과거에 공식화된 평등과 관용에 대한 생각 때문에 더욱 강화되는 것은 바로 이런 방식을 통해서다. 권력이 평등할 수 있다는 생각은 오늘날 **불**평등이 규칙이며 희망 사항인 경쟁 사회에 맞게 독특한 형태로 변형되었다. 만일 모든 사람이 동등한 잠재력을 기반으로 시작한다면, 그들이 자기 삶에서 겪는 불평등한 일들은 임의적인 것이 **아니다**. 사람들이 자기 능력을 서로 다른 방식으로 이용한 논리적 결과이다. 다시 말해서, 사회적 지위의 차이는 이제 개인적 품성, 도덕적 결단, 의지, 경쟁력의 문제로 나타난다.

이러한 역사적 결함이 주는 교훈은 인간 존중이 개인의 능력에 따른 보상이 되면, 모두에게 잠재적 능력이 있다고 하더라도 세상이 온통 개인주의로 뒤덮일 위험에 휩싸인다는 것이다. 능력의 소유자에게는 외로움과 고독이, 그렇지 못한 사람들에게는 자책하는 마음이 찾아온다.

계급 없는 사회

톨스토이는 말년에 보편적인 인간의 존엄성을 믿게 되었다. 그는 또한 사회가 존엄성을 독특한 방식으로 손상시킬 수 있다는 점도 알아챘다. 그의 장편 소설 《안나 카레니나》에는 자기 삶의 이유에 대한 회의에 사로잡힌 지주 레빈이 소작농들과 함께 밀을 수확하러 들판에 나가는 인상적인 장면이 나온다. 레빈은 그 일을 통해 자기 자신을 잊고 마음의 평정을 얻는 동시에 내면의 자신을 받아들인다. 그러나 그 순간 레빈은 자신이 소작농과 **같다**고는 전혀 느끼지 못한다. 사실은 소작농들이 전보다 훨씬 더 이상하게 보인다. 지금 밀을 베면서 완전히 몰두해 있는 자신을 발견한 레빈은 함께 들판에서 일하고 있는 이들이 누구인지 짐작조차 하지 못한다.

계몽주의 사상가들은 얼굴 없는 인간의 존엄성, 즉 보편적인 인간의 존엄성에 대한 이미지를 만들어내지 못했다. 존엄한 인간에 대한 특성이 어떻게든 유형화되는 순간, 모든 사람은 그 이상형과 자신의 모습을 비교할 수밖에 없다. 인간을 존엄하게 대하는 것을 믿음의 행위로 받아들이지 않고 규정하는 순간 개인주의가 작동하기 시작한다. 왜냐하면 누구나 자신이 존엄한 사람이라고 느끼고, 존엄한 사람으로 대우받는 것으로 보상받기 위해서 자신을 이상적인 모습과 비교하는 과정에 들어가기 때문이다. 들판에 나간 레빈의 비유는 톨스토이에게 인간의 존엄성이 어떻게 얼굴 없는 보편적인 것이 되는지를 보여주는 장면이었다. 보편적인 인간의 존엄성은 사람들이 서로 어우러지거나, 그들이 '일을 통해서 하나가 된다'고 느낄 때 생겨나지 않는다. 오히려 그들의 일과 생산적인 활동이 너무 구조화되어 노동을 통한 정당성을 전혀 확보할 수 없을 때 생겨난다. 여기서 노동은 그다지 큰 의미가 없다.

인간의 존엄한 삶에 대한 구체적인 이미지를 파괴하는 것이 왜 계급을 파괴하는 것일까? 프랑스의 정치 사상가 토크빌은 계급 없는 미국, 즉 '조건의 평등'의 가능성을 제시했지만, 사람들은 여전히 진정성 있고, 존중받을 만한 가치가 있고, 품위 있는 삶의 방식을 끊임없이 추구하면서 죽을 때까지 불안해했다. 그의 주장에 따르면, 조건의 평등은 개인주의의 폐해를 무디게 하지 못한다. 그와 반대로, 그는 미국에서 평등이 개인적 불안과 자기 회의의 증가로 이어질 거라고 생각했다. 현대 사회 평론가 로버트 니스벳은 토크빌이 시도한 사회적 지위의 불안정 문제에 대한 분석이 계급 분석의 영역 밖에서 이루어진 새로운 시도였다고 평가했다.

그러나 미국은 조건의 평등이 지배하는 사회가 되지 않았다. 그리고 토크빌이 주장한 개인의 가치에 대한 심리학은 계급에 따른 불평등과 경제적 생산성을 유지하는 데 유용성이 있다고 입증되었다. 능력을 계발하여 존경받을 만한 개인이 되려는 노력은 옛날식 물질적 동기 부여에 더해서 사람들이 계속해서 온 힘을 다해 열심히 일하게 한다. 오늘날 대다수 개인의 목표는 권력을 소유하고 독점하고 휘두르는 것이 아니다. 대신에, 물질적인 것들은 복잡하고 다양하고 다른 사람들이 쉽게 이해할 수 없는 내면의 자아를 창조하는 데 도움이 된다. 왜냐하면 그런 심리적 갑옷을 착용해야만 계급 사회의 조건 내에서 어느 정도의 자유를 확립할 수 있다는 희망을 가질 수 있기 때문이다. 톨스토이의 비유는 이러한 계급에 기반한 방어적 형태의 개인주의에 비난의 화살을 겨눈다.

우리가 이 책에서 계속해서 주장한 것처럼, 오늘날 계급의 힘은 '시스템'의 행동이 개인의 심리에 영향을 끼치는 데 있지 않다. 예를 들어, 우리는 최하층 사람들이 최상층 사람들과 비슷한 취향을 가지고 있기 때문에 기득권층이 유지된다는 마르쿠제의 생각에 반대한다. 오히려 사람들이 사회 구조의 감정적 지배에서 벗어나려고 애쓰는 방식이 의도치 않았지만 체계적이고 총체적으로 기존의 계급 질서를 유지시킨다.

실제로 오늘날 일부 사회 사상가는 자기 계발의 상징을 통해서 사회적 지위의 종말에 대해서 이야기하는 것은 어리석은 일이며, 톨스토이의 세계를 꿈꾸는 것도 바보 같은 짓이라고 생각한다. 현대의 '탈산업' 사회에서 인간 내면의 지적 계발은 곧바로 경제 성장의 기반이 되기 때문이다. 프랑스의 사회학자 알랭 투렌과 미국의 사회학자 다니엘 벨 같은 분석가들은 오늘날 경제적 생산성은 전문 지식인들이 최고의 지위를 차지하는, 개인의 기술을 기반으로 하는 일류 지향 시스템을 통해서만 확대될 것이라고 주장한다. 투렌은 한 전문 분야에서 설정한 이상적인 성과 기준을 뛰어넘기 위해 각 개인이 분투하는 과정에서 탁월한 성과 기준 자체가 바뀔 것이라고 말한다.

따라서 경쟁하는 개인들은 그들의 재능을 보여주는 새로운 활동 형태를 만들어낼 것이고, 이런 새로운 활동은 새로운 상품과 서비스를 낳을 것이다. 우리가 여기서 말하는 투렌의 생각은 매우 단순화된 것이다. 하지만 아무리 단순화했다고 하더라도 '탈산업' 사회에 대한 그의 예견은 한번 짚고 넘어갈 필요가 있다. 앞서 우리가 본 것처럼, 뛰어난 능력에 보상하는 사회 환경은 너무 당연하게도 틀이 잡혀 있기 때문에 누군가가 한 일이 칭찬받을 만하다고 인정받을 때, 정작 그 일을 한 당사자는 **자신**에게 이 인정이 무엇을 의미하는지 자각하지 못한다. 그의 재능은 맡은 일에 대한 헌신이 아닌, 오로지 남에게 보여줄 때만 존재한다. 탈산업 사회가 도래하고 있다면, 또 지식 경쟁이 경제 성장의 필수 요소가 된다면, 사람들이 자신이 하는 행동(그들이 '언젠가' 자신의 주인처럼 생각하고 느끼려면 반드시 해야 한다고 확신하는 행동)의 무의미함을 느끼는 경우가 매우 많아질 가능성이 크다. 개인의 존엄성과 능력 사이의 연결 관계가 경제적으로 **더욱** 생산적인 한, 사람들이 자기 행동의 의미를 찾지 못하는 현상이 탈산업 사회의 문화 색조를 훨씬 더 강하게 나타낼 것이라는 의미다.

이 문제를 더 깊이 파고들수록, 우리는 이 책의 범위를 넘는 질문을 계속해서 던질 수밖에 없었다. 계급의 상처를 더는 덧내고 싶지 않다면, 인간의 존엄성과 자유, 능력 사이의 연결 고리를 끊고 싶다면, 우리는 도대체 어떻게 다른 사람들이 개인의 능력에 보상을 주는 상황을 끊어낼 수 있을까? 그럴 때 비로소 진정한 계급 없는 사회가 도래할 것이다. 우리는 구체적으로 무엇을 해야 할까?

인류의 역사는 우리의 우려를 덜어주지 못한다. 예컨대, 소비에트 체제는 여전히 능력에 따라 보상하기 때문에 러시아인 환경미화원이 말한 상황에 이를 수 있다. 미국처럼 공공연한 계급 사회와 대조적으로, 소비에트 체제에서 보상은 개인에게서 경쟁하는 노동 집단으로 이전되거나 더 큰 사회에서 특히 생산적이고 '가치 있는' 개인들에게 주어진다.

최근 10년 동안, 새로운 사회주의 국가 중 개인의 능력을 인간의 공통된 존엄성과 연계하지 않으려는 많은 시도를 감행한 나라들이 있었다. 공동 작업과 공동 주거 형태를 갖춘 집단 농장은 동료애 의식을 다양한 인간의 기술과 연결하기 위한 시도였다. 일부 국가에서는 국민이 번갈아 가면서 여러 행정직과 기술직을 수행했다. 기술자와 관료, 기타 사무직 노동자들에게 해마다 일정 기간 육체노동을 하게 하기도 했다. 특히 쿠바와 중국은 가능한 한 많은 사람에게 개인이나 단체 자격으로 의사나 교사직을 수행하도록 장려했다.

그러나 이 두 나라는 경제적 빈곤의 압박을 받으면서 중앙 행정과 고위 공공 기구에 부족한 자원을 가능한 한 효율적으로 운영하라고 요구한다. 두 나라는 소련이 혁명 직후 생산 증대를 목적으로 물질적 동기 부여와 개인의 능력을 강조하는 쪽으로 경제를 다시 몰고 간 경험을 교훈 삼아 똑같은 잘못을 저지르지 않으려고 애쓰고 있다. 그러나 두 나라의 경제 상황 때문에, 비록 모두에게 기회를 주는 방법이라고 해도, 능력 비교를 통한 동기 부여 방식을 사용하고 싶다는 유혹은 점점 더 강해지고 있다. 소련의 경험이 보여주듯이 능력 비교를 통한 도덕적 동기 부여 방식은 여전히 개인의 자존감을 훼손시키는 데 기여하고, 극도로 억압적일 수 있다.

그러나 미국은 전혀 이런 위치에 있지 않다. 미국의 생산력은 모든 공장과 상점을 전면적으로 가동하지 않더라도 생산량 부족의 한계선을 훌쩍 뛰어넘을 정도로 발전해 있는 상태다. 미국이 생산 부족의 한계를 초월하는 생산 능력을 발전시킨 만큼, 바로 그런 능력에 대한 판단 과정 자체를 파괴할 수 있는 잠재성도 더 커졌다. 부유한 사회가 제3세계 국가들이 감당할 수 없는 비효율성을 감당할 수 있기 때문이다.

개인의 능력과 조직 내 개인의 가치에 대한 판단은 서방 국가들이 생산 효율성을 올리는 데 필요하며, 그 판단이 야기하는 불평등은 이를 가능케 한 더 높은 생산성을 근거로 정당화된다는 주장이 종종 제기되었다. 그러나 그 주장이 정말 사실이라면, 부유한 사회는 그 정당화가 더는 중요하지 않을 정도로 앞으로 진전한 상태다. 부유한 자본주의 사회가 직면한 문제는 어떻게 더 많이 생산할 것인지가 아니라, 기존에 가진 것을 어떻게 처리할 것인지다. 미국이 필요 이상으로 훨씬 더 많은 것을 생산할 수 있는 상태에 도달했다는 사실은 이 나라가 생존을 위협하지 않으면서 사람들을 능력에 따라 가르는 평가 과정을 중단할 수도 있다는 의미다. 만일 그렇다면, 우리는 이제 재능의 우열이 아닌 다양성을 인정하여 수치심을 날려버릴 수 있다. 조직들이 자기 구미에 맞는 소수의 개인을 '최고의 인재'로 만들고, 나머지 사람들을 획일적인 일반 대중으로 대우하는 것은 이제 더는 필요하지 않다.

더 바람직하고 덜 바람직한 과업이 있기 때문에 보상의 차별화가 필요하다고 주장하는 사람들이 있다. 그러나 만일 당신이 유해하거나 위험한 일을 시키기 위해 사람들에게 보상해야 한다면, 그것은 사람들이 그런 일을 해서는 안 되며, 그렇게 많은 칭찬을 받는 우리의 기술자 양반들은 근본적으로 그런 위험한 일을 기계가 처리할 수 있게 조치해야 한다는 의미이지 않을까?

차별적인 보상 체계나 성과의 고저를 가르는 상징 없이 일할 수 있는 날이 과연 올까? 한 조직 내의 사람들이 그 안에서 능력을 인정받는 문제 때문에 위기감을 느낄 때, 그들이 스스로 내부에 조성하는 서로 불신하는 분열의 모습을 보라. 그들의 내면으로 달아난 것은 그들의 사랑하는 마음이다. 다른 사람에게 보상받기 위해 일할 때, 사랑은 훼손되기 때문이다. 차별적인 보상 체계를 폐기한다면, 사회가 이런 감정들을 생산적인 인간 삶의 형태로 끌어들일 수 있을까?

계몽주의 작가들은 결국 계급의 비인간성을 강화하는 수단들을 통해서 인간답게 사는 사회를 추구했다. 탈산업 사회를 예언하는 사람들은 계급의 비인간성이 기술 발전이라는 이름으로 계속해서 증가할 것이라고 말한다. 확실히 현실 세계에서의 도피를 생각할 필요는 없다. 자기 능력에 대한 검증, 성과에 따른 보상 그리고 개인 존엄성과 특별한 능력의 연계에 기반을 둔 사회를 뒤집어엎는 일은 확실히 경제적, 사회적 가능성의 영역 안에 있다. 인간과 인간을 이어주는 존엄성에 대한 느낌을 실감하기 위해서 인간의 존엄성을 규정하는 기존 기준들을 폐기하라. 톨스토이가 말한 것이 비현실적으로 보일 수 있지만, 이 책에 등장하는 사람들이 간절히 호소하는 것은 그 이상적인 세상이 지금 당장 감정적으로 필요하다는 것이다.

조너선 코브의 후기

나는 이 후기에서 한 개인이 자신의 사회적 지위에 느끼는 적정성과 개인적 책임의 감정을 구성하는 특정한 삶의 조건들을 탐색하려고 한다. 이 두 가지 감정은 사람들이 자신의 행동과 사회적 지위에 부여하는 도덕적 의미를 낳는 조건이고, 그들을 해석하는 내용 가운데 큰 부분을 차지한다.

그런 도덕적 의미들은 한 개인이 자신을 돌볼 수 있는지 없는지, 또는 그가 어떻게 대우받는지에 대한 문제를 다룬다. 하지만 내게는 또 다른 관점에서, 그와는 다른 또 하나의 가치 체계로 존재하는 것처럼 보인다. 그 관점이란 개인들이 느끼는 그 감정들을 일종의 사회적 행동으로, 즉 사회적 생산을 통해 자신을 표현하는 행위로 바라보는 관점을 말한다.

사람들은 자신만의 개인적 세계에서 살지 않는다. 평생을 자기희생적으로 살아온 설비 도장공 존 버틴은 복지 수당을 받는 사람들이 자신을 위협한다고 느낀다. 그들이 아내와 자식들에게 필요한 존재인 자신을 위협하기 때문이다. 그는 자신이 집에서 더는 필요치 않은 존재가 되어 가족에게서 버려질까 두려워한다. 수위 리카 카르티데스는 그가 청소하는 사무실의 직원들과 비교할 때 자신이 '아무것도 아닌 존재'이며, 그들에 비해 전혀 중요하지 않다고 느낀다. 비록 이런 감정들이 모든 사람이 느끼는 개인적 능력과 자아상, 정체성의 문제와 관련이 있다고 해도, 나는 이 감정들이 그런 비교의 궁극적 원천은 아니라고 믿는다. 외부에서 한 개인에게 부여한 가치, 그리고 때때로 그가 자신의 것으로 받아들이는 그 가치는 자아에 대한 완전한 내적 추상화도, 서로 다른 개인적 가치들에 대한 완전한 상대적 평가도 아니다. 그 가치는 그의 노동에 부여된 사회적 가치에서 나온다.

여태껏 사회적으로 가장 가치 있는 사람으로 평가되던 사람은 질적으로, 그리고 어떤 맥락에서든 양적으로 가장 생산적이라고 여겨지는 사람이다. 품위 있는 생활 양식을 계발하고 자신을 하나의 예술품으로 대우하는 교양 있는 개인의 귀족적 이상을 대체하면서, 부르주아 혁명이 확립한 사회적 기준이 바로 이것이다. 그러나 어떤 혁명도 완벽하지 않다. 혁명은 때때로 완전히 새로운 어떤 것을 추가할 때도 있지만, 대부분은 새로운 주형에 녹아들어간 낡은 것들이 새로운 형태로 재구성되는 것이다. 예술품으로서 개인은 자기 행동을 통해서 자립하는 사람이 되어 마침내 '성공'하는 사람, 즉 자기 능력을 보여주는 존재로 나타난다.

한 개인에게 부여된 가치의 정도는 다른 말로 그의 생산성 척도이자, 그가 사회에서 자신의 시간을 어떻게 사용하는가에 대한 사회적 반영의 결과다. 이러한 가치에 대한 인간적, 즉 사회적 감지는 상대적 측면, 즉 누가 더 가치가 높고 낮은가의 측면에서 경험된다. 그러나 이런 기준의 원천 자료는 개인의 정체성에서 발견되지 않는다. 개인의 사회적 생산성을 계산한 수치로 그 의미를 환산하고 실제로 그 수치로 정해진다. 사람들의 서로에 대한 가치 비교는 여기서 나온다. '나는 그 사람만큼 훌륭한 사람일까?'라는 질문에 숨겨진 의도는 '나는 그 사람만큼 사회적으로 가치가 있는가? 내 시간은 그의 시간만큼 가치 있는가?'를 묻는다.

미국 사회에서 존중의 근원은 여기에 있다. 누군가의 시간이 당신의 시간보다 더 귀중하다는 추정, 이 추정은 그 사람에게 자기 욕구에 따라 당신의 시간을 이용할 수 있는 권리를 주는 것처럼 보인다. 가장 명백한 예는 사무실에서 일어나는데, 사무실에서 비서들이 그들의 상사를 위해 지원 업무를 수행하는 것은 당연해 보인다. 비서가 상사를 자립한 존재로 존경하거나 그의 능력에 경외심을 느껴서가 아니라, 상사의 업무가 비서의 타자 치는 일보다 더 가치 있는 일이라 상사의 시간이 비서의 시간보다 더 귀중하다고 여겨지기 때문이다. 이 추정은 또한 교사가 더 똑똑해 보이는 학생들에게 더 많은 관심을 보이는 것을 '당연하게' 만들기도 하는데, 그들이 교사의 시간을 훨씬 더 소중하고 가치 있게 할 가능성이 크다고 보이기 때문이다. 그리고 이것은 교사가 학생들에게 전달하는 도덕적 위계질서에 대한 구체적 감각이다. 우리가 인터뷰한 노동자들에게 가족과 이웃 내에서의 개인에 대한 존중은 이러한 생산성의 계산 때문에 무색해졌다.

따라서 개인적으로 무능하다는 감정들에 대한 모든 고려를 넘어, 미국 사회에서 사회적 정당성의 위계질서는 이러한 사회적 가치에 대한 계산에 그 뿌리가 있다. 자식이 가족 안에서 특별한 권리를 가진 사람으로서 정당성을 가지는 것은 능력 자체가 아니라 가족 밖의 세계가 더 생산적이라고 여기는 재능을 아이가 소유했느냐에 달려 있다. 자신이 세상에서 정정당당하게 행동하는 사람, 즉 사회적 권리를 가진 사람이라는 느낌은, 다른 사람과 협력하는 일이든 싸우는 일이든 상관없이, 자신이 하는 일이 사회적으로 가치 있는 일이라고 느끼는 데서 온다. 그러니까 존 버틴 같은 사람을 사회적 권리를 가진 사람으로 정당화하는 것은 보통 말하는 자기희생적 행동이 아니라, 그가 하는 일이 사회적으로 생산적이라는 사실이다. 그러나 자기가 남을 위해 희생하며 일한다고 생각하는 사람은 그 정당성의 느낌을 특별한 형태, 즉 독선적인 모습으로 표출한다.

사람들이 희생이라 생각하며 행동하는 모든 것이 보여주듯이, 자기 자신만을 위해서 일한다는 것은 일종의 신화다. 그러나 버틴 같은 사람 스스로가 자신의 노동을 의식적으로 어떻게 생각하든 상관없이, 그는 가족만이 아닌 그 이상의 것을 위해서 일한다. 그는 직업 특성상 가족 밖의 다른 사람들을 위해서 일한다. 물론 그의 고용주를 위해서도 일하지만, 그 일은 그가 다른 사람들을 위해 수행하는 귀중한 일을 가리는 데 기여할 뿐이다. 그리고 그가 자기 일에 대해서 내리는 사회적 정의는 자신이 사회적으로 쓸모 있고 싶다는 욕구,

그가 사는 사회의 다른 사람들에게 무언가 중요한 기여를 하고 싶다는 욕구에 집중되어 있다. 사회적으로 쓸모 있고 싶다는 욕구는 궁극적으로 사람들이 그들의 개인적, 사회적, 경제적 욕구를 충족하기 위해 상대에게 의존할 수밖에 없다는 사실에 뿌리를 두고 있다.

사회적으로 결정된, 즉 다른 사람들이 중요하다고 생각하는 가치이자 개인적으로 결정된 가치로서 사회적 유용성은 사람들이 자기 삶에 대해서 내리는 해석의 또 하나의 관점이다. 스스로 "그저 가난한 게으름뱅이"일 뿐이라고 말하는 쓰레기 청소부는 처음에는 상층 계급 사람들이 가졌다고 생각하는 능력을 자신이 계발하지 못했고, 따라서 다른 사람과 비교하기에 자신이 부족하다는 의미를 표현한 것이었다. 하지만 그가 말하고자 하는 또 다른 의미는 사회에서 '실제로' 일어나는 일과 '진정한' 사회적 기여와 관련해서 자신이 불필요한 존재이며, 자신이 단지 도덕적 인간이 아닌, 능동적 인간으로서 중요하지 않은, 따라서 '아무것도 아닌 존재'라는 것이다. 이 의미를 무시하면, '자본가 계급'의 일원이 되고 싶어 하는 사람부터 상층 계급의 뒤에 남겨질까 두려워하는 사람에 이르기까지 우리가 인터뷰한 많은 노동자가 느끼는 주변성marginality과 관련된 모든 감정을 놓치게 된다. "만일 그들이 돈을 비롯해서 그 모든 것을 갖고 너무 많이 앞서간다면, 많은 사람이 그들 뒤에 남겨질 거예요." 미국 사회에서 사람들 사이에 늘 있기 마련인 서로의 심기를 거스르는 거의 모든 비교는 중간에 생산이라는 수단을 거친다. '나는 너보다 능력 계발을 더 많이 했다'는 느낌을 전달할 때처럼, 한 개인이 상대방을 통제하거나 수치스럽게 할 수 있는 힘을 이용해서 또 다른 개인과 비교한다는 것은 그가 사회적 생산의 분야에서 이룬 능력 계발의 결과다. 반대로, 우리가 인터뷰한 사람들에게서 발견한 사회적 실패의 느낌에는 두 가지 관점이 똑같이 존재했다. 한편으로는 한 개인의 삶이 끝났다고 나타내는 표현, 즉 자신이 한 인간으로 더는 성장하고 있지 않다는 느낌이 있다. 다른 한편으로는 그가 자신이 살고 있는 사회의 진정한 가치에 어떤 기여도 하지 못했다는 느낌이 있다. 이 두 가지 감정은 사람들이 세상에 살고 있고 사회적 존재이기 때문에 서로 밀접하게 관련되어 있다. 개인이 계급 질서에서 차지하고 있는 사회적 위상을 나타내는 이미지로서 정체성에 대한 모든 질문은 또한 사회적 가치에 대한 질문이다. 두 질문을 서로 연결하는 수단이 개인의 행동인데, 이 행동은 그 개인의 실체를 말해주는 것이자 세상에 투사된 그 사람의 모습이다.

한 개인이 자기가 하는 일을 스스로 규정하는 의미와 외부에서 받는 의미는 사회적 가치 생산이라는 동일한 문제에 집중되어 있다. 교사에게 누군가를 가르치는 일은 사회적으로 가치 있는 활동의 문제고('도움을 준다는 것'이 교사에게 의미하는 것은 사람들이 성장하도록 돕지만 더 큰 사회를 바라보면서 돕는다는 것이 아닐까?), 예술가는 예술이 가치 있다고 믿음으로써 이 문제를 대한다. 반면에 공장 노동자와 수위, 사무직 노동자에게 이 문제는 사회적으로 생산적인 노동이 가치 있다고 믿는 것이다. 즉, 노동자의 경우, 개인에게 정당성의 느낌을 준다고 보이는 것은 어떤 특정한 기술이 아닌 일반적인 평범한 일인 반면에, 상층 계급 사람들에게 정당성을 준다고 보이는 것은 전문화된 기능이다. 그러나 두 경우 모두, 자본주의 사회에서 사회적 정당성의 근원은 주로 개인이 생산하는 것에서 온다. 그리고 그가 근본적으로 누구**인지**에 대한 유추는 바로 여기서부터 도출된다.

사적 이익을 위한 사회적 생산이라는 측면에서 삶의 구성은 공장, 사무실, 학교 시스템이 체계적으로 만들어지는 근거를 형성한다. 학교에서 개인의 능력 계발은 인간의 어떤 본질적 좋은 자질과 별도로, 기존 사회의 관점에서 가능한 한 생산적인 사람을 만드는 데 초점이 맞춰져 있다. 서로 다른 기술을 높고 낮은 가치의 서열로 처음 경험하는 곳이 바로 학교다. 물리학 공부를 잘하는 것은 기타 연주를 잘하는 것보다 훨씬 더 중요하게 여겨진다. 모든 교육이 지향하는 목표는 사회적 생산성이다. 하지만 사회적 생산성은 개인의 능력 계발이라는 용어로 표현된다. 결국 교사에게 가장 중요한 것은 학생이 보이는 추상적 잠재성이 아니라, 그들의 잠재성이 실제 학급에서 얼마나 높은 성적으로 나타나는지와 같은, 사실상 학교에서 인정하는 능력을 학생이 구체적으로 어떻게 현실에 구현하는지다.

오늘날 인간은 추상적 본성으로서 능력이 아닌, 구체적으로 그 능력을 남들에게 보여주고 증명하며 세상에 알려진다. 학력 수준은 당신이 일반적인 일보다 더 많은 기술이 요구된다고 여겨지고, 더 가치 있다고 생각되는 특별한 과업을 성공적으로 수행할 수 있다는 의미의 '능력'과 자격을 갖추었다는 것을 증명한다. 다양한 종류의 일에서 능력의 질적 차이는 서로 다른 업무들이 저마다 다양한 능력을 요구하는 사회적 분업의 증가 때문에 문제가 되었다. 경쟁 사회에서 모든 사람이 거의 같은 종류의 일을 한다면, 문제는 생산량이다. 하지만 업무가 차별화될 때 중요한 것은 질적 생산이다. 오늘날 육체노동이나 사무직 노동보다 사회적으로 더 가치 있어 보이는 것은 전문 기술, 경영 기술, 과학과 공학 기술이다. 이들은 두 가지 의미에서 사회적으로 가치가 있다. 첫 번째 의미는 이들 기술이 매우 독특하고, 그 하나하나가 주목받으면서 효과적으로 사회 전반에 두드러지게 기여한다고 보인다는 점이다. 두 번째 의미는 기술자, 고학력자의 능력을 계발하는 데 육체노동자보다 더 많은 사회적 시간이 투여된다는 점이다.

독특한 능력에 대한 존중은 그 자체가 생명력을 이어가는 경향이 있다. 다시 말해서, 사회적 가치의 생산 수단이 그 자체로 목적으로 여겨지게 된다. 실제로 끊임없는 가치의 입증이 능력 그 자체를 목적으로 보이게 하는 데 기여한다. 그러나 우리가 능력을 그 자체가 아닌 사회적 가치로 생각한다면, 문제는 능력의 문제에서 도덕적 가치와 정치의 문제로 바뀐다. 우리가 인위적으로 능력의 문제와 가치의 문제를 구분하며 분석하는 것은 수많은 사회적 과정을 매우 혼란스럽게 만든다. 하지만 우리의 일상적 태도에서 이런 인위적 구분은 존재하지 않는다. 가치는 능력을 암묵적으로 따라가기 때문이다. 따라서 누군가가 '더 낫다'고 한다면, 그는 능력이 있을 뿐 아니라 높은 가치를 가지고 있거나 그에 따라 행동한다고 여겨진다. 우리가 인터뷰한 노동 계급의 자식들을 가르치는 교사들은 그들의 학생이 다른 학생보다 능력도 모자라고 '낮은' 가치 기준을 가지고 있다고 이야기했다. 능력, 계발, 문화의 사용은 정치적 문제다. 시대를 막론하고 그 기준을 정하는 주체는 지배 계급이다. 그들의 독점 때문에, 그들의 특별한 가치 기준이 보편적인 것처럼 보이기 때문에 그 기준은 서로 다른 문화와 가치, 서로 다른 성장과 능력을 가지고 있는 문제가 아니라, '문화'를 가지고 있는가 없는가, '권력'을 가지고 있는가 없는가의 문제가 된다. 특정한 가치 체계에 얽매인 채 다른 사람들이 정한 조건 아래서 살다보면, 그들과 관련해서 자신의 능력이 부족하다고 느끼기 마련이다. 단순히 서로가 다르다는 느낌이 아니라 부족하고 무능하다는 느낌이 생기는 것은 바로 이런 이유 때문이다.

그러나 사람들이 하루하루 어떻게 살아갈지를 정하고, 그들의 개인적 정체성을 형성하게 하는 것은 바로 그 능력과 성장을 어디에 어떻게 사용하는지다. 우리가 인터뷰한 노동자들은 사람들이 서로를 보살피지 않고, 자기만 살아남기 위해 자기 계발에만 관심을 보이는 그들의 의식에 비통한 심정을 토로했다. 왓슨 학교의 아이들이 학교에서 인정받은 아이들에게 배신감을 느끼는 것은 단순히 그들만 인정받는다는 사실 때문이 아니었다. 아이들은 프레드와 빈센트처럼 학교에서 인정받은 학생이 그들의 능력과 교사의 인정을 자신들을 돕는 쪽으로 사용하지 않고, 혼자만 상황을 탈피하고 발전하는 데 사용한다고 느꼈기 때문에 배신감을 느꼈다. 생존과 자기 계발의 유일한 수단으로써 개인주의에 대한 이미지는 자기와 비슷한 욕구를 가진 다른 사람들이 자기를 버리고 혼자 탈주하는 경험을 겪는 데서부터 형성된다. 이 경험은 개인의 정체성이 자기 자신의 성장, 더 나아가 다른 사람들과 뚜렷이 대비되는 성장을 위한 능력 축적의 문제로 인식되는 것으로 나아간다. 이런 상황에서 형성된 태도는 다른 사람들을 이기적이고 물질주의적이라고 비판하기 위한 기반을 제공한다. 하지만 동시에, 당신은 자신을 보호하기 위해 그와 똑같이 행동할 필요성을 느낀다. 예를 들어 리카 카르티데스는 다른 사람들이 의도적으로 자신을 배려하지 않지만, 자신은 외부의 강요 때문에 어쩔 수 없을 때만 다른 사람들을 배려하지 않는다고 믿는다. 이런 식으로 사람들은 상대방의 동기에 의문을 제기하는 쪽으로 마음이 끌리기 마련인데, 모두가 뒤에 남겨진 다른 사람들이 있어야만 뭔가 일이 진전을 볼 수 있다고 생각하기 때문이다.

자신을 무장하고, 자신감을 키우고, 기존 사회가 만들어놓은 조건에서 자기 계발을 하라는 주장은 사회에서 일어날 수 있는 일들을 **결과적으로** 정당한 것처럼 보이게 한다. 사회 구조가 영구적이거나 인간의 통제를 벗어난 것처럼 보일 때, 인간이 창조한 것이 불변의 '자연적인' 것처럼 보일 때 변화는 개인의 책임으로 돌아온다. **당신**이 세상을 어떻게 해석할지가 우선적 고려의 대상이 된다면, 당신의 욕구에 따라 세상을 어떻게 변화시킬 수 있는지는 더 이상 큰 문제가 아니다. 개인적, 사회적 정당성과 관련된 모든 문제는 바로 이러한 맥락 속에서 발생한다. 미국 사회의 특징은 하나의 완결된 체제로서의 모습에 있지만, 개인에게는 더 높은 계급으로의 이동 가능성도 존재한다.

하지만 이러한 이동 가능성은 그 자체에 내재된 한계가 있다. 계층 상승을 도모하는 개인이 자기가 처한 상황에 통제력을 행사하는 경우는 일어나지 않기 때문에, 개인은 자기 삶의 조건들을 바꾸지는 못하지만 대신에 한 상황에서 또 다른 상황으로 이동할 수는 있다. 자신이 처해 있는 상황, 즉 사회 구조는 그대로 놔둔 채 이동하는 것이다. 그 결과 상황, 계급, 구조는 변하지 않고 그대로 남는다. 따라서 특별히 뭔가 부족하다거나 불안감을 느끼지 않는 것처럼 보이는 대학생 제임스 같은 청년은 개인적 성장을 중요하게 생각하는 가운데, 생존 경쟁에서 살아남기 위해서 전공을 바꾸거나 학업을 계속하거나 라이프 스타일을 약간 바꿔서 대학 생활에 대한 기대감과 현실 사이의 모순을 극복해나가려고 한다. 그는 사회에서 이동하는 자신의 모습을 볼 수 있기 때문에, 개인적으로 자신이 처한 현재 상황을 변화시키기보다는 또 다른 상황을 모색한다.

미주

서문 숨은 상처

1 H. J. Habakkuk, *American & British Technology in the 19th Century*(Cambridge U. Press; 연도 미상)는 흥미로운 논고다.

2 David Brody, *Steelworkers in America: The Nonunion Era*(Russell: 1969).

3 Oscar Handlin, *The Uprooted*(Grosset & Dunlap; 1957); *The Americans: New History of the People of the United States*(Atlantic Monthly Press; 1963).

4 '어반 빌리지'로서 소수 민족 동네에 대한 논의는 Herbert Gans, *The Urban Villagers*(Free Press; 1962) 참조.

5 Nathan Glazer and Daniel Patrick Moynihan, *Beyond the Melting Pot*(MIT Press; 1958) 참조.

6 Leonard J. Duhl, ed., *The Urban Condition*(New York: Basic Books;

1963)에 실린 Marc Fried, "Grieving for a Lost Home". 고든 펠만이 준비 중인 고속도로 시위 관련 원고.

7 실명이 아니다. 여기 소개된 그의 직업이나 나이, 소득 수준 같은 세부 내용 또한 모두 정확한 사실이 아니다. 인터뷰 대상의 익명성을 보호하기 위해 정확한 신분을 숨기는 방식은 이 장의 마지막 부분에서 더 자세히 설명하겠다.

8 비슷한 용어로 '마스킹(masking)'이라는 표현이 있다.

9 John McDermott, "The Laying On of Culture", *The Nation*, vol. 208, no. 10 (March 10, 1969) 참조.

10 Studs Terkel, *Hard Times*(Pantheon; 1970), p. 423.

11 베크가 지적하듯, 대공황 시기 도시의 육체노동자 아버지들도 자신들의 불행에 비슷한 개인적 책임 의식을 가지고 있었다. 이는 경제적으로 더 안정된 시기에 사람들이 과거를 기억하는 방식에 대한 문제다. (E. Wight Bakke, *The Unemployed Worker*[New Haven: Yale Univ. Press; 1940])

12 Patricia and Brendan Sexton, *Blue Collars and hard Hats*(New York: Random House; 1971).

1장 능력의 배지

1 T. B. Bottomore, *Classes in Modern Society*(New York: Random House; 1966); Victoria Bonnell and Michael Reich, *Workers and the American Economy*(Boston: New England Free Press; 1969).

2 다시 말하지만, 백인 육체노동자들의 인종적 태도는 부유한 전문 직업인과 기업가들에게 가해지는 것과 동일한 종류의 복잡한 압박, 즉 흑인 거주지와 거리를 두거나 직장에서 흑인들과 함께 일하는 것 따위의

지배를 받는다. 이들은 특정한 환경에서 직책이나 심지어 교육 수준 같은 단순한 척도보다 '관용적인' 태도를 형성하는 데 더 중요한 요소다. 이와 관련해서 가장 최근의 연구는 업존연구소(Upjohn Institute)의 할 셰퍼드가 발표한 논문이다.

3 앤드루 그릴리는 노동자들과 교외 지역에 거주하는 부유한 전문 직업인들이 서로 완전히 다른 이유로 사회 변화에 대한 긍정적 믿음을 가졌다고 제법 공정한 입장에서 의견을 개진했다. 왜 그럴 수 있는지는 숨겨진 계급의 영역과 관련해서 다음 장에서 다룰 것이다.

4 Louis Althusser *et al.*, *Reading Capital*(London: New Left Books; 1970).

5 이 책에 나오는 인물과 마찬가지로 가상의 이름이다.

6 오맬리 가족은 우리가 이야기를 나눈 사람들, 즉 육체노동자 가족 사이에서 특이하다. 일반적으로 그 계급에서 아버지는 가능한 한 초과 근무를 하거나 추가로 다른 일자리를 구하려 하기 때문이다. 그러나 아내가 돈벌이를 위해 밖에서 일하는 것을 막는 오맬리의 처사는 그다지 특이하지 않다. 또 다른 노동자는 이렇게 말했다. "아이가 집에 왔는데 엄마가 없는 건 좋지 않아요." 일하러 다니는 한 엄마는 우리에게 이렇게 말했다. "내가 가장 두려워하는 것은 직장에서 내가 얼마나 일을 잘하는지가 아니에요. 바느질하는 단순한 일이라 별로 신경 쓰지 않거든요. 그냥 돈이 필요할 뿐이죠. 그래서 내가 밖에 있을 때 테디에게 무슨 일이 일어날지가 가장 신경 쓰여요. 조(남편)가 사정이 더 좋아지면 곧바로 일을 그만둘 거예요. 저녁으로 국수를 일주일에 세 번 먹는다고 해도 말이에요."

7 더 전문적인 논의는 Richard Sennett, *Families Against the City* (Harvard Univ. Press; 1970), 4장 참조.

2장 희생과 배신

1 그 가운데 최고는 멜빈 L. 콘이 수행했다. *Class and Conformity: A Study in Values*(Homewood, Ill.: Dorsey Press; 1969) 참조.

3장 상처받은 존엄성의 용도

1 Sudir Kakar, *Frederick Taylor: A Study in Personality and Innovation* (Cambridge, Mass.: MIT Press; 1970), 이 분야의 우수 연구 논문.

2 Stephen Thernstrom, *Poverty and Progress: Social Mobility in a Nineteenth Century City*(Harvard Univ. Press; 1964).

3 매우 귀중한 정보가 담긴 인구 조사 자료집 *Historical Statistics of the United States*에서 발췌한 수치.

4 Ivar Berg의 역작 *Education and Jobs: The Great Training Robbery* (New York: Praeger; 1970) 참조.

5 존 가농과 존 사이먼이 시카고에서 수행한 작업은 아마도 이 분야에서 가장 철두철미한 연구일 것이다.

5장 자유

1 1969년과 1970년 사이에 공학 분야의 일이 사라진 것이 해고된 기술자들 사이에 심각한 감정적 분열을 일으킨 이유 중 하나가 바로 이것이다. 그들은 자신 같은 전문가가 산업 인력 시장에 그런 식으로 던져질 수 있다는 것, 즉 그들의 기술에 대한 수요가 없어질 수도 있다는 것을 전혀 예상하지 못했다.

2 앞서 인용한 Bottomore, *Classes in Modern Society*; Bonnell and Reich, *Workers in the American Economy*에 나온 수치다.

3 자영 전문직 가운데 명실상부 최고의 자리에 오르는 사람은 그보다 훨씬 적어서, 육체노동자 출신 남성 1천 명 중 여덟 명 정도만이 그 지위에 도달한다. Blau and Duncan, *American Occupational Structure* (New York: John Wiley & Sons; 1987)에 나온 수치로 계산.

참고 문헌

Argyris, Chris. *Personality and Organization: The Conflict Between System and the Individual*. New York: Harper Torchbooks, Harper & Row, 1970.

Bakke, E. Wight. *The Unemployed Worker*. Yale University Press, 1940.

———. *Management in the Course of Industrialization*. New York: Harper Torchbooks, Harper & Row, 1963.

Berg, Ivar. *Education and Jobs: The Great Training Robbery*. New York: Praeger, 1970.

Berger, Bennett M. *Working-Class Suburb: A Study of Auto Workers in Suburbia*. Berkeley and Los Angeles: University of California Press, 1968.

Blau, Peter M., and Otis Dudley Duncan. *The American Occupational Structure*. New York: John Wiley & Sons, 1967.

Blauner, Robert. *Alienation and Freedom: The Factory Worker and His Industry*. Chicago and London: Phoenix Books, University of Chicago Press, 1967.

Bonnell, Victoria, and Michael Reich. *Workers in the American Economy:*

Data on the Labor Force. Boston: New England Free Press, 1969.

Bottomore, T. B. *Classes in Modern Society*. New York: Vintage Books, Random House, 1966.

Bottomore, T. B., ed. *Karl Marx: Early Writings*. New York: McGraw-Hill Book Company, 1964.

Bronfenbrenner, Urie. *Two Worlds of Childhood: U.S. and U.S.S.R.* New York: Russell Sage Foundation, 1970.

Cawelti, John G. *Apostles of the Self-Made Man: Changing Concepts of Success in America*. Chicago and London: University of Chicago Press, 1968.

Centers, Richard. *The Psychology of Social Classes: A Study of Class Consciousness*. New York: Russell & Russell, 1961.

Chinoy, Ely. *Automobile Workers and the American Dream*. Boston: Beacon Press, 1968.

Friedmann, Georges. *Industrial Society: The Emergence of the Human Problems of Automation*. New York: Free Press of Glencoe, 1955.

Gans, Herbert J. *The Urban Villagers: Group and Class in the Life of Italian-Americans*. New York: Free Press of Glencoe, 1962.

Ginzberg, Eli, and Hyman Berman. *The American Worker in the Twentieth Century: A History Through Autobiographies*. New York: Free Press of Glencoe, 1963.

Glazer, Nathan, and Daniel Patrick Moynihan. *Beyond the Melting Pot: The Negroes, Puerto Ricans, Jews, Italians, and Irish of New York City*. Cambridge, Massachusetts: M.I.T. Press, 1964.

Goldthorpe, John H., David Lockwood, Frank Bechhofer, and Jennifer Platt. *The Affluent Worker in the Class Structure*. Cambridge, England: Cambridge University Press, 1969.

Gordon, Milton M. *Assimilation in American Life: The Role of Race, Religion and National Origins*. New York: Oxford University Press, 1964.

Grier, William H., and Price M. Cobbs. *Black Rage*. New York: Bantam Books, published by arrangement with Basic Books, 1969.

Hamilton, Richard F. *Affluence and the French Worker in the Fourth Republic*. Princeton: Princeton University, 1967.

Handlin, Oscar. *Boston's Immigrants, 1790-1880: A Study in Acculturation*. New York: Atheneum, 1969.

Hollingshead, A. B. *Elmtown's Youth: Impact of Social Classes on Adolescents*. New York: John Wiley & Sons, 1967.

Inkeles, Alex, and Raymond Bauer. *The Soviet Citizen: Daily Life in a Totalitarian Society*. New York: Atheneum, 1968.

Jacobs, Paul. *The State of the Unions*. New York: Atheneum, 1966.

Jencks, Christopher, and David Riesman. *The Academic Revolution*. Garden City, New York: Doubleday & Company, 1969.

Kohn, Melvin L. *Class and Conformity: A Study in Values*. Homewood, Illinois: Dorsey Press, 1969.

Komorovsky, Mirra. *Blue-Collar Marriage*. New York: Vintage Books, Random House, 1967.

Lefebvre, Henri. *Everyday Life in the Modern World*. New York: Harper Torchbooks, Harper & Row, 1971.(《현대세계의 일상성》, 박정자 옮김, 기파랑, 2022)

Leggett, John C. *Class, Race, and Labor: Working Class Consciousness in Detroit*. New York: Oxford University Press, 1968.

Lynd, Helen Merrell. *On Shame and the Search for Identity*. New York: John Wiley & Sons, 1967.

Lynd, Robert S., and Helen Merrell Lynd. *Middletown: A Study in Modern American Culture*. New York: Harcourt, Brace & World, 1929.

Lynd, Robert S., and Helen Merrell Lynd. *Middletown in Transition: A Study in Cultural Conflicts*. New York: Harcourt, Brace & World, 1937.

Mishler, Elliot G., and Nancy E. Waxier. *Interaction in Families: An Experimental Study of Family Processes and Schizophrenia*. New York: John Wiley & Sons, 1968.

Ossowski, Stanislaw. *Class Structure in the Social Consciousness*. New

York: Free Press of Glencoe, 1963.

Sayles, Leonard R. *Managerial Behavior: Administration in Complex Organizations*. New York: McGraw-Hill Book Company, 1964.

Sexton, Patricia Cayo. *The Feminized Male: Classrooms, White Collars and the Decline of Manliness*. New York: Vintage Books, Random House, 1970.

Terkel, Studs. *Hard Times: An Oral History of the Great Depression*. New York: Avon Books, by arrangement with Pantheon Books, Random House, 1971.

Thernstrom, Stephan. *Poverty and Progress: Social Mobility in a Nineteenth Century City*. New York: Atheneum, 1969.

Thompson, E. P. *The Making of the English Working Class*. New York: Vintage Books, Random House, 1963.(《영국노동계급의 형성》(상, 하), 나종일 외 옮김, 창비, 2000)

Weber, Max. *The Protestant Ethic and the Spirit of Capitalism*. New York: Charles Scribner's Sons, 1958.(《프로테스탄트 윤리와 자본주의 정신》, 박성수 옮김, 문예출판사, 2023)

Weiss, Richard. *The American Myth of Success: From Horatio Alger to Norman Vincent Peale*. New York: Basic Books, 1969.

Willmott, Peter. *Adolescent Boys of East London*. Baltimore, Maryland: Pelican Books, Penguin Books, 1966.

Young, Michael. *The Rise of the Meritocracy*. Baltimore, Maryland: Pelican Books, Penguin Books, 1965.(《능력주의》, 유강은 옮김, 이매진, 2020)

Zeitlin, Maurice. *Revolutionary Politics and the Cuban Working Class*. Princeton: Princeton University Press, 1967.

Zweig, Ferdynand. *The Worker in an Affluent Society: Family Life and Industry*. New York: Free Press of Glencoe, 1962.

옮긴이의 말

이 책은 1970년대 보스턴의 소수 민족 백인 노동 계급 100가구를 심층 인터뷰한 뒤, 계급 사회가 그들의 내면에 어떤 깊은 상처를 입혔는지, 또 그 상처의 실체는 무엇인지를 살핀다. 노동자와 자본가 간의 계급 갈등이 자본주의 체제의 구조적 문제로 인한 물리적 억압과 착취 관계 때문에 발생한다는 상투적 계급론이 아니라, 노동 계급이 실제 삶 속에서 자신의 자유와 존엄성을 부정당하는 가운데 심리적으로 어떤 갈등을 겪고 그에 대응해서 어떤 반응을 보이는지 개인의 실존적 차원에서 이 문제를 다룬다. 그들은 문제의 근본 원인인 계급 사회에 책임을 묻기보다는 자기가 능력이 없어서 그런 게 아닌가 의심하고 자책한다. 그리고 계층 상승의 길로 들어선 소수의 노동 계급에게 반목과 질시, 배신감을 느낀다. 다른 한편으로는 자기 능력을 입증하고 정당화해야 하는 부담을 떠안고 개인적 능력 계발이라는 개인주의로 회귀한다. 계몽주의의 만민 평등 사상이 오히려 계급 사회의 불평등을 뒷받침하는 이념적 기반이 되었는데, 인간이 모두 평등하다면 현실에서 나타나는 능력의 차이는 모두 개인의 탓이라고 자책할 수밖에 없기 때문이다. 물질적 욕망으로 가득한 자본가 계급과 극명하게 대비되는 생산적이고 진취적인 계급으로서 노동자상이 실제 삶에서는 사회적으로 부정당한 존엄성과 자유를 되찾기 위해 자수성가라는 허상에 집착하며 그 꿈을 이루기 위한 압박감에 시달리고, 사회적 지위 상승을 위해 매우 고단한 희생과 배신의 역정을 이어나가는 모습이라는 점을 밝힌다. 계급 구조가 그들의 삶에 초래한 심리적 박탈감을 회복하기 위한 그들의 처절한 몸부림으로써 말이다.

1972년 알프레드 A. 크노프 출판사에서 처음 출간된 이 책을 반세기가 지난 2023년에 영국의 버소 출판사에서 재출간한 것은 지금도 그 의미가 퇴색하지 않았기 때문일 것이다. 오늘날 자본주의 생산 질서와 구조가 급격하게 변하고, 노동 계급 내에서도 생산직/사무직 구분보다 기계화, 자동화에 따른 서비스직의 급성장이 주목받는다는 점을 고려할 때, 특히나 이 책에서 말하는 1970년대 미국의 소수 민족 출신 백인 노동 계급과 2020년대 대한민국의 노동 계급 사이에 얼마나 많은 공통점이 있을까 의구심이 들 수도 있다. 하지만 이 책을 읽다 보면, 노동자로서 인간은 시간과 공간을 넘어 여전히 계급 구조의 지배 아래 있으며, 계급 사회가 지속되는 한 노동 계급이 처한 현실은 크게 바뀌지 않는다는 사실을 알 수 있다. 기술의 발전과 세계 정치 상황의 변화에 따른 자본주의 시장 질서와 노동 구조의 급변이 오히려 노동 계급의 처지를 더욱 힘들게 만들고 있다는 사실에 가슴 한편이 답답할 뿐이다.

한편, 이 책은 단순히 계급 차원을 떠나서도 한 개인의 삶으로서, 가정과 직장, 사회의 일원으로서 자신의 모습을 되돌아볼 수 있는 시간을 주기도 한다. 한 가정을 책임지는 가장으로서 아버지 또는 어머니, 또는 그들의 자식으로서 현실을 살아나가면서 느끼는 여러 감정이 직장과 일, 가족 관계에서 어떻게 일어나고 있는지, 나는 그 속에서 얼마나 자유롭고 존중받고 있는지 생각해볼 기회를 제공하기 때문이다. 여태껏 자각하지 못한 심리적 이유 때문에 내면에서 일어나는 감정들에 매우 혼란스럽던 기억들이 이 책을 통해 되살아난다.

또 다른 한편으로 이 책은 노동 운동 활동가들에게도 암시하는 바가 크다. 노동자의 계급 의식이 단순히 정치적 각성이나 교육, 투쟁이나 시위 같은 체험을 통해 바뀌거나 새롭게 형성할 수 있는 것이 아니라는 점을 되새길 기회를 가질 수 있기 때문이다. 이 책에서 노동 계급이 처한 현실을 어떻게 돌파할지를 구체적으로 언급한 대목은 없다. 하지만 노동 계급 개인이 느끼는 심리적 갈등과 방어 기제들에 대한 깊은 이해, 그리고 무엇보다 노동 계급을 그들을 둘러싼 다양한 사회 기관과 그 구성원들의 관계 속에 있는 한 인간으로 바라봄으로써 오늘날 전환기를 맞이하고 있는 계급 사회에 맞서는 노동 계급의 방향을 새롭게 제시하는 데 도움이 되지 않을까 하는 생각도 든다.

번역 작업과 관련해서는 마감 일정을 두 차례나 연장해야 할 정도로 번역이 쉽지 않았다. 우선 문장은 가능한 한 단문으로 읽기 쉽게 바꾸려고 애썼지만, 문맥이 끊길 위험이 있는 문장은 그대로 복문을 유지하되 매끄럽게 이어지게 하려고 노력했다. 그리고 원문에는 서술되지 않았지만, 독자에게 설명이 필요하다고 생각되는 부분에는 옮긴이 주를 추가했다. 또한 'institution'은 노동자 개인의 삶에 영향을 끼치는 가정이나 학교, 직장 같은 사회 제도나 기관을 의미하는데, 독해를 돕기 위해 문맥에 따라 해당 기관이 무엇을 의미하는지 추가했다.

계급에 대한 관점이 현실의 삶을 살아가는 인간에 초점을 맞추고, 노동자들의 입을 통해 그들 내면의 모습을 조명한 이 책은 계급과 관련된 연구에서 매우 특이한 위치를 차지하고 있어서 번역에도 신중을 기하려고 애썼다. 하지만 인문, 사회, 철학이 복잡하게 얽힌 인간의 심리에 대한 분석인 동시에, 계급 사회라는 구조와 현실 속에서 그런 심리가 어떻게 서로 연결되어 있는지를 파고드는 저자의 지적 능력을 따라가기에는 부족했다는 점을 솔직하게 인정할 수밖에 없다. 혹여 독자들의 마음에 들지 않는 부분이 있다면 모두 옮긴이의 역량 부족으로 이해하기를 바란다. 끝으로, 개인적으로는 2010년 국내에 번역 출간된 마이클 샌델의 《정의란 무엇인가》가 이 책에 나오는 핵심 용어인 자유와 존엄성, 불평등을 심층적으로 이해하는 데 도움이 되었다는 점을 밝힌다.

옮긴이 **김병순**

전문 번역가로 일하며 다양한 분야의 책을 우리말로 옮기고 있다. 《날개 위의 세계》, 《부동산, 설계된 절망》, 《케이프코드》, 《두 발의 고독》, 《80억 인류, 가보지 않은 미래》, 《텅 빈 지구》, 《성장의 한계》, 《달팽이 안단테》, 《귀환》, 《훔쳐보고 싶은 과학자의 노트》, 《왜 가난한 사람들은 부자를 위해 투표하는가》, 《불로소득 자본주의》, 《빈곤자본》, 《산티아고, 거룩한 바보들의 길》, 《커피, 만인을 위한 철학》, 《젓가락》 등 다수의 책을 번역했다.

계급의 숨은 상처

1판 1쇄 발행 2025년 4월 2일

지은이 리처드 세넷, 조너선 코브
옮긴이 김병순
펴낸곳 (주)문예출판사
펴낸이 전준배

기획·편집 박해민 백수미 이효미
디자인 서혜진
영업·마케팅 하지승
경영관리 강단아 김영순

출판등록 2004. 02. 11. 제 2013-000357호
(1966. 12. 2. 제 1-134호)
주소 04001 서울특별시 마포구 월드컵북로 21
전화 02-393-5681
팩스 02-393-5685
홈페이지 www.moonye.com
블로그 blog.naver.com/imoonye
페이스북 www.facebook.com/moonyepublishing
이메일 info@moonye.com
ISBN 978-89-310-2458-6 03300

잘못 만든 책은 구입하신 서점에서 바꿔드립니다.

문예출판사® 상표등록 제 40-0833187호, 제 41-0200044호